Oliver Ebert

Das Diabetes-
Rechtsfragen-Buch

Führerschein, Arbeitsplatz, Versicherungen

Bibliografische Information der Deutschen Bibliothek

Die Deutsche Bibliothek verzeichnet diese Publikation in der Deutschen Nationalbibliografie; detaillierte bibliografische Daten sind im Internet über <http://dnb.ddb.de> abrufbar.

ISBN: 978-3-87409-450-4

Band 5 der Ratgeber-Reihe der Zeitschrift „Diabetes-Journal"
ISSN 1614-7081

Autor
RA Oliver Ebert
REK Rechtsanwälte EBERT & KOHLÖFFEL, Stuttgart, Balingen

Kanzlei Stuttgart:
Nägelestr. 6a, 70597 Stuttgart
Telefon: (0711) 7676 591
Telefax: (0711) 7676 592

Kanzlei Balingen:
Friedrichstr. 49/1, 72336 Balingen
Telefon: (07433) 9675 950
Telefax: (07433) 9675 951

E-Mail: sekretariat@rek.de, Internet: www.diabetes-und-recht.de

Die Kapitel „Diabetes & Berufswahl" und „Diabetes & Verkehrsmedizin":

Dr. med. Hermann Finck
Facharzt für Innere Medizin, Diabetologe, Sozialmedizin
Facharzt für öffentliches Gesundheitswesen
Theodor-Heuss-Str. 4, 36088 Hünfeld

1. Auflage 2008
Alle Rechte vorbehalten
© Verlag Kirchheim + Co GmbH
Kaiserstraße 41, 55116 Mainz
www.kirchheim-verlag.de

Inhaltsverzeichnis

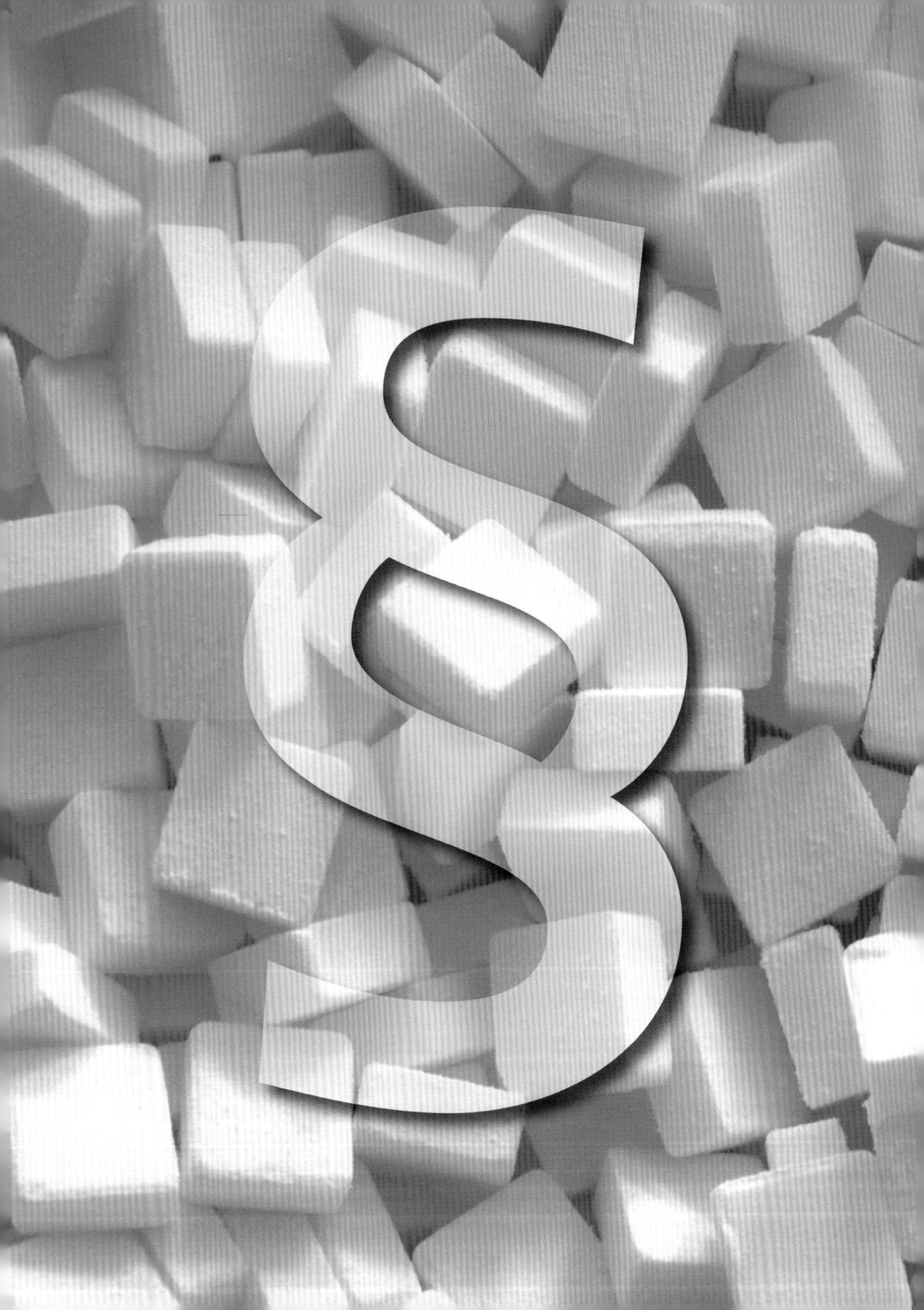

Liebe Leserinnen, liebe Leser,

Menschen mit Diabetes sehen sich im Alltag sehr häufig mit rechtlichen Problemen konfrontiert. Seien es Probleme im Job, bei der Stellensuche, im Umgang mit Krankenkassen oder Fragen der Schwerbehinderung. Zu vielen Punkten gibt es häufig Fragen, die von Ärzten und Schulungspersonal nicht immer beantwortet werden können und dürfen, andererseits aber für die Betroffenen doch von teilweise wesentlicher und auch für die weitere Zukunft bestimmender Auswirkung sein können.

In diesem Buch habe ich nun Antworten auf die häufigsten Fragen von Betroffenen, Angehörigen und Schulungspersonal zusammengestellt, die immer wieder gestellt werden.

Es soll als hilfreicher Ratgeber dienen, rechtliche Probleme bewusst machen und Lösungsmöglichkeiten aufzeigen, damit Menschen mit Diabetes auch weiterhin ohne Rechtsprobleme durch den Alltag kommen.

Herzlichst,

PS:
Aus Gründen der einfacheren Lesbarkeit musste mitunter auf eine geschlechtsneutrale Differenzierung (z. B. Patientin bzw. Patient) verzichtet werden. Entsprechend verwendete Begriffe gelten selbstverständlich für beide Geschlechter.

Diabetes & Schwerbehinderung

Das Thema „Schwerbehinderung" ist gerade für Diabetiker ein wichtiges Thema, denn der Schwerbehindertenstatus bringt zahlreiche Vorteile, birgt aber durchaus auch einige mögliche Nachteile.

In diesem Kapitel erhalten Sie Antworten auf zahlreiche Fragen zum Thema Diabetes & Schwerbehinderung, insbesondere natürlich auch zur Frage, was unter einer Schwerbehinderung zu verstehen ist und ob bzw. unter welchen Voraussetzungen diese bei Diabetikern vorliegt.

Diabetes & **Schwerbehinderung** | Inhalt

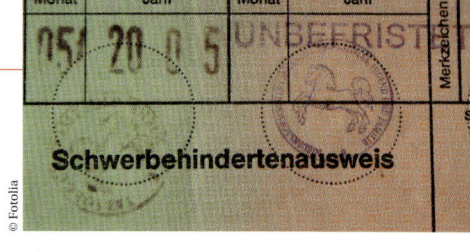

© Fotolia

 **Was versteht man unter einer Schwerbehinderung?**

Nach dem Sozialgesetzbuch (§2 SGB IX) gelten Menschen als behindert, wenn „ihre körperliche Funktion, geistige Fähigkeit oder seelische Gesundheit mit hoher Wahrscheinlichkeit länger als sechs Monate von dem für das Lebensalter typischen Zustand abweichen und daher ihre Teilhabe am Leben in der Gesellschaft beeinträchtigt ist". Das Ausmaß der Beeinträchtigung wird durch den sog. „Grad der Behinderung" (GdB) auf einer Skala von 5 bis 100 angegeben: Dieser berücksichtigt, wie erheblich die körperlichen und geistigen Funktionen beeinträchtigt sind und in welchem Umfang hierdurch Einschränkungen der

Ab einem GdB von 50 kann man einen Schwerbehindertenausweis beantragen.

Teilhabe am sozialen Leben verbunden sind.
Der GdB ist also ein Maß für die sozialen Auswirkungen und Beeinträchtigungen. Wer einen Grad der Behinderung von mindestens 50 hat, gilt nach dem Gesetz (§ 2 II SGB IX) als schwerbehindert und kann besondere Nachteilsausgleiche – beispielsweise einen erhöhten Kündigungsschutz – in Anspruch nehmen.
Ab einem GdB von 30 kann man sich – auf Antrag – einem Schwerbehinderten gleichstellen lassen.

 Welche Vorteile bringt eine Schwerbehinderung?

Die mit einer Schwerbehinderung verbundenen Nachteile sollen durch gesetzliche Privilegien und Sonderrechte etwas ausgeglichen werden.

❯❯ Achtung: Grundsätzlich werden Steuerpauschbeträge erst ab einem Behinderungsgrad von 50 zuerkannt.

Insbesondere sind hier zu nennen:
- Besonderer Kündigungsschutz
- Zusatzurlaub
- Freistellung von Mehrarbeit
- Möglichkeit zur vorzeitigen Altersrente
- Anspruch auf begleitende Hilfen im Arbeitsleben
- Steuerermäßigungen

- Steuerersparnis für Eltern diabetischer Kinder und Jugendlicher
- Vergünstigungen in Freizeit- und Kulturangebot
- Sonstige Nachteilsausgleiche

Besonderer Kündigungsschutz
Der größte Vorteil für Schwerbehinderte ist wohl der besondere Kündigungsschutz: Menschen mit einem GdB von mindestens 50 kann nur gekündigt werden, wenn der Arbeitgeber zuvor die zuständige Integrationsbehörde unterrichtet und diese der Kündigung zugestimmt hat. Stimmt das Amt nicht zu, kann der Arbeitgeber dem Schwerbehinderten nicht kündigen. Wird die Zustimmung erteilt, so kann der Arbeitnehmer hier-

gegen entsprechende Rechtsmittel einlegen und den Arbeitgeber unter Umständen in jahrelangen Rechtstreit verwickeln. Stellt sich nach Abschluss des Verfahrens nämlich – womöglich erst nach einigen Jahren – heraus, dass dem Arbeitgeber die Zustimmung zu Unrecht erteilt wurde, dann war auch die Kündigung unwirksam: Das Arbeitsverhältnis besteht fort.

Aus diesem Grund gilt auch die Redewendung "Schwerbehinderte gehen zuletzt".

Zusatzurlaub und Freistellung von Mehrarbeit

Schwerbehinderte haben zudem einen gesetzlichen Anspruch auf fünf zusätzliche, bezahlte Urlaubstage, und sie werden von Mehrarbeit (z. B. im Schichtbetrieb) freigestellt, wenn sie es verlangen. Der Arbeitgeber hat auch die Betriebsorganisation auf den schwerbehinderten Arbeitnehmer einzustellen – er muss alles ihm Zumutbare tun, um diese Arbeitnehmer in den Betrieb einzugliedern.

Begleitende Hilfen im Arbeitsleben

Weiterhin haben Schwerbehinderte Anspruch auf begleitende Hilfe im Arbeitsleben, z. B. auf

- technische Arbeitshilfen
- Hilfe beim Erreichen des Arbeitsplatzes
- Hilfe bei der Gründung und Erhaltung einer selbständigen beruflichen Existenz
- Hilfe bei Beschaffung, Ausstattung, Erhaltung einer behindertengerechten Wohnung
- Hilfe bei Teilnahme an Maßnahmen zu Erhaltung und Erweiterung beruflicher Kenntnisse und Fähigkeiten

- Übernahme der Kosten einer notwendigen Arbeitsassistenz

Für diese Hilfen sind entweder der Arbeitgeber, das Integrationsamt oder das Arbeitsamt zuständig.

Steuerermäßigungen

Eine Behinderung bringt auch in steuerlicher Hinsicht Vorteile: Auf Antrag kann ein steuerfreier Pauschbetrag gewährt werden.

Im Klartext bedeutet dies, dass das Finanzamt von Ihrem Gesamteinkommen (z. B. Lohn, Einkünfte aus Vermietung/Verpachtung) diesen Betrag pauschal (daher: „Pauschbetrag") abzieht.

Wie hoch der Pauschbetrag ist, sehen Sie in der nachstehenden Tabelle.

Achtung: Grundsätzlich werden Steuerpauschbeträge erst ab einem Behin-

Auf Antrag kann wegen der Schwerbehinderung ein steuerfreier Pauschalbetrag gewährt werden:		
Stufe 1 GdB 25 bis 30	Pauschalbetrag Euro	310,00
Stufe 2 GdB 35 bis 40	Pauschalbetrag Euro	430,00
Stufe 3 GdB 45 bis 50	Pauschalbetrag Euro	570,00
Stufe 4 GdB 55 bis 60	Pauschalbetrag Euro	720,00
Stufe 5 GdB 65 bis 70	Pauschalbetrag Euro	890,00
Stufe 6 GdB 75 bis 80	Pauschalbetrag Euro	1.060,00
Stufe 7 GdB 85 bis 90	Pauschalbetrag Euro	1.230,00
Stufe 8 GdB 95 bis 100	Pauschalbetrag Euro	1.420,00
(§ 33b Abs. 3 EStG; Stand: Januar 2008)		

derungsgrad von 50 zuerkannt (§33b II EStG). Nur dann, wenn jemandem wegen der Behinderung nach gesetzlichen Vorschriften Renten oder andere laufende Bezüge zustehen oder die Behinderung zu einer dauernden Einbuße der körperlichen Beweglichkeit geführt hat bzw. auf einer typischen Berufskrankheit beruht, kann man auch bei einem geringeren Behinderungsgrad einen Steuerpauschbetrag erhalten.

Sehr häufig wird in Schulungen empfohlen, die Schwerbehinderung feststellen zu lassen, um vom Pauschbetrag zu profitieren. Seien Sie nicht enttäuscht, wenn das weniger bringt, als Sie gedacht haben. Der Pauschbetrag wird von Ihrem zu versteuernden Gesamteinkommen abgezogen. Sie erhalten daher das Geld nicht ausbezahlt, sondern müssen aufgrund des Freibetrags lediglich weniger Steuern bezahlen.

Für viele Betroffene macht der Pauschbetrag daher nur Sinn, wenn sie dadurch in eine andere Steuergruppe rutschen und so einen geringeren Steuersatz zahlen müssen.

Wenn Sie vorrangig wegen der Steuerersparnis bei sich oder Ihrem Kind eine Schwerbehinderung feststellen lassen wollen, so sprechen Sie unbedingt vorher mit Ihrem Steuerberater und lassen sich Ihre tatsächliche Ersparnis berechnen!

Steuerersparnis für Eltern diabetischer Kinder und Jugendlicher

Eltern diabetischer Kinder und Jugendlicher wird ein wesentlich höherer Freibetrag in Höhe von derzeit 3.681,30 Euro gewährt, wenn vom Versorgungsamt „Hilflosigkeit " im Sinne des §33 b EStG bescheinigt worden ist; diese wird regelmäßig bis zur Vollendung des 16.Lebensjahres (in Ausnahmefällen bis zum 18.Lebensjahr) unterstellt. Berücksichtigt wird hierbei auch der erforderliche Umfang für laufende Blutzuckerkontrollen, die Bestimmung der Insulinmenge, die Zubereitung der Mahlzeiten sowie die Überwachung der erforderlichen Nahrungsaufnahme und der körperlichen Betätigungen.

Altersrente für schwerbehinderte Menschen

Schwerbehinderte Menschen können unter bestimmten Voraussetzungen be-

> **Wichtig** Viele Eltern sind enttäuscht, wenn der Steuerbescheid dann kommt und dort tatsächlich nur eine geringe Steuerersparnis zu verzeichnen ist. Beachten Sie daher unbedingt, dass der Steuerfreibetrag nicht ausbezahlt wird, sondern sich Ihr zu versteuerndes Einkommen lediglich um diesen Betrag vermindert.
>
> Selbst bei Spitzenverdienern ist im Ergebnis also lediglich eine maximale Steuerersparnis von knapp 2.000 EUR möglich. Wer Geringverdiener oder gar arbeitslos ist, dem bringt auch ein noch so hoher Steuerpauschbetrag überhaupt nichts!

reits mit 60 Jahren in Altersrente gehen. Allerdings werden in den meisten Fällen für jeden Monat eines Beginns vor Vollendung des 63. Lebensjahres Abschläge in Höhe von 0,3 % fällig, d. h. mit Eintritt der Rente wegen Schwerbehinderung bei Vollendung des 60. Lebensjahres muss man dann bis zu 10,8 % Abzug in Kauf nehmen.

Zusätzliche Nachteilsausgleiche

Zusätzlich können – abhängig von Einzelfall und Schwere der Behinderung – weitere Nachteilsausgleiche gewährt werden:

- Wohnungsbauförderung
- Vollständige oder teilweise Befreiung von der Rundfunkgebührenpflicht
- Wohngeld
- Reduzierte Telefongebühren
- Parkerleichterungen für Schwerbehinderte

> **Tipp**
>
> Damit Sie den Freibetrag erhalten, muss der Arbeitgeber nicht wissen, dass Sie schwerbehindert sind! Sie können den Pauschbetrag direkt beim Finanzamt beantragen, zusammen mit dem Lohnsteuerjahresausgleich.

- Beitragsnachlass in der Kraftfahrtver-
  sicherung
- Finanzielle Förderung bei behinder-
  tengerechtem Um-, Aus- und Neubau
- Nachteilsausgleich im Flugverkehr
- Blindengeld
- Bausparförderung und Vermögensbil-
  dung
- Vergünstigungen bei Kultur- und Frei-
  zeiteinrichtungen
- (z. B. vergünstigter Eintritt in Hallen-
  bad, Theater, Museen)

Merkzeichen
Liegen bestimmte besondere gesundheitliche Beeinträchtigungen vor, so
werden diese als sog. „Merkzeichen" im
Behindertenausweis eingetragen. Diese
Merkzeichen bringen dann zusätzliche
Vergünstigungen bzw. Vorteile mit sich.
Folgende Merkzeichen gibt es:
- *B:* Ständige Begleitung des Menschen
  mit Behinderung bei Benutzung öffentlicher Verkehrsmittel ist notwendig.
- *BI:* Der Mensch mit Behinderung ist
  blind.
- *G:* Der Mensch mit Behinderung ist
  in seiner Bewegungsfähigkeit im Straßenverkehr erheblich beeinträchtigt
  bzw. erheblich gehbehindert.

Bei besonders schweren Beeinträchtigungen
können zusätzliche Nachteilsausgleiche beansprucht werden.

- *aG:* Der Mensch mit Behinderung ist
  außergewöhnlich gehbehindert.
- *H:* Der behinderte Mensch ist hilflos.
- *RF:* Der Behinderte erfüllt die gesundheitlichen Voraussetzungen für die
  Befreiung von der Rundfunkgebührenpflicht und die Nachteilsausgleiche
  bei den Telefongebühren.

Abhängig vom jeweiligen Merkzeichen
besteht dann Anspruch auf zusätzliche
Nachteilsausgleiche:
Behinderte haben Anspruch auf kostenlose Beförderung im öffentlichen Nahverkehr, wenn sie blind oder hilflos sind,

> **Wichtig** Das Recht auf unentgeltliche Fahrten
> im Nahverkehr entbindet nicht von der
> Zahlung des Zuschlags bei der Benutzung zuschlags-
> pflichtiger Züge.

d. h. das Kennzeichen „H" oder „BI" im
Ausweis führen.
Mit dem Merkzeichen „G" oder „aG"
können Betroffene beim Versorgungsamt eine Wertmarke kaufen, die jeweils
für das aktuelle Jahr zur freien Fahrt
berechtigt (wenn der Behinderte über
ein nur geringes Einkommen verfügt, so
erhält er diese kostenlos).
Das Kennzeichen „G" ist dabei nicht nur
auf eine Gehbehinderung beschränkt,
sondern gilt auch für eine Einschränkung des Gehvermögens durch „innere
Leiden oder infolge von Anfällen oder
von Störungen der Orientierungsfähig-
keit, wenn deshalb nicht ohne Gefahren
für sich und andere Wegstrecken im
Ortsverkehr zurückgelegt werden können".
Mit dem Merkzeichen RF kann Befreiung von der Rundfunkgebührenpflicht
sowie eine Ermäßigung der Telefongebühren beantragt werden.

Bringt mir eine Schwerbehinderung auch Nachteile?

Ein Schwerbehindertenausweis bringt viele Vorteile – es sind damit aber auch durchaus gewisse Bedenken verbunden. Zwar schließt das Gesetz derzeit den Missbrauch der Daten aus, und es sind von der Politik auch keine Bedrohungen zu erwarten. Wir wissen aber nicht, welche Entwicklungen in einigen Jahren zu erwarten bzw. zu befürchten sind.

>> **In der Realität werden Schwerbehinderte oft als Menschen zweiter Klasse angesehen.**

Vielleicht tauschen Behörden später einmal Daten stärker als heute untereinander aus. Dann könnte die Straßenverkehrsbehörde in Gesundheitsakten von Schwerbehinderten stöbern. Oder bislang geschützte Daten werden dann auch Wirtschaftsunternehmen zugänglich gemacht – man kann sich ausrechnen, dass man dann mit deutlichen Nachteilen beispielsweise beim Abschluss einer Versicherung rechnen müsste.

Womöglich verändern sich die Werte in unserer Gesellschaft und Schwerbehinderte werden nicht mehr gefördert, sondern auch vom Staat diskriminiert. Wir hoffen alle, dass es nicht so kommt – aber vielleicht sollten Sie solche Argumente in Ihre Überlegungen einbeziehen.

Bereits gegenwärtig sind aber allemal die psychischen Probleme, die eine Schwerbehinderung vor allem für jüngere Menschen mit sich bringen kann: Diese kann durchaus zu Minderwertigkeitskomplexen oder anderen Persönlichkeitsproblemen führen – vor allem dann, wenn man

eigentlich voll leistungsfähig ist. Denn so traurig es ist: In der Realität werden Schwerbehinderte oft als Menschen zweiter Klasse angesehen.

Auch sollte man nicht unterschätzen: Ist keine Behinderung sichtbar, reagieren Mitmenschen oft verständnislos oder neidisch, wenn ein Schwerbehinderter Sonderrechte beansprucht.

Die bevorzugte Einstellung von Schwerbehinderten klingt in der Theorie zwar gut – in der täglichen Praxis ist der Schwerbehindertenausweis aber in aller Regel ein K.O-Kriterium bei der Bewerbung.

Als einzig überzeugendes Argument für die Feststellung einer Behinderung bei einem Kind spricht meines Erachtens daher allenfalls die mit dem Merkmal „H" verbundene kostenlose Beförderung im Nahverkehr. Die für die Eltern einhergehende Steuervergünstigung ist dagegen meist eher überschaubar.

Fazit Gerade junge Diabetiker können also durch die Schwerbehinderung erhebliche Nachteile haben, insbesondere auch in Hinblick auf eine eher ungewisse Zukunft. Umgekehrt bringt diesen eine Schwerbehinderung meist kaum etwas: Von dem erhöhten Kündigungsschutz kann ja nur derjenige profitieren, der bereits einen Arbeitsplatz hat. Auch ist die Möglichkeit des vorgezogenen Renteneintritts für junge Menschen noch lange kein Thema.

Insgesamt sollte man als Eltern wirklich nachhaltig überlegen, ob die finanziel-

len Ersparnisse es insgesamt tatsächlich rechtfertigen, seinem Kind eine derartige Bürde für die Zukunft aufzuerlegen.
Anders ist es bei Menschen, die sich beruflich nicht mehr verändern wollen oder denen eine Kündigung droht. Hier überwiegen die Vorteile; diese Personen können versuchen, durch die Schwerbehinderung ihren Kündigungsschutz auszubauen.
Auch Beamte auf Lebenszeit brauchen keine Nachteile zu fürchten und können sich über den Zusatzurlaub und die Steuerersparnis freuen.

 ## Was muss ich tun, um eine Schwerbehinderung feststellen zu lassen?

Um eine Schwerbehinderung feststellen zu lassen, müssen Sie beim örtlich zuständigen Versorgungsamt einen entsprechenden Antrag einreichen und dort alle Krankheiten und Beeinträchtigungen aufführen sowie Ihre behandelnden Ärzte angeben.
Nach Eingang des Antrages fordert das Versorgungsamt die Befundberichte an – von den Ärzten, die Sie angegeben haben, von Krankenhäusern, Rentenversicherungsträgern, Pflegekassen und anderen Stellen. Aktuelle Unterlagen über Ihren Gesundheitszustand, z. B. Krankenhausentlassungsberichte und Kurabschlussgutachten, sollten Sie dem Antrag daher beilegen.

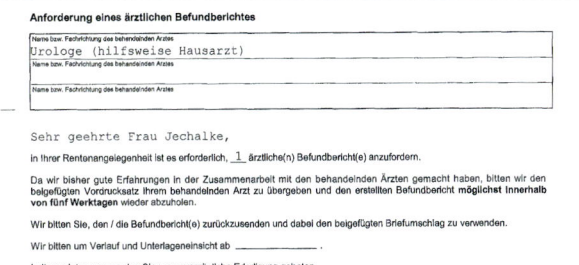

Es kann sein, dass zusätzlich eine Untersuchung bei Fachärzten nötig ist.
Das Versorgungsamt prüft alle vorliegenden Befunde und Informationen, und Sie erhalten dann einen Bescheid, in dem der Grad der Behinderung (GdB) festgesetzt wird.

Anforderung eines ärztlichen Befundberichtes.

 ## Wie setzt sich der Grad der Behinderung zusammen?

Die Feststellung des Gesamt-GdB erfolgt unter Berücksichtigung aller vorliegenden Beeinträchtigungen; allerdings wird hier keine simple Addition der Einzel-GdB vorgenommen, sondern die Lage wird insgesamt bewertet. Für jede der festgestellten Gesundheitsbeeinträchtigungen wird also ein separater GdB festgestellt – und abschließend aus der Gesamtschau wird dann der Gesamt-GdB gebildet.
Oftmals ist es für die Betroffenen verwirrend, wenn diese beispielsweise einen Bescheid erhalten, in dem zahlreiche Einzel-GdB von 10 festgestellt sind, im Ergebnis als Gesamt-GdB aber trotzdem

nur ein Behinderungsgrad von 20 zuerkannt wird.

Dies hängt damit zusammen, dass anhand der vorliegenden, einzeln fest-

>> Es wird keine simple Addition der Einzel-GdB vorgenommen, sondern der Gesundheitszustand in einer Gesamtschau bewertet.

gestellten Beeinträchtigungen eine Gesamtbewertung vorgenommen wird; wie hierzu aber konkret vorgegangen wird,

liegt im Ermessen der Behörde. Selbst wer beispielsweise für Diabetes einen Einzel-GdB von 40 erhält und dann noch zwei weitere Einzel-GdB von jeweils 10 vorliegen, kann also im Ergebnis nicht zwingend von einem Gesamt GdB von 50 ausgehen. Vielmals bleibt es in diesen Fällen zunächst bei einem Gesamt-GdB von 40.

Die Entscheidung der Behörde kann im Rechtsmittelverfahren überprüft und die Schwerbehinderung möglicherweise per Gericht erstritten werden.

Führt die Diabetes-Erkrankung zu einer Schwerbehinderung?

Für die Beurteilung des Grades der Behinderung (GdB) gelten gemäß § 69 Abs.1 Satz 3 SGB IX die im Rahmen des

§ 30 Abs.1 des Bundesversorgungsgesetzes – BVG – festgelegten Maßstäbe. Diese Maßstäbe sind in den sog. „An-

GESETZESTEXT

26.15 Stoffwechsel, innere Sekretion

Anhaltspunkte (Auszug, Fassung vom April 2004):
Der GdB bei Störungen des Stoffwechsels und der inneren Sekretion ist von den Auswirkungen dieser Störungen abhängig. In diesem Abschnitt nicht erwähnte angeborene Stoffwechselstörungen sind analog und unter Berücksichtigung ihrer vielfältigen Auswirkungen zu beurteilen. Normabweichungen der Laborwerte bedingen für sich allein noch keine Behinderung.

Diabetes mellitus Typ I
- durch Diät und alleinige Insulinbehandlung gut einstellbar: GdB 40
- schwer einstellbar (häufig bei Kindern), auch gelegentliche, ausgeprägte Hypoglykämien: GdB 50

Diabetes Typ II
durch Diät allein (ohne blutzuckerregulierende Medikation) oder durch Diät
- und Kohlehydratresorptionsverzögerer oder Biguanide (d.h. orale Antidiabetika, die allein nicht zur Hypoglykämie führen) ausreichend einstellbar: GdB 10
- und Sulfonylharnstoffe (auch bei zusätzlicher Gabe anderer oraler Antidiabetika) ausreichend einstellbar: GdB 20
- und orale Antidiabetika und ergänzende oder alleinige Insulinbehandlung ausreichend einstellbar: GdB 30

Häufige, ausgeprägte Hypoglykämien sowie Organkomplikationen sind ihren Auswirkungen entsprechend zusätzlich zu bewerten.

haltspunkten für die ärztliche Gutachter-tätigkeit" festgehalten – für Diabetiker ist dort die nachstehende Passage entscheidend (Kasten).

Unter Berücksichtigung dieser „Anhaltspunkte" liegt bei Typ-1-Diabetikern im Regelfall dann eine Schwerbehinderung (d. h. ein GdB von 50) vor, wenn die Krankheit schwer einstellbar ist.

Wichtig ist hierbei, dass es nicht auf die Einstellung (im Sinne der Ergebnisqualität) ankommt, sondern auf die Schwierigkeit, eine stabile Stoffwechsellage zu erreichen. Der HbA_{1c}-Wert gibt daher keine vernünftige Aussage zur Einstellbarkeit, denn auch (oder gerade) bei einem guten, niedrigen Wert können tatsächlich doch erhebliche und dauernde Blutzuckerschwankungen vorliegen.

Bei Typ-2-Diabetikern sehen die Anhaltspunkte lediglich einen Grad der Behinderung von max. 30 vor. Dies könnte sich allerdings in Zukunft ändern – das Bundessozialgericht hat am 25.04.2008 entschieden, dass auch bei Typ 2 immer eine Einzelfallbetrachtung erforderlich ist. Die Urteilsbegründung lag bei Drucklegung des Buches allerdings noch nicht vor.

 Kann man sich nicht auf ein Urteil des Sozialgerichts Düsseldorf berufen, wonach bei Diabetes aufgrund des Therapieaufwands immer eine Schwerbehinderung vorliege?

Leider nein! Das Sozialgericht Düsseldorf hat zwar tatsächlich vor geraumer Zeit eine bemerkenswerte Entscheidung getroffen: Nach Auffassung des Gerichts waren die Anhaltspunkte für eine Einstufung der Diabetiker nicht mehr zeitgemäß. Vielmehr sei es – den Empfehlungen der Deutschen Diabetes-Gesellschaft folgend – sinnvoll und richtig, den Diabetes anhand des Therapieaufwandes zu bewerten, der konkret erforderlich ist, um eine zufriedenstellende Einstellung des Diabetes zu erreichen.

In seiner Entscheidung vertrat das Gericht dabei die Überzeugung, dass die Häufigkeit und Schwere von Hypoglykämien (wie in den Anhaltspunkten) kein geeigneter Maßstab sei, um die körperlichen, seelischen und sozialen Auswirkungen und Beeinträchtigungen der Teilhabe am Leben in der Gesellschaft zu bewerten.

Die Frage, ob und wie oft Hypoglykämien auftreten, hänge nämlich im wesentlichen nicht von der Art der Erkrankung, sondern von der Durchführung der Diät- und Insulinbehandlung ab.

Allerdings ist das Urteil eine Einzelfallentscheidung geblieben; insbesondere haben zwischenzeitlich einige – auch

Obergerichte – in anderen Verfahren die dort vertretene Auffassung abgelehnt.

Dem Urteil kam bislang daher keine praktische Bedeutung zu. Allerdings: Angesichts einer kurz vor Drucklegung des Buches ergangenen Entscheidung des Bundessozialgerichts vom 25.04.2008 ist aber zu hoffen, dass künftig auch der Therapieaufwand berücksichtigt wird.

Für die Sozialgerichte spielt der Therapieaufwand bislang keine Rolle.

Was ist bei Stellung des Antrags zu beachten?

In dem Antrag sollten die vorliegenden Gesundheitsbeeinträchtigungen möglichst ausführlich dargelegt werden. Wenn der auf dem vorgesehenen Formular verfügbare Platz nicht ausreicht, so können Sie zusätzliche Anlagen einreichen.

Es ist empfehlenswert, sein Diabetes-Tagebuch dem Antrag beizulegen und hierbei die „Ausreißer" – d. h. Unterzuckerungen und hohe Werte – farblich hervorzuheben.

Bei Diabetes wird eine Schwerbehinderung grundsätzlich nur dann zuerkannt, wenn die Krankheit „schwer einstellbar" ist.

Sie sollten daher dem Antrag nach Möglichkeit auch umfassende Atteste und Bescheinigungen Ihrer Ärzte beilegen, in denen die „schwere Einstellbarkeit" bestätigt und begründet wird. Es reicht allerdings selten aus, wenn lediglich die Floskel „schwer einstellbar" auftaucht – es muss schon hinreichend nachvollziehbar erläutert werden, was der Arzt damit meint und welche Auswirkungen für Sie damit verbunden sind. Zur Erstellung solcher Atteste bzw. Bescheinigungen gibt es spezielle Computerprogramme, die dem Diabetologen den Arbeitsaufwand erleichtern. Die Software glucoDOC (welche übrigens vom Verfasser dieses Buchs entwickelt wurde) beispielsweise erstellt auf Knopfdruck und auf Basis Ihrer Blutzuckerwerte einen umfassenden, mehrseitigen Vorschlag zur Therapiebewertung, der sich gut zur Vorlage bei den Behörden eignet. Auch empfiehlt es sich, sein Diabetes-Tagebuch dem Antrag beizulegen und hierbei die „Ausreißer" – d. h. Unterzuckerungen und hohe Werte – farblich hervorzuheben.

Was kostet es, eine (Schwer-)Behinderung feststellen zu lassen?

Derzeit kostet es noch nichts, den Grad der Behinderung durch das Versorgungsamt feststellen zu lassen. Auch für alle Untersuchungen, welche die Behörde anordnet, bezahlen Sie nichts. Aber: Wenn Sie selbst Ihren Arzt bitten, Ihnen für den Antrag ein Attest auszustellen oder eine Stellungnahme zu schreiben, müssen Sie dafür meist eine Gebühr zahlen. Die Kosten dafür werden von der Krankenkasse oder einer privaten Krankenversicherung nicht erstattet.

? Was kann ich machen, wenn das Versorgungsamt meinen Antrag ablehnt oder nur einen geringeren GdB feststellt?

Leider ist mittlerweile regelmäßig zu beobachten, dass die Versorgungsämter die Anträge zunächst ablehnen oder zumindest nur einen deutlich niedrigeren GdB feststellen. Typ-1-Diabetiker erhalten so oftmals nur einen GdB von 30, während die Versorgungsämter bei Typ-2-Diabetikern (ohne weitere Beeinträchtigungen) zwischenzeitlich selten kaum mehr einen höheren GdB als 20 zubilligen.

Dies muss man als Betroffener nicht hinnehmen – man kann dann innerhalb eines Monats Widerspruch gegen den Bescheid des Versorgungsamtes erheben; dieser ist bei der übergeordneten Behörde einzulegen. Der Widerspruch braucht nicht begründet werden; allerdings kann eine kurze Erläuterung zu den Widerspruchsgründen hilfreich sein.

Allzu viel Mühe braucht man sich dabei aber nicht zu machen, denn oftmals hat man den Eindruck, dass die Behörde auch ausführliche Begründungen gar nicht liest, sondern stattdessen pau-

》 Der Betroffene kann im Gerichtsverfahren einen eigenen Gutachter – beispielsweise einen spezialisierten Diabetologen – beauftragen.

schale Bescheide per Textbaustein verschickt.

In der Praxis ist es daher leider die Regel, dass auch dem Widerspruch nur selten vollständig abgeholfen wird: Bei Typ-1-Diabetikern wird dann beispielsweise ein zuvor mit 30 festgestellter GdB zwar meist auf 40 erhöht, die begehrte Schwerbehinderung aber noch immer nicht erteilt.

In diesem Fall bleibt einem nur die Klage vor dem Sozialgericht, die zur Fristwahrung innerhalb eines Monats nach Erhalt des Widerspruchsbescheids erhoben werden muss.

Vor dem Sozialgericht wird der Vorgang dann komplett neu überprüft: Das Gericht holt umfassende Auskünfte und Stellungnahmen der behandelnden Ärzte ein.

Zusätzlich hat der Betroffene die Möglichkeit, einen eigenen Gutachter – beispielsweise einen spezialisierten Diabetologen – zu beauftragen. Zumindest bei Typ-1-Diabetikern kann so bislang – in den allermeisten Fällen – dann spätestens im gerichtlichen Verfahren eine Schwerbehinderung erkämpft werden.

© Fotolia

Die Versorgungsämter lehnen immer öfter einen Schwerbehinderten-Antrag ab oder legen einen niedrigeren GdB fest.

Was kostet eine Klage vor dem Sozialgericht?

Das Gerichtsverfahren ist – bislang – noch komplett kostenfrei.

Auch für die vom Gericht eingeholten Gutachten muss nichts bezahlt werden. Wird allerdings ein eigener Gutachter beantragt, so werden die hierfür anfallenden Kosten nicht in jedem Fall erstattet.

Wenn Sie einen Anwalt einschalten, bewegen sich die gesetzlich entstehenden Anwaltsgebühren meist in einem Rahmen zwischen ca. 300–700 EUR; die genaue Höhe kann aber erst nach Abschluss des Verfahrens festgestellt werden. Da diese Gebühren in der Regel zu niedrig sind, um die meist sehr aufwendigen Verfahren (dicke Akten!) wirtschaftlich zu betreiben, können die meisten Anwälte in solchen Angelegenheiten nur auf Basis einer (höheren) Vergütungsvereinbarung tätig werden. Entweder wird mit Ihnen dann nach Stundenaufwand abgerechnet oder ein pauschaler Zuschlag vereinbart.

Sowohl das Gerichtsverfahren als auch die vom Gericht eingeholten Gutachten sind – bislang – noch komplett kostenfrei. Der Gang zum Sozialgericht kann sich also lohnen.

 **Wichtig** Egal ob Rechtschutzversicherung, Prozesskostenhilfe oder Kostenerstattung, in jedem Fall werden Ihre Anwaltskosten nur auf Basis der gesetzlichen Gebühren erstattet. Wenn Sie mit Ihrem Anwalt also einen Honoraraufschlag vereinbart haben, so müssen Sie die Differenz zu den gesetzlichen Gebühren auf jeden Fall selbst bezahlen.

Da ein Anwalt aber grundsätzlich nicht erforderlich ist, kann man dennoch ohne jedes Kostenrisiko die Klage einreichen. Andererseits ist die Inanspruchnahme eines spezialisierten Anwalts durchaus zu empfehlen und sinnvoll; auch vor Gericht lässt sich vielmals der begehrte Grad der Behinderung nur mit fachkundiger Hilfe erreichen.

Diese Kosten des Verfahrens werden von einer Rechtschutzversicherung grundsätzlich übernommen; soweit die Klage erfolgreich ist, werden die Gebühren regelmäßig von der Staatskasse getragen bzw. von der Gegenseite erstattet.

Wer gar kein Geld hat, kann einen Antrag auf Prozesskostenhilfe stellen: Die Kosten der Prozessführung werden dann ganz oder teilweise vom Staat getragen.

Kann ich meinen Ausweis zurückgeben?

Nein, man kann die Schwerbehinderung nicht einfach „rückgängig" machen, indem man seinen Ausweis zurückgibt. Dies wird in Schulungen zwar oft behauptet, ist aber falsch.

Eine Behinderung ist an den tatsächlichen Gesundheitszustand geknüpft, liegt also bereits dann – per gesetzlicher Definition – vor, wenn eine entsprechende Gesundheitsbeeinträchtigung vorhanden ist. Die Behörde stellt diese – sprichwörtlich – nur noch fest und gibt dem Betroffenen einen Bescheid bzw. einen Schwerbehindertenausweis an die Hand, um diese Behinderung auch nachweisen zu können. Vor diesem Hintergrund ist klar, dass man auf seine Behinderung nicht einfach „verzichten" kann.

Zunächst bleibt die Feststellung der Behinderung als behördlicher Verwaltungsakt solange wirksam, bis dieser von der Behörde aufgehoben wird oder ggf. seine Befristung abläuft. Solange sich aber der Gesundheitszustand nicht ändert, besteht die Behinderung – aufgrund der gesetzlichen Anknüpfung an der gesundheitlichen Beeinträchtigung – nach wie vor. Erst wenn die Behörde

» Solange sich der Gesundheitszustand nicht ändert, besteht die Behinderung – aufgrund der gesetzlichen Anknüpfung an der gesundheitlichen Beeinträchtigung – nach wie vor.

den Bescheid aufhebt, tritt eine rechtlich bindende Änderung ein.

Auch wenn der Ausweis nur befristet ausgestellt wurde, ändert sich nichts. Sicherlich kann man „vergessen", die Verlängerung zu beantragen – rechtlich und faktisch besteht die Schwerbehinderung aber weiter.

 ### Darf ich mit meinem Schwerbehindertenausweis auf Behindertenparkplätzen parken?

Nein, der Schwerbehindertenausweis allein erlaubt es nicht, Behindertenparkplätze zu belegen.

Den hierfür erforderlichen Parkausweis bzw. die Ausnahmegenehmigung zum Parken für Schwer-

behinderte erhält man grundsätzlich nur, wenn zusätzlich das Merkzeichen „aG" (für außergewöhnliche Gehbehinderung) oder „BL" (für „Blind") im Schwerbehindertenausweis eingetragen ist.

Kann ich als Schwerbehinderter vorzeitig in Altersrente?

Ja, wer schwerbehindert ist und die Wartezeit von 35 Jahren erfüllt hat, kann bereits mit Vollendung des 60. Lebensjahres in Altersrente gehen. Wichtig: Die Schwerbehinderung setzt gemäß § 2 Abs. 2 SGB IX voraus, dass ein Grad der Behinderung von mindestens 50 festgesetzt wurde. Die Schwerbehinderung muss zur Antragstellung festgestellt sein.

zugs ergibt sich eine Rentenminderung im Umfang von 0,3 Prozent des Rentenzahlbetrags.

Vertrauensschutz

Versicherte, die zu den "rentennahen Jahrgängen" gehören, können sich auf einen Vertrauensschutz bei der Anhebung der Altersgrenze berufen, wenn sie

---

Beispiel

Zur Sonderregel:
Herr Maier ist am 3.2.1943 geboren; er ist aufgrund seiner Diabetes-Erkrankung seit dem 15.5.2002 schwerbehindert. Mit Vollendung des 63. Lebensjahrs, also ab dem 1.3.2006, kann er eine vorzeitige Altersrente ohne Abzüge erhalten. Er kann jedoch auch frühestens ab Vollendung seines 60. Lebensjahres vorzeitig in Rente gehen, muss dafür aber für jeden Monat einen Abschlag von 0,3 Prozent hinnehmen. Würde er also zum 1.7.2005 in Rente gehen, so wäre dies ein vorzeitiger Rentenbezug von 9 Monaten, was zu einer monatlichen Reduzierung der Rente in Höhe von 2,7 Prozent (9 Monate x 0,3 Prozent = 2,7 Prozent Abschlag) führt.

Zum Vertrauensschutz:
Wie oben, die Schwerbehinderung von Herrn Maier wurde aber bereits zum 1.1.1995 festgestellt. Hier genießt Herr Maier Vertrauensschutz und kann daher seine Rente ohne Abzüge nach Erreichen seines 60. Lebensjahres erhalten.

Wichtig auch: Nur wenn eine Beschäftigung oder selbständige Tätigkeit aufgegeben wird oder künftig nicht mehr als 345 € hinzuverdient werden, wird die Rente ohne Abzüge bezahlt.

Sonderregeln

Seit dem 1.1.2001 wurde die Altersgrenze für Versicherte, die nach dem 31.12.1940 geboren wurden, in monatlichen Schritten von der Vollendung des 60. Lebensjahres auf die Vollendung des 63. Lebensjahres angehoben.
Eine vorzeitige Inanspruchnahme dieser Altersrente ist frühestens ab Vollendung des 60. Lebensjahres möglich. Für jeden Monat des vorzeitigen Altersrentenbe-

vor dem 1. Januar 1942 geboren sind und mindestens 45 Jahre mit Pflichtbeiträgen für eine versicherte Beschäftigung oder Tätigkeit zurückgelegt haben (Achtung: Zeiten, in denen Versicherte wegen des Bezugs von Arbeitslosengeld oder Arbeitslosenhilfe versicherungspflichtig waren, zählen hierbei nicht mit) oder wenn sie bis zum 16.11.1950 geboren sind und am 16.11.2000 schwerbehindert, berufsunfähig oder erwerbsunfähig nach dem am 31.12.2000 geltenden Recht waren.
Der Vertrauensschutz bewirkt, dass eine Anhebung der Altersgrenze nicht erfolgt – die Rente kann also mit 60 Jahren ungekürzt in Anspruch genommen werden.

*Sonderfall Berufs- oder Erwerbs-
unfähigkeit*

Bis zum 31.12.2000 konnte die vorgezo-
gene Rente für Schwerbehinderte auch
in Anspruch genommen werden, wenn
statt einer Schwerbehinderung Berufs-
oder Erwerbsunfähigkeit vorlag. Im
Rahmen einer weiteren Bestandsschutz-
regelung gilt dieses Recht für Versicherte
weiter, die vor dem 1.1.1951 geboren
sind. Die Beurteilung, ob Berufs- oder
Erwerbsunfähigkeit vorliegt, erfolgt nach
dem seit dem 31.12.2000 geltenden Recht
und der seitherigen Rechtsprechung.

Ab wann gilt man in der Rentenversicherung als berufsunfähig? Was ist der Unterschied zur Erwerbsunfähigkeit?

Berufsunfähigkeit im Sinne des Renten-
rechts liegt vor, wenn die Leistungsfähigkeit eines Versicherten gesunken ist, und
zwar

• aus gesundheitlichen Gründen und
• auf weniger als die Hälfte der Leistungsfähigkeit eines körperlich, geistig
und seelisch gesunden Versicherten
mit ähnlicher Ausbildung, gleichwer-
tigen Kenntnissen und Fähigkeiten.

Erwerbsunfähigkeit liegt vor, wenn
infolge von Krankheit oder anderen
Gebrechen oder von Schwäche der
körperlichen oder geistigen Kräfte eine
dauerhafte und regelmäßige Erwerbs-
tätigkeit nicht mehr ausgeübt oder nur
noch ein geringes Arbeitseinkommen
erzielt werden kann.

Berufs- oder Erwerbsunfähigkeit nach
dem am 31.12.2000 geltenden Recht
kann auch vorliegen, wenn das Leistungsvermögen eines Rentenversicher-
ten aus gesundheitlichen Gründen zwar
eingeschränkt ist, jedoch noch über die
oben beschriebenen Grenzen hinaus,
geht und es keinen dem Restleistungs-
vermögen des Versicherten angepassten
Arbeitsplatz auf dem Teilzeitarbeits-
markt gibt.

© Fotolia

Diabetes & Arbeitsrecht

Diabetes – diese Diagnose krempelt das Leben der Betroffenen um; die Erkrankung führt nicht nur in gesundheitlicher Hinsicht zu Konsequenzen, sondern erfordert auch im Arbeitsleben erhöhte Wachsamkeit.

Hier stellen sich insbesondere Fragen wie:

- Habe ich als Diabetiker besondere Rechte oder Pflichten?
- Kann man mich wegen der Krankheit kündigen?
- Muss ich im Einstellungsgespräch meine Diabetes-Erkrankung angeben?
- Soll ich meine Erkrankung vor Kollegen verheimlichen?
- Darf ich während der Arbeitszeit meine Blutzuckermessungen machen?

Dieses Kapitel gibt Antworten und persönliche Einschätzungen, auch auf andere häufige Fragen rund ums Thema Diabetes und Arbeit.

Diabetes &Arbeitsrecht | Inhalt

Muss die Diabetes-Erkrankung im Bewerbungsgespräch angegeben werden?

Vielmals wird im Bewerbungsgespräch nach dem Vorliegen von Krankheiten gefragt, beispielsweise nach Diabetes. Ob nun die Diabetes-Erkrankung (wahrheitsgemäß) angegeben werden muss, hängt davon ab, ob der Arbeitgeber hiernach denn überhaupt fragen darf.

Um das Persönlichkeitsrecht des Arbeitnehmers zu schützen und Diskriminierungen zu vermeiden, wird im Arbeitsrecht nämlich zwischen unzulässigen oder zulässigen Fragen des Arbeitgebers unterschieden.

Bei zulässigen Fragen hat der Arbeitgeber einen Anspruch auf vollständige und richtige Angaben; der Bewerber muss hier also wahrheitsgemäß antworten.

» Auf unzulässige Fragen darf der Bewerber auch bewusst die Unwahrheit sagen.

Beispiele für zulässige Fragen sind
- Fragen zur beruflichen Qualifikation, Ausbildung und Fortbildung
- Fragen nach Hobbys
- Fragen nach sozialen Aktivitäten
- Fragen zu bisherigen beruflichen Stationen
- Gründe der Bewerbung
- Nebentätigkeiten

Wenn der Bewerber hier schwindelt oder nur teilweise die Wahrheit sagt, dann kann der Arbeitgeber – sofern er später vom tatsächlichen Sachverhalt erfährt – geltend machen, dass er bei vollständiger Kenntnis der tatsächlichen Situation einen Arbeitsvertrag mit diesem Bewerber nie geschlossen hätte.

In Konsequenz könnte er eine arglistige Täuschung behaupten und den Arbeitsvertrag gem. § 123 BGB anfechten oder durch eine außerordentliche Kündigung sofort beenden, was jeweils dann zu einer sofortigen Beendigung des Arbeitsverhältnisses führt – und das sogar ohne Anspruch auf Abfindung.

Häufig sind die Arbeitgeber aber daran interessiert, möglichst viel von den Bewerbern zu erfahren und hierbei auch Informationen zu entlocken, die für ein späteres Arbeitsverhältnis an sich gar keine Rolle spielen. In den seltensten Fällen steckt lediglich Neugierde dahinter, sondern vielmehr möchte man auf diese Weise „unliebsame" oder risikobehaftete Bewerber erkennen – um diese dann im Zweifel gleich ablehnen zu können … Nachdem es hier in der Vergangenheit erhebliche Auswüchse gab und es nicht selten zu Diskriminierungen gekommen ist, erachten die Gerichte bestimmte Fragen als unzulässig – was bedeutet, dass diese Fragen bei der Entscheidung über die Einstellung keine Rolle spielen dürfen.

Auf solche unzulässige Fragen muss der Bewerber keine Auskunft geben, er darf dann also die Antwort verweigern.

Nun wäre dies in den meisten Fällen jedoch keine sehr gute Idee – der Arbeitgeber würde dann zwar wahrscheinlich nicht weiter nachfragen, die erhoffte Stelle aber mutmaßlich an jemand anderen vergeben …

Aus diesem Grund darf ein Bewerber auf unzulässige Fragen des Arbeitgebers nicht nur schweigen, sondern auch bewusst die Unwahrheit sagen.

© Schuppelius

**Vorsicht beim Bewerbungsgespräch:
Der Arbeitgeber muss nicht alles wissen!**

Dieser Rechtsgrundsatz beherrscht das Arbeitsrecht seit Jahren und ist vom Europäischen Gerichtshof (EuGH) jüngst sogar noch verschärft worden. Eine wahrheitswidrige Antwort gibt demnach dem Arbeitgeber bei unzulässigen Fragen selbst dann kein Recht, den Arbeitsvertrag anzufechten, wenn der Mitarbeiter dadurch für ihn „wertlos" ist (EuGH Rs. C – 109/00).

Der Arbeitgeber kann nämlich auch nicht mit einer Täuschung argumentieren: War seine Frage nämlich grundsätzlich unzulässig, d. h. juristisch nicht relevant für die Begründung des Arbeitsverhältnisses, dann spielt es keine Rolle, wenn er hierauf eine wahrheitswidrige Antwort erhält.

Fragen nach der Privatsphäre des Bewerbers sind regelmäßig nicht gestattet. Nach der arbeitsgerichtlichen Rechtsprechung sind daher Fragen nach (Vor-)Erkrankungen – also auch nach der Diabetes-Erkrankung – grundsätzlich unzulässig.

Da eine hohe Diskriminierungsgefahr besteht, gelten daneben u.a. auch die nachstehenden Fragen grundsätzlich als unzulässig; auch diese müssen daher nicht bzw. nicht wahrheitsgemäß beantwortet werden:

- Fragen nach der Schwangerschaft (Ausnahme: es besteht Gefahr für das ungeborene Kind)
- nach einem Kinderwunsch
- nach der Religionszugehörigkeit
- nach Parteimitgliedschaft bzw. Gewerkschaftszugehörigkeit
- Fragen nach sexueller Ausrichtung
- Frage nach den Vermögensverhältnissen (*Ausnahme:* Vermögensverhältnisse, die für den Beruf von Bedeutung sind, wie z. B. bei einem Kassierer oder einem leitenden Angestellten).

Bei Fragen nach gesundheitlichen Beeinträchtigungen besteht nur dann eine Ausnahme, wenn die Krankheit sich derart auf die auszuübende Tätigkeit auswirkt, dass diese schlechthin gar nicht erst ausgeübt werden kann. Dies wäre dann der Fall, wenn jemand zum Zeitpunkt der Bewerbung schon weiß, dass er krankheitsbedingt die Stelle gar nicht antreten können wird oder dauerhaft die Tätigkeit nicht ausüben können wird.

Beispiel Ein Bewerber als Busfahrer hat von seinem Arzt die sichere Diagnose erhalten, dass er an einer seltenen Augenkrankheit leidet und in wenigen Monaten vollständig erblinden wird.
In diesem Fall weiß der Bewerber, dass er in absehbarer Zeit nicht mehr in der Lage sein wird, die angestrebte Tätigkeit als Busfahrer jemals wieder auszuüben.

Anders als in diesem vorherigen traurigen Beispiel wäre es aber bereits dann gelagert, wenn ein Bewerber lediglich weiß, dass er in nächster Zeit in eine (auch längerdauernde) stationäre Rehabilitationsbehandlung gehen muss.

Der damit verbundene Ausfall ist für den Arbeitgeber zwar ärgerlich, aber hinzunehmen – denn die Tätigkeit wird ja nicht dauerhaft bzw. generell unmöglich; insbesondere kommt der Arbeitnehmer nach gewisser Zeit wieder an den Arbeitsplatz zurück.

» Die Frage nach einer Diabetes-Erkrankung ist unzulässig, denn die allermeisten Tätigkeiten kann man trotz Diabetes ausüben.

Vor diesem Hintergrund ergibt sich, dass die Frage nach einer Diabetes-Erkrankung grundsätzlich unzulässig ist, denn die allermeisten Tätigkeiten kann man trotz Diabetes ausüben.

Eine entsprechende Frage kann daher wahrheitswidrig verneint werden, ohne dass man mit Konsequenzen rechnen muss.

Ein gesetzliches Verbot, dass Diabetiker bestimmte Berufe ausüben, gibt es nicht. So dürfen beispielsweise Berufskraftfahrer natürlich auch weiterhin fahren, sofern sie im Besitz einer gültigen Fahrerlaubnis sind und keine ärztlichen Bedenken gegen ihre Fahrtauglichkeit vorliegen. Und auch wenn bereits diabetische Folgeerkrankungen vorliegen, dürfte eine vergleichbare, erhebliche Beeinträchtigung in den seltensten Fällen vorliegen; anstehende Klinikaufenthalte sind hierbei nämlich nicht von Belang.

Für manche Berufe bestehen zwar besondere arbeitsmedizinische Vorschriften, an welche sich Arbeitgeber halten müssen.

In nahezu allen Fällen gibt es – lediglich aufgrund einer Diabetes-Erkrankung – aber auch hier keine Einschränkung:

Nur hochrisikobehaftete Tätigkeiten, bei denen allein bereits durch die Diabeteserkrankung eine unmittelbare Gefahr für sich oder andere droht, können von Diabetikern daher regelmäßig nicht ausgeübt werden.

Tipp Sagen Sie ausnahmsweise die Unwahrheit, wenn Sie im Einstellungsgespräch nach der Diabetes-Erkrankung gefragt werden. Dies hat nichts damit zu tun, dass man zu seiner Krankheit nicht stehen würde, sondern entspricht reinem Selbstschutz: Man muss sich zunächst darüber im Klaren sein, dass ein künftiger Arbeitgeber gegenüber vorerkrankten Bewerbern allein schon aus wirtschaftlichen Gesichtspunkten gewisse Vorbehalte haben wird. Bei Diabetikern kommt noch das Problem hinzu, dass über diese Krankheit in der Öffentlichkeit oft sehr falsche Vorstellungen bestehen: Nichtbetroffene wissen meist nichts oder nur recht wenig über die Zuckerkrankheit. Hinzu kommt, dass in den Medien nur sehr selten objektive Beiträge zu Diabetes zu finden sind; meistens ist die Berichterstattung reißerisch aufgemacht – und nicht selten schlichtweg falsch. Gerade in Spielfilmen oder Krimis kommen zur Spannungssteigerung oft Diabetiker vor, welche ohne Insulin oder Medikamente umgehend in lebensbedrohliche Zustände geraten. Tatsächlich sind Diabetiker aber grundsätzlich nicht leistungsschwächer; bei guter Einstellung wirkt sich die Krankheit nicht oder nur kaum auf die Arbeits- und Leistungsfähigkeit aus. Ein Arbeitgeber, der über Diabetes nicht hinreichend informiert ist, wird also womöglich davon ausgehen, dass er sich mit Einstellung eines Diabetikers nur Probleme aufhalst: Die vor diesem Hintergrund gar nicht mehr überraschende Folge dürfte meist sein, dass trotz erfolgversprechendem Gesprächsverlauf eine Absage erteilt wird.

Beispiele hierfür sind Berufe, welche das Tragen eines Ganzkörperanzugs erfordern, wie beispielsweise von Tiefseetauchern, innerhalb von biologischen Sicherheitslabors, in Atomkraftwerken oder in Verbindung mit hochgiftigen Chemikalien:

Hier ist es nämlich meist nicht möglich, den Schutzanzug schnell oder gar ohne fremde Hilfe abzulegen – im Falle einer Unterzuckerung könnte man dann nicht sofort reagieren bzw. die erforderlichen Broteinheiten zu sich nehmen.

Lediglich in Ausnahmefällen können also Fragen nach der Diabetes-Erkrankung bzw. möglicherweise beeinträchtigenden Folgeschäden zulässig sein – d. h. bei Tätigkeiten, welche die absolute körperliche und geistige Leistungsfähigkeit verlangen und mit einem hohen Gefahrenpotential für andere Menschen verbunden sind.

 ## Muss die Diabetes-Erkrankung ungefragt angegeben werden?

Nein, aus den vorgenannten Gründen besteht natürlich erst recht keine Verpflichtung, die Diabetes-Erkrankung ungefragt anzugeben. Dies gilt nicht nur für Diabetes, auch andere Krankheiten müssen grundsätzlich nicht ungefragt mitgeteilt werden.

Eine Ausnahme gilt allenfalls dann, wenn jemand an einer ansteckenden Krankheit leidet und dadurch Dritte gefährdet. Aus diesem Grund sind Arbeitnehmer auch nicht einmal verpflichtet, den Arbeitgeber beispielsweise über eine HIV-Infektion zu unterrichten; auch im Einstellungsgespräch ist die Frage nach einer HIV-Infektion nicht zulässig.

Wenn ein HIV-infizierter Arbeitnehmer bei der Einstellung auf diese Frage also antwortet, er sei nicht infiziert, so ist dies erlaubt, denn er kann aller Voraussicht nach noch viele Jahre seinen beruflichen Pflichten nachkommen.

Die Frage nach einer bestehenden Aids-Erkrankung, d. h. dem Vollbild der HIV-Erkrankung, ist hingegen zulässig, da hier in meist kurzer Zeit mit erheblichen

Krankheiten, die nicht ansteckend sind, müssen nicht ungefragt angegeben werden.

Einschränkungen und gesundheitlichen Beeinträchtigungen und dem Verlust der Arbeitsfähigkeit zu rechnen ist. Da der Arbeitgeber ein berechtigtes Interesse an der Beurteilung der kurzfristig absehbaren Arbeits- und Leistungsfähigkeit eines zukünftigen Mitarbeiters hat, muss der Arbeitnehmer in diesem Fall die Wahrheit sagen.

31

? Müssen Kraftfahrer im Bewerbungsgespräch die Krankheit angeben?

Sofern man im Besitz einer der für den Beruf erforderlichen Fahrerlaubnis ist, muss im Bewerbungsgespräch der Diabetes nicht genannt werden.

Nach der Rechtsprechung des Bundesarbeitsgerichts (BAG) ist eine allgemein gehaltene „Gesundheitsfrage" ohne einen konkreten Anlass unzulässig. Fragen nach dem Gesundheitszustand sind daher allenfalls dann zulässig, wenn eine Erkrankung die Eignung des Bewerbers „entweder erheblich beeinträchtigt oder aufhebt" (Az.: BAG, 2 AZR 279/83). Eine Ausnahme besteht also nur dann, wenn die Krankheit sich derart auf die auszuübende Tätigkeit auswirkt, dass diese schlechthin gar nicht erst ausgeübt werden kann. Dies wäre zum Beispiel der Fall, wenn jemand zum Zeitpunkt der Bewerbung schon weiß, dass er krankheitsbedingt die Stelle gar nicht antreten können wird. Das bedeutet: Nur dann, wenn man selbst genau weiß, dass man aufgrund seines gesundheitlichen Zustands, d. h. der Diabetes-Erkrankung oder Folgeerkrankungen, den Job tatsächlich gar nicht ausführen kann, dann müsste man eine solche Frage wahrheitsgemäß beantworten.

Bei Bewerbungen von Kraftfahrern gilt nichts anderes, auch wenn dies häufig anders verbreitet wird:
Die Diabetes-Erkrankung führt ja nicht dazu, dass diese ihr Fahrzeug nicht mehr fahren dürfen! Sofern man also im Besitz einer der für den Beruf erforderlichen Fahrerlaubnis ist, müssen daher auch Kraftfahrer im Bewerbungsgespräch nichts über den Diabetes sagen! Ausschlaggebend ist daher grundsätzlich nur der Besitz der Fahrerlaubnis – denn solange keine ärztlichen Bedenken bestehen, dürfen Sie fahren und können dem Job wie vorgesehen nachgehen.

? Ich habe die Diabetes-Erkrankung wahrheitswidrig verschwiegen – was passiert, wenn der Arbeitgeber hiervon später erfährt?

Etwaige Bedenken, dass ein auf einer Lüge beim Einstellungsgespräch basierendes Arbeitsverhältnis auf tönernen Füßen stünde, vermag ich zu entkräften: Nur wenn ein Bewerber auf eine zulässige Frage nicht wahrheitsgemäß antwortet, kann der Arbeitgeber das Arbeitsverhältnis anfechten oder außerordentlich kündigen – und dies auch nur dann, wenn er nachweisen kann, dass er auf die vom Bewerber (wahrheitswidrig) erhaltenen Angaben vertraut hat und diese für ihn ein wesentliches Motiv zum Abschluss des Arbeitsvertrags waren.

Die Frage nach der Diabetes-Erkrankung ist nun grundsätzlich nicht zulässig – der Arbeitgeber kann daher arbeitsrechtlich also keine nachteiligen Konsequenzen ziehen. Eine Kündigung allein wegen der verschwiegenen Diabetes-Erkrankung ist somit nicht möglich.

Erfährt der Arbeitgeber später von der Krankheit, dann wird dieser – vor allem in kleineren Betrieben – zwar möglicherweise verärgert oder enttäuscht darüber sein, dass er bei der Einstellung „belogen" wurde. Wenn man ihm aber klarmacht, dass er einerseits die Frage nach einer Diabetes-Erkrankung gar nicht stellen durfte und man andererseits auch seinen eigenen Standpunkt erläutert, dann sollte sich der Chef in den meisten Fällen auch einsichtig zeigen – vor allem, wenn er ansonsten mit Ihnen und Ihrer Arbeitsleistung zufrieden war.

Was empfehlen Sie – soll ich die Diabetes-Erkrankung angeben?

Ich empfehle, sich bei der Frage nach der Diabetes-Erkrankung tunlichst zurückzuhalten und im Zweifel diese Frage zu verneinen. Im schlimmsten aller Fälle führt die Lüge zum späteren Verlust des Arbeitsplatzes – dieses Risiko ist aber immer noch besser, als die Stelle erst gar nicht angeboten zu erhalten. Von selbst versteht sich daher, dass man erst recht nicht unaufgefordert seine Erkrankung mitteilen sollte. Eine Ausnahme gilt natürlich dann, wenn sicher feststeht, dass die Diabetes-Erkrankung kein Hindernis ist, beispielsweise wenn die Stelle ausdrücklich (auch) für Diabetiker ausgeschrieben wurde (z. B. Pharma-Außendienst).

Ich wurde wahrscheinlich wegen meiner Diabetes-Erkrankung abgelehnt – kann ich hier etwas machen?

In der Regel werden die Absagen damit begründet, dass man die Stelle („leider") mit einem fachlich besser qualifizierten Bewerber anderweitig besetzen haben müsse.

Hiergegen kann man sich unter Umständen zur Wehr setzen, nämlich wenn man nachweisen kann, dass es gar keinen solchen besser qualifizierten Mitbewerber gab – oder dann, was allerdings selten vorkommt, wenn die Erkrankung offen als Ursache für die Ablehnung angegeben wird.

Auch wenn die Diabetes-Erkrankung nur im Bewerbungsgespräch oder im Personalfragebogen zur Sprache kam, dann bestehen gute Chancen, für die Absage wenigstens ein finanzielles „Trostpflaster" zu erhalten:

》 Der Arbeitgeber muss grundsätzlich beweisen, dass der Diabetes nicht der eigentliche Grund für die Ablehnung war.

Seit Einführung des Allgemeinen Gleichbehandlungsgesetzes (AGG) werden nämlich Benachteiligungen aus Gründen der Rasse oder wegen der ethnischen Herkunft, des Geschlechts,

Wer aufgrund seiner Diabetes-Krankheit abgelehnt wurde, kann Schadensansprüche stellen.

der Religion oder Weltanschauung, einer Behinderung, des Alters oder der sexuellen Identität sanktioniert. Dem Betroffenen steht dann gem. § 15 II AGG ein Schadensersatzanspruch zu.

Es genügt hier bereits der Anschein einer Diskriminierung: Wurde nach der Diabetes-Erkrankung gefragt und haben Sie diese daraufhin wahrheitsgemäß angegeben, so muss der Arbeitgeber dann grundsätzlich beweisen, dass der Diabetes nicht der eigentliche Grund für die Ablehnung war.

Geregelt ist dies in § 22 AGG, wonach es ausreichend ist, wenn Indizien eine Benachteiligung vermuten lassen – der Arbeitgeber hat dann zu beweisen, dass tatsächlich keine Diskriminierung vorlag.

Im Falle einer Diskriminierung kann der abgelehnte Bewerber Schadenser-

satz verlangen – die Höhe richtet sich hierbei u. a. nach der Qualifikation des Bewerbers, seinen Chancen auf dem Arbeitsmarkt sowie seinem Alter. Wäre er jedoch auch bei einer ordnungsgemäßen Bewerberauswahl (aus anderen Gründen, z. B. wegen seiner mangelnden Qualifikation) nicht eingestellt worden, so ist die Höhe des Schadensersatzes gemäß § 15 Abs. 2 AGG auf drei Monatsgehälter begrenzt.

Der Anspruch auf Schadensersatz oder Entschädigung muss innerhalb von zwei Monaten beim Arbeitgeber schriftlich geltend gemacht werden (§ 15 Abs. 4 AGG). Wird von diesem eine Zahlung verweigert, dann muss innerhalb von drei Monaten Klage beim Arbeitsgericht erhoben werden (§ 61b Abs. 1 Arbeits-

> **Wichtig** Es handelt sich hier um ein arbeitsgerichtliches Verfahren, d. h. der Betroffene muss seine Anwaltskosten hier selbst tragen – selbst wenn er den Rechtsstreit gewinnt. Man sollte sich daher vorab sehr genau überlegen, ob der zu erwartende Schadensersatzbetrag in vernünftigem Verhältnis zu den Kosten steht.

gerichtsgesetz) – ansonsten geht der Anspruch auf Schadensersatz oder Entschädigung verloren.

 Muss ich die Frage nach einer Schwerbehinderung wahrheitsgemäß beantworten?

Schwerbehinderte Menschen (mit einem Grad der Behinderung von mindestens 50) genießen vor allem im Arbeitsrecht zahlreiche sog. Nachteilsausgleiche,

was für Arbeitgeber mit teilweise erheblichen Belastungen verbunden ist.

Der Arbeitnehmer hat einen deutlich erhöhten Kündigungsschutz, möglicherweise überdurchschnittlich hohe Fehlzeiten und zusätzliche Urlaubstage – und unter Umständen muss der Arbeitgeber auch noch seine betrieblichen Abläufe auf den Behinderten einstellen. Bis vor einiger Zeit wurde die Frage nach der Schwerbehinderteneigenschaft von der Rechtsprechung daher als zulässig erachtet und musste vom Bewerber grundsätzlich wahrheitsgemäß beantwortet werden. (BAG, Urteil vom 01.08.1985, Az.: 2 AZR 101/83) – sogar dann, wenn die Schwerbehinderung überhaupt keine Auswirkungen auf die zu besetzende Stelle hatte.

Das Interesse des Bewerbers an der Nichtbeantwortung dieser Frage müsse zurücktreten, weil die Schwerbehinderteneigenschaft auf Dauer den Inhalt der Rechte und Pflichten aus dem Arbeitsverhältnis präge, denn aus der Schwerbehinderteneigenschaft ergeben sich zahlreiche Rechtspflichten (z. B. » Mehrurlaub, » Kündigungsschutz) für den Arbeitgeber.

Diese Entscheidung erging jedoch noch, bevor die europäische Antidiskriminierungsrichtlinie 2000/78/EG, das Allgemeine Gleichbehandlungsgesetz (AGG) sowie die Neufassung des § 81 Abs II SGB IX in Kraft waren – seither ist jegliche Diskriminierung eines Arbeitnehmers wegen einer Behinderung ausdrücklich untersagt. Dies muss im Umkehrschluss bedeuten, dass nach einer (Schwer-) Behinderung auch nicht mehr gefragt werden darf – denn nur so lässt sich die klare Gesetzesvorgabe befolgen.

Ein Arbeitgeber wird daher wohl nur noch dann nach einer Schwerbehinderung fragen dürfen, wenn ein „zwingender Zusammenhang" mit der angestrebten Tätigkeit besteht – bei Diabetes ist dies wohl selten der Fall.

Dies kann man im Übrigen auch bereits nach dem bisher schon geltenden Diskriminierungsverbot herleiten: Entdeckt der Arbeitgeber die wahrheitswidrig verschwiegene Schwerbehinderung und will daher den Arbeitsvertrag anfechten, so wird er darlegen müssen, dass er den Betroffenen bei Kenntnis der Schwerbehinderung nicht eingestellt hätte.

» Das Risiko eines Arbeitsplatzverlustes nach Verleugnung der Schwerbehinderung einzugehen ist besser, als die Stelle erst gar nicht angeboten zu bekommen.

Dies stellt jedoch den offensichtlichen Nachweis einer Diskriminierung dar, die vor Gericht erst einmal durchgesetzt werden will.

Die juristische Wissenschaft ist daher mittlerweile der überwiegenden Auffassung, dass sich der Arbeitgeber nun nicht mehr nach einer Schwerbehinderung erkundigen darf – eine höchstrichterliche Entscheidung auf Basis dieser neuen Gesetzeslage steht allerdings noch aus.

Ich empfehle vor diesem Hintergrund ganz pragmatisch, die Frage nach der Schwerbehinderung im Zweifel besser zu verneinen.

Denn auch wenn die Rechtsprechung ihrer bisherigen Linie folgen sollte und dem Arbeitgeber weiterhin ein entsprechendes Fragerecht zugestände, so bleibt das wahrheitswidrige Verschweigen de facto doch meist ohne nennenswerte Konsequenzen.

Im schlimmsten aller Fälle führt diese Lüge zum späteren Verlust des Arbeitsplatzes – dieses Risiko ist aber immer noch besser, als die Stelle erst gar nicht angeboten zu bekommen.

? Muss ich dem Arbeitgeber Schadensersatz zahlen, wenn ich meine Schwerbehinderung wahrheitswidrig verschwiegen habe?

Theoretisch ja, wenn ihm hierdurch tatsächlich ein Schaden entsteht. Das Risiko ist aber äußerst gering.

Hintergrund ist folgender: Arbeitgeber sind ab einer bestimmten Betriebsgröße verpflichtet, eine bestimmte Anzahl von Schwerbehinderten einzustellen – oder ansonsten sog. Ausgleichsabgaben zu bezahlen.

Betroffen sind hiervon Betriebe und Behörden mit mindestens 20 Beschäftigten; diese müssen gem. § 71 SGB IX einen Anteil von wenigstens 5 Prozent der Arbeitsplätze an schwerbehinderte Menschen vergeben. Wenn und solange Arbeitgeber die vorgeschriebene Zahl schwerbehinderter Menschen nicht beschäftigen, haben sie für jeden unbesetzten Pflichtarbeitsplatz eine Ausgleichsabgabe zu entrichten.

Schadensersatzforderungen des Arbeitgebers haben vor Gericht kaum Bestand.

>> Viele Betriebe zahlen lieber eine geringe jährliche „Ausgleichsabgabe", als Schwerbehinderte einzustellen.

Stellt der Arbeitgeber einen Schwerbehinderten ein, so spart er sich unter Umständen die Zahlung einer Ausgleichsabgabe nach § 77 SGB IX – oder umgekehrt, verschweigt der Arbeitnehmer seine Schwerbehinderung, so zahlt der Arbeitgeber diese Abgabe, ohne womöglich dazu verpflichtet zu sein. Dem Arbeitgeber entstünde dann durch die wahrheitswidrige Angabe ein Schaden. Es gab daher – allerdings auf Basis der früheren Rechtsprechung, wonach die Frage nach einer Schwerbehinderung wahrheitsgemäß beantwortet werden musste – tatsächlich Gerichtsentscheidungen, in denen der Arbeitgeber zum Ersatz dieser unnötigen Ausgleichsabgabe verpflichtet wurde (BAG, Az.: 2 AZR 754/97 und Az.: 2 AZR 923/94).

Wie in der vorhergehenden Frage aber bereits erläutert, hat sich die Rechtslage zwischenzeitlich geändert.

Schadensersatzansprüche des Arbeitgebers sind zwar theoretisch nach wie vor denkbar, aber kaum ein Gericht wird diese wohl noch zubilligen.

Aber selbst dann wäre das finanzielle Risiko für den Arbeitnehmer überschaubar:

Die Höhe der Ausgleichsabgabe wird gem. § 77 SGB IX auf der Grundlage einer jahresdurchschnittlichen Beschäftigungsquote ermittelt und ist relativ gering. Selbst wenn der Arbeitgeber seinen Pflichten überhaupt nicht nachkommt, beträgt die Abgabe pro unbesetztem Pflichtarbeitsplatz nur 260,00 EUR pro Jahr – was im Übrigen auch der Grund dafür ist, dass viele Betriebe bevorzugt die Abgabe bezahlen, als Schwerbehinderte einzustellen.

Werden Schwerbehinderte denn nicht „bei gleicher Eignung bevorzugt eingestellt"?

Leider nein. Man muss realistisch sehen, dass Arbeitgeber nicht sich ohne Not den zusätzlichen Verpflichtungen und Belastungen aussetzen wollen, welche die Einstellung eines schwerbehinderten Mitarbeiters mit sich bringt. Und auch wenn der Arbeitgeber beteuert, dass keine Vorbehalte gegen Schwerbehinderte bestehen: Er darf nach außen gar keine andere Position vertreten, will er sich nicht dem Vorwurf der Diskriminierung ausgesetzt sehen. Aus diesem Grund sollte man also nicht zu sehr auf die Zusicherung vertrauen, dass Schwerbehinderte bei gleicher Eignung bevorzugt eingestellt würden:

Erfolgt nämlich eine Absage, dann muss erst einmal der Nachweis erbracht werden, dass man tatsächlich und in allen für den Arbeitgeber wesentlichen Belangen über eine mindestens gleiche Eignung wie der letztendlich eingestellte Bewerber verfügt.

Dies dürfte in den meisten Fällen jedoch nicht möglich sein. Abgesehen davon: Viele Betriebe zahlen lieber eine geringe „Ausgleichsabgabe", als die ab einer bestimmten Betriebsgröße vorgeschriebene Zahl von Schwerbehinderten einzustellen.

Und auch bei Behörden – die eigentlich dazu verpflichtet sind, Behinderte zu fördern – kann man nicht sicher sein. Gerade kleinere Stellen wie Gemeinden und Schulen können, genau wie kleinere Unternehmen, krankheitsbedingte Personalausfälle oftmals nur schwer

» Den Arbeitsplatz bekommt man aufgrund seiner Schwerbehinderung vielmals nicht.

ausgleichen. Auch sie versuchen es zu vermeiden, einen Schwerbehinderten einzustellen.

So bitter es auch ist: Den begehrten Arbeitsplatz wird man als Schwerbehinderter vielmals nicht bekommen. Bessere Chancen haben schwerbehinderte Menschen, wenn zentrale Stellen (z. B. Bund oder Land) Mitarbeiter suchen. Dort wird die Integration von Behinderten vorangetrieben, und man kann eher darauf hoffen, dass die Formulierung „bevorzugte Einstellung" ernst gemeint ist.

Muss ich Personalfragebögen wahrheitsgemäß ausfüllen?

Viele Arbeitgeber versuchen quasi durch die Hintertür an bestimmte Informationen zu gelangen. Gerne werden daher den Bewerbern im Vorfeld ausführliche Personalfragebögen mit der Bitte um Beantwortung übersandt; häufig wird dort

eine Vielzahl von Angaben abgefragt, die ein psychologisches Bewerberprofil ergeben.

Selbstverständlich gilt bei Personalfragebögen aber auch nichts anderes als im Einstellungsgespräch: Es müssen nur

Bei unzulässigen Fragen darf beim Ausfüllen des Fragebogens geschummelt werden!

solche Fragen wahrheitsgemäß (bzw. überhaupt) beantwortet werden, die der Arbeitgeber zulässigerweise stellen darf.

Man sollte sich hier auch keinesfalls von einer unscheinbaren Aufmachung täuschen lassen – keine Angabe in einem solchen Fragebogen wird ohne Grund erhoben!

Beispielsweise wird dort nicht selten gefragt, wie häufig im Jahr eine Augen- und Fußuntersuchung durchgeführt wird. Hier sollten Sie wachsam sein: Der Arbeitgeber möchte auf diese Weise herausfinden, ob Sie von der Regel abweichen, d. h. möglicherweise an einer chronischen Krankheit leiden. Nachdem diese Fragen aber nun unzulässig sind, sollte man hier tunlichst die für einen „Gesunden" üblichen Intervalle angeben.

? Muss ich eine Einstellungsuntersuchung über mich ergehen lassen?

Grundsätzlich hat der Arbeitgeber auch das Recht, die Einstellung von dem Ergebnis einer ärztlichen Untersuchung abhängig zu machen: Wird eine ärztliche

» Wird eine ärztliche Untersuchung verlangt, so muss der Bewerber dieser Untersuchung nachkommen.

Untersuchung verlangt, so muss der Bewerber der Untersuchung nachkommen. Allerdings ist auch hier zu beachten, dass jeder Arzt, auch der Betriebsarzt, zur Verschwiegenheit verpflichtet ist. Die Feststellungen des Arztes müssen sich daher auf die Arbeitsfähigkeit (ja oder nein?) beschränken. Es dürfen dem Arbeitgeber keine Informationen über Befunde (z. B. die Diabetes-Erkrankung) oder prognostizierte Krankheitsverläufe

mitgeteilt werden; hierauf sollte der untersuchende Arzt ggf. auch nochmals ausdrücklich hingewiesen werden. Wenn nun diese Untersuchung keine begründeten (!) medizinischen Bedenken gegen Ihre Arbeitsfähigkeit ergibt, so dürfte sich auch hier die Diabetes-Erkrankung nicht nachteilig auswirken.

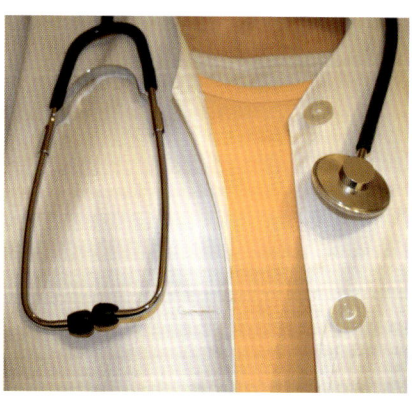

Muss ich bei einer Einstellungsuntersuchung die Diabetes-Erkrankung wahrheitsgemäß angeben oder mitteilen?

Diese Frage ist etwas schwierig zu beantworten und es gibt meines Wissens hierzu auch noch keine gerichtlichen Entscheidungen.

Ich denke aber, dass auch gegenüber einem Betriebsarzt keine Verpflichtung besteht, solche Fragen zu beantworten, die ansonsten für den Arbeitgeber als unzulässig angesehen werden.

Abgesehen davon ist es ja gerade die Aufgabe des Arztes, aufgrund der Untersuchung etwaige Krankheiten oder gesundheitliche Bedenken selbst herauszufinden. Wenn er nicht in der Lage ist, dies im Rahmen seiner Untersuchung festzustellen, dann kann er hier keine aktive Mithilfe des Bewerbers voraussetzen.

In der Praxis dürfte sich das Problem wahrscheinlich auch gar nicht stellen, denn ohne Ihre Einwilligung darf auch der Betriebsarzt keine Informationen zum Ablauf der Untersuchung mitteilen.

Dieser darf daher dem Arbeitgeber weder mitteilen, ob Sie an Diabetes leiden, noch was von Ihnen auf eine entsprechende Frage geantwortet wurde: Tut er es dennoch, so macht er sich strafbar.

Der Arbeitgeber darf dann natürlich auch keine Informationen zum Nach-

> **Tipp** Entbinden Sie den Betriebsarzt auf keinen Fall von seiner Schweigepflicht, so dass dieser dem Arbeitgeber lediglich mitteilen darf, ob er Sie im Ergebnis für die Stelle gesundheitlich geeignet hält oder nicht.

teil des Arbeitnehmers verwenden, die rechtswidrig – wie hier dann über den Bruch der ärztlichen Schweigepflicht – über diesen erlangt wurden.

Im Ergebnis dürfte daher ein wahrheitswidriges Verschweigen der Diabetes-Erkrankung auch gegenüber dem Betriebsarzt ohne negative Konsequenzen bleiben.

 Kann ich mich gegen ein negatives Ergebnis der Einstellungsuntersuchung wehren und gegen meine Ablehnung klagen, wenn ich – beispielsweise durch Atteste meines Diabetologen – den Nachweis meiner gesundheitlichen Eignung erbringen kann?

Die Antwort hängt hier vom Vertrag ab: Wenn vereinbart wurde, dass die Einstellung vom Ergebnis der Einstellungsuntersuchung abhängt, dann kann „dieser Eintritt einer vereinbarten aufschiebenden Bedingung in Form der gesundheitlichen Eignung" regelmäßig nicht durch ein „Gegenattest" belegt oder widerlegt wer-

den (Landesarbeitsgericht Hamm, Az.: 9 Sa 2313/05, Urteil vom 12.09.2006). Der Bewerber kann in einem solchen Fall trotz eines gegenteiligen Attests (z. B. vom eigenen Diabetologen) nicht mit Erfolg auf Einstellung klagen.

Dies scheint auf den ersten Blick ungerecht, ist im Sinne einer zügig zu schaffenden Klarheit über den Beginn des Arbeitsverhältnisses aber durchaus im Interesse beider Seiten:

Die tatsächliche Eignung bzw. Nichteignung eines Bewerbers lässt sich im Zweifel nämlich nur durch ein medizinisches Sachverständigengutachten klären. Bewerber wie Arbeitgeber würden daher das Risiko eingehen, dass im Falle eines Rechtsstreits erst nach einer längeren Prozessdauer feststeht, ob das Arbeitsverhältnis nun besteht oder nicht.

Unabhängig hiervon dürfte dem Bewerber aber zumindest ein Schadensersatzanspruch zustehen, wenn der Betriebsarzt die gesundheitliche Eignung ohne hinreichenden Grund verneint hat.

Der Arbeitgeber darf einen Bewerber nämlich nicht pauschal lediglich aufgrund einer Krankheit ablehnen und damit diskriminieren – Gleiches gilt natürlich auch dann, wenn ein Betriebsarzt als verlängerter Arm des Arbeitgebers fungiert.

? Der Arbeitgeber will mich nur einstellen, wenn ich auf meine Rechte als Schwerbehinderter verzichte. Ist dies zulässig?

Nein, die gesetzlichen Nachteilsausgleiche für Schwerbehinderte sind unabdingbar; eine entsprechende Verzichtsklausel im Arbeitsvertrag wäre

Eine Vertragsklausel, mit welcher man auf seine Rechte als Schwerbehinderter verzichten soll, ist unwirksam. Man kann diese daher ruhig unterschreiben – die Rechte gehen nicht verloren.

© Fotolia

daher sittenwidrig und unwirksam. Um den Job zu erhalten können Sie daher bedenkenlos auf die Forderung des Arbeitgebers eingehen – Ihre Rechte gehen Ihnen nicht verloren.

Umgekehrt wäre auch eine freiwillige (Selbst-)Verpflichtung gegenüber dem Arbeitgeber unwirksam: Selbst wenn man sich gänzlich ohne Druck dazu bereit erklärt hat, auf seine Rechte als Schwerbehinderter zu verzichten bzw. die Schwerbehinderung nicht feststellen zu lassen, könnte der Arbeitgeber die Einhaltung dieses Versprechens nicht einfordern.

? Bringt die Einstellung von Schwerbehinderten denn für den Arbeitgeber nur Nachteile?

Nein, es kann für den Arbeitgeber durchaus sinnvoll und vorteilhaft sein, einen Schwerbehinderten einzustellen: Er kann nämlich gezielte finanzielle Förderungen für Arbeitshilfen, Personal-

kosten und Qualifizierung/Betreuung der betroffenen Mitarbeiter erhalten. Hierzu zählen die Lohnunterstützungszahlung sowie entsprechende Hilfen bei der Ausgestaltung des Betriebes. Weiter-

Die Einstellung von Schwerbehinderten hat einige finanzielle Reize wie z. B. die staatliche Unterstützung bei der Lohnauszahlung.

hin erhält der Betrieb Fördermittel und kann entsprechende Unterstützung der jeweiligen Integrationsbehörden anfordern.

Vorteile für Betriebe

- Für die Ausbildung und Beschäftigung schwerbehinderter Menschen stellt der Staat gezielte finanzielle Hilfen bereit. Diese sollen dazu beitragen, die Betriebe zu entlasten und die Integration sicherzustellen. Zuständig ist hier die Agentur für Arbeit, die angehalten ist, für eine professionelle und unbürokratische Abwicklung zu sorgen. Für notwendige technische Arbeitshilfen und eine erforderliche behinderungsgerechte Ausstattung des Ausbildungs-/Arbeitsplatzes kann der Arbeitgeber einen finanziellen Zuschuss erhalten. Außergewöhnliche Belastungen, die mit der Beschäftigung besonders betroffener schwerbehinderter Menschen verbunden

sind, werden ebenfalls finanziell ausgeglichen; Ansprechpartner hier ist das zuständige Integrationsamt.

- Neben den Förderungen für die Ausstattung des Arbeitsplatzes kann der Arbeitgeber auch „Eingliederungszuschüsse" erhalten, d. h. Zuschüsse zu den Lohnkosten bei Einarbeitung, bei erschwerter Arbeitsvermittlung und für ältere Arbeitnehmer. Für besonders betroffene schwerbehinderte Menschen ist eine spezifische Förderung vorgesehen. Die Zuschüsse können bis zu 70 Prozent des Arbeitslohns betragen, einschließlich des Gesamtsozialversicherungsbeitrages des Arbeitgebers, sind aber auf maximal drei Jahre begrenzt. Zuschüsse zur Ausbildungsvergütung werden gezahlt, wenn die betriebliche Aus- und Weiterbildung aus behinderungsbedingten Gründen ansonsten nicht zu erreichen ist. Die Zuschüsse betragen bis zu 80 (in Ausnahmefällen bis zu 100) Prozent der monatlichen Ausbildungsvergütung einschließlich des Gesamtsozialversicherungsbeitrages des Arbeitgebers.

》 Neben den Förderungen für die Arbeitsplatzausstattung kann der Arbeitgeber auch „Eingliederungszuschüsse" erhalten.

- Und auch die Einstellung eines Schwerbehinderten auf Probe kann sich für den Arbeitgeber fast risikolos gestalten: Zuschüsse für eine befristete Probebeschäftigung sind möglich, wenn sich dadurch die Chancen des Bewerbers für eine dauerhafte Beschäftigung verbessern. Sie werden bis zur vollen Höhe der Kosten und für die Dauer von drei Monaten übernommen.

Ich will im Bewerbungsgespräch die Schwerbehinderung angeben – gibt es hier noch etwas zu beachten?

Auch wenn Sie entschieden haben, Ihrem potentiellen Arbeitgeber von der Schwerbehinderung oder vom Diabetes zu berichten:

Halten Sie sich hierbei in eigenem Interesse etwas zurück.

Es ist selbstverständlich, dass im Bewerbungsgespräch nicht berichtet werden sollte, wie dramatisch die letzte Hypo war und mit wie viel Glück ein Verkehrsunfall vermieden werden konnte.

Schwerbehinderte sollten natürlich auch nicht gleich im Vorstellungsgespräch auf ihre Rechte pochen: In einem mir bekannten Fall war ein Unternehmen explizit auf der Suche nach einem Diabetiker.

Eine Bewerberin, die an sich alle Voraussetzungen mitbrachte, vergab ihre Chance: Bei der Vorstellung legte sie unvermittelt und ungefragt den Schwerbehindertenausweis auf den Tisch und begann, über ihr zustehende Vergünstigungen zu sprechen. Es ist nicht überraschend, dass der Arbeitgeber – bei aller Überzeugung von den fachlichen Fähigkeiten der Bewerberin – sich letztlich für jemanden anderen entschieden hat ...

 ## Auf welche Fallen sollte ich im Bewerbungsgespräch achten?

Viele Arbeitgeber wissen zwischenzeitlich natürlich sehr genau, welche Fragen ber sogar bewusst unzulässige Fragen. Oft wird auch durch die Hintertür ver-

---

Beispiel

Ein „billiger" Trick: Vermutet oder befürchtet der Personalchef, dass eine bestimmte Krankheit vorliegt, so wird der Bewerber unvermittelt – und ins Blaue hinein – beispielsweise mit der Frage konfrontiert:

„Sie schreiben in den Bewerbungsunterlagen, dass Sie einen Bandscheibenvorfall hatten/Diabetiker sind. Wie kommen Sie denn damit zurecht?" Selbstverständlich klärt sich dieses „Missverständ-nis" unter vielfacher Entschuldigung schnell auf; der Personalchef hatte dies – natürlich rein versehentlich – mit der Akte eines anderen Bewerbers verwechselt ...

Die Intention ist aber klar:

Wer hier dann tatsächlich betroffen ist, wird eine gewisse Reaktion zeigen, die einem Personalchef kaum entgehen wird. Und womöglich wirkt der Bluff sogar ...

---

einem Bewerber gestellt werden dürfen, ohne dass dieser hieraus eine Benachteiligung ableiten kann.

Manchen ist eine mögliche Schadensersatzklage wegen Diskriminierung aber auch egal und sie stellen dem Bewer- sucht, an bestimmte Informationen zu gelangen.

So wird nicht selten versucht, eine Vertrauensposition aufzubauen, indem der Arbeitgeber scheinbar belanglos über eigene, persönliche Ansichten oder

Erfahrungen berichtet – beispielsweise zu politischen Themen, über den „beneidenswert rüstigen Vater, obwohl der an Bluthochdruck und Diabetes leidet" oder über das „Gesundheitssystem, in dem nichts mehr bezahlt wird".

In obigen Beispielen sollte man natürlich weder in eine politische Diskussion einsteigen, noch zu erkennen geben, dass man sich selbst mit der Problematik „Diabetes" besonders auskennt. Und wer sich über das Gesundheitssystem beklagt, lässt als Bewerber womöglich vermuten, dass er hier selbst über negative Erfahrungen verfügt – was dann wiederum nicht unbedingt auf einen makellosen Gesundheitszustand schließen lässt.

Da es sich herumgesprochen hat, dass man als Bewerber bei unzulässigen Fragen auch die Unwahrheit sagen darf, werden mitunter auch gemeine, wenngleich nicht selten eher „billige" Tricks eingesetzt: Der Bewerber wird

beispielsweise schockartig mit einem Sachverhalt konfrontiert; aus seiner Reaktion (Mimik, Gestik) werden dann Rückschlüsse gezogen.

Aufpassen müssen hier aber nicht nur Diabetiker, sondern grundsätzlich alle

» Manche Arbeitgeber setzen beim Bewerbungsgespräch gemeine Tricks ein.

Bewerber – nahezu jeder Stellensuchende bringt gewisse persönliche Eigenheiten mit, die der Arbeitgeber nicht zu wissen braucht.

Die wenigsten Bewerber sind so abgeklärt, um alle denkbaren Tricks der meist sehr erfahrenen, menschenkundigen Einstellungschefs zu durchschauen – aber es hilft, wenn man davon ausgeht, dass jeder ausgesprochene Satz im Bewerbungsgespräch möglicherweise relevant sein kann.

 Stimmt es, dass Diabetiker keine Chance auf Einstellung im Polizeidienst oder bei der Bundeswehr haben?

Ja, bei realistischer Betrachtung muss man dies in der Tat leider so sagen.

Die Einstellung bei Polizei und Bundeswehr richtet sich nach den dortigen Tauglichkeitsvorschriften: Im Rahmen der Bewerbung/Einstellung wird auf deren Grundlage ärztlich überprüft, ob Sie dienstfähig sind. In der Regel wird dies bei Diabetikern – zumindest was den Dienst an der Waffe angeht – aber leider meist und pauschal verneint.

Wird die Ablehnung auf die Diabetes-Erkrankung – womöglich auch nur pauschal auf Tauglichkeitsvorschriften – gestützt, dann besteht zwar die Mög-

lichkeit, gegen die Einstufung als „dienstunfähig" rechtlich vorzugehen und ggf. in einem Gerichtsverfahren durch ärztliche Gutachten einen gegenteiligen Tauglichkeitsnachweis zu erbringen.

Die Erfolgschancen hierfür stehen an sich auch grundsätzlich gar nicht schlecht, denn die Tauglichkeitsvorschriften von Polizei und Bundeswehr entsprechen hinsichtlich der Diabetes-Erkrankung nicht mehr dem aktuellen Stand der medizinischen Forschung.

» Die Einsatztauglichkeit von Diabetikern beim Dienst an der Waffe wird leider meist und pauschal verneint.

Insbesondere vor dem Hintergrund des grundgesetzlichen Diskriminierungsverbots und des Gleichbehandlungsgrundsatzes ist auch nicht erklärlich, dass einerseits Diabetiker als dienstuntauglich gelten und pauschal nicht eingestellt werden, andererseits aber gerade in der Bundeswehr trotzdem zahlreiche Diabetiker als Zeit- oder Berufssoldaten weiterdienen (dürfen).

Bei diesen wurde die Erkrankung zwar wohl meist erst nach Diensteintritt festgestellt – bei Anwendung der gleichen Maßstäbe wie bei der Einstellung müssten diese Betroffenen aber an sich dann ebenfalls als untauglich gelten.

Es ist daher durchaus vorstellbar, dass die zu pauschal gehaltenen Tauglichkeitsvorschriften irgendwann von einem Gericht als rechtswidrig – und daher unanwendbar – beurteilt werden.

Allerdings ist ein solcher Rechtsstreit ein steiniger und zeitintensiver Weg, der mutmaßlich durch alle Instanzen gehen wird – da man mit einer Verfahrensdauer von mehreren Jahren rechnen muss, wird dem Betroffenen diese Option tatsächlich daher wohl nicht wirklich etwas bringen.

Diabetes & Arbeitsalltag

Nun haben Sie zwar den angestrebten Job – aber es stellt sich die Frage, ob denn die Diabetes-Erkrankung vor Kollegen und dem Arbeitgeber (weiterhin) geheimgehalten werden sollte. Aus Angst vor Nachteilen verhalten sich Diabetiker daher oft über Jahre hinweg möglichst unauffällig, verbergen Blutzuckermessungen bzw. verschweigen die Erkrankung bei betriebsärztlichen Untersuchungen. Meist kommt jedoch irgendwann einmal das böse Erwachen, nämlich dann, wenn eine unvorhergesehene Unterzuckerung eintritt und keiner der Kollegen auf die Situation vorbereitet ist – oder sich nicht traut, dann die richtigen Maßnahmen zu ergreifen.

In diesem Abschnitt geben wir Ihnen Antworten auf Fragen, die sich im Arbeitsverhältnis ergeben.

Diabetes
&Arbeitsalltag | Inhalt

Diabetes & Arbeitsalltag | Inhalt

Soll ich meine Kollegen über die Diabetes-Erkrankung informieren?

Sie sollten unbedingt einige der Arbeitskollegen über Ihre Erkrankung aufklären und die Symptome einer beginnenden oder eingetretenen Unterzuckerung schildern: z. B. Zittern, fahriges Auftre-

» Innerhalb einer Probezeit sollten Sie den Arbeitgeber aber auf keinen Fall über die Diabetes-Erkrankung informieren!

ten, blasse Hautfarbe, unkontrolliertes Schwitzen, stockender Rede- und Reaktionsfluss, Stimmungsschwankungen. Und Sie sollten den Kollegen auch erklären, was in einer solchen Situation zu tun ist.

Wichtig Nehmen Sie den Kollegen die Angst vor Ihrer Krankheit – und wirken Sie Vorurteilen entgegen. Denken Sie daran, dass auch im Kollegenkreis oftmals falsche Vorstellungen über Diabetiker herrschen. Am Arbeitsplatz sollten daher für alle Fälle unbedingt ein Glukagon-Notfallset und ausreichend Traubenzucker griffbereit sein; ein Hinweisblatt mit Erläuterungen für den Notfall ist ebenfalls empfehlenswert. Mitunter ist es – in Ausnahmefällen – auch sinnvoll, den Arbeitgeber über die Krankheit zu informieren, insbesondere wenn es Probleme bei der Arbeitszeitgestaltung oder den Mahlzeiten gibt.

 ## Haben Diabetiker das Recht auf Sonderpausen?

Manche Diabetiker sind unschlüssig, ob sie während der Arbeitszeit ihre Blutzuckermessung durchführen bzw. Insulininjektionen vornehmen dürfen. Ich denke, dass kaum ein Arbeitgeber etwas dagegen haben dürfte, dass Sie in regelmäßigen Abständen Ihren Blutzucker bestimmen und so auch Ihre Arbeitsfähigkeit sicherstellen und aufrechterhalten. Genauso wie das Spritzen von Insulin ist dies regelmäßig, quasi nebenher, in wenigen Sekunden erledigt und dürfte den Arbeitsfluss kaum beeinträchtigen.

Aber auch hier sollten Sie sich zumindest in der Probezeit zurückhaltend zeigen. Auf keinen Fall darf Ihnen der Arbeitgeber die Messung bzw. Insulininjektion verbieten; allerdings haben Sie auch kein Recht auf zusätzliche Pausen. Grundsätzlich können hierzu ja auch Rauch- oder Toilettenpausen genutzt werden.

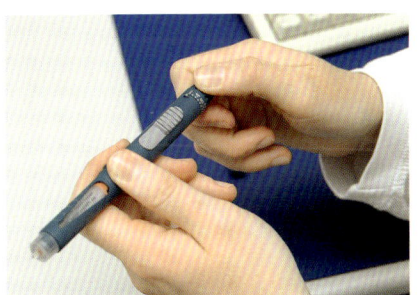

Die Blutzuckerbestimmung während der Arbeitszeit stellt die Arbeitsfähigkeit sicher und ist in wenigen Sekunden erledigt.

Darf mir mein Chef verbieten, im Büro meinen Blutzucker zu messen?

Nein, grundsätzlich hat der Arbeitgeber eine Fürsorgepflicht und muss daher Blutzuckerselbstkontrollen hinnehmen. Er kann aber verlangen, dass hierdurch keine Kollegen oder Kunden (beispielsweise an der Kasse im Supermarkt) belästigt werden. Nicht erlaubt sind Messungen auch überall dort, wo dies Hygiene- oder Sicherheitsbestimmungen zuwiderlaufen würde, beispielsweise in Küchen oder medizinischen

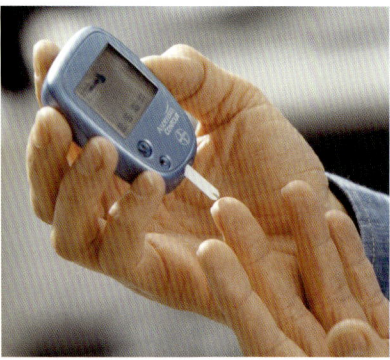

Blutzuckermessungen darf der Arbeitgeber nicht verbieten.

Labors. Auch dann darf die Blutzuckermessung aber nicht verboten werden; diese hat dann lediglich an einem anderen Ort, beispielsweise in einem Ruheraum oder auf der Toilette, zu erfolgen.

Vergessen Sie auch nicht: Manche Kollegen können sich durch den Anblick von Blut oder einer Nadel belästigt fühlen! Hier sollten Sie im Zweifel Rücksicht nehmen und sich gegebenenfalls diskret verhalten.

 Erhalte ich bezahlten Sonderurlaub, wenn ich zum Arzt muss?

Gem. § 616 BGB hat ein Arbeitnehmer dann Anspruch auf bezahlte Freistellung (= Sonderurlaub), wenn er unverschuldet und für nur kurze Zeit aus persönlichen Gründen an der Arbeitsleistung verhindert ist.

> **Wichtig** Auf Verlangen muss die Notwendigkeit des Arzttermins durch Vorlage einer entsprechenden ärztlichen Bescheinigung bestätigt werden.

Für den Arztbesuch bedeutet dies, dass eine bezahlte Freistellung grundsätzlich nur dann in Betracht kommt, wenn der Arztbesuch zu dem jeweiligen Zeitpunkt medizinisch notwendig ist, also in der Regel nur bei akuten Beschwerden oder

Notfallbehandlungen.

Ausnahmsweise kann auch dann Sonderurlaub verlangt werden, wenn ein Arzttermin nur während der Arbeitszeit möglich ist, weil der Arbeitnehmer auf die Termingestaltung des Arztes keinen Einfluss nehmen kann.

Hat der Arzt allerdings Sprechstunden außerhalb der Arbeitszeit, muss der Arbeitnehmer zunächst um einen Termin in dieser Zeit nachsuchen. Allerdings besteht keine Verpflichtung, auf einen solchen Termin besonders zu drängen. Selbstverständlich kann der Arbeitgeber nicht verlangen, dass man zu einem Arzt wechselt, der auch Sprechstunden außerhalb der Arbeitszeit anbietet.

Ich bin schwerbehindert und kann daher „auf Verlangen von Mehrarbeit freigestellt" werden. Was heißt das genau?

Gem. § 124 SGB IX sind schwerbehinderte Menschen auf ihr Verlangen von Mehrarbeit freizustellen. Diese etwas unscharfe Formulierung führt in der Praxis häufig zu Missverständnissen: Unter Mehrarbeit versteht man jede Arbeit, welche die gesetzliche werktägliche Arbeitszeit von acht Stunden gem. § 3 Abs. 1 Satz 1 ArbZG überschreitet.

Dies bedeutet nun allerdings nicht, dass Schwerbehinderte generell keine Überstunden machen müssen – dies ist im Ausnahmefall immer möglich und hängt davon ab, wie die Arbeitszeit individuell vertraglich bemessen ist.

Besteht beispielsweise vertraglich eine 35-Stunden-Woche mit einem Arbeitstag von regelmäßig 7 Stunden, so kann der Arbeitgeber verlangen, dass Überstunden gemacht werden – zumindest solange, bis die gesetzliche Arbeitszeit von 8 Stunden erreicht ist.

Nur eine über acht Stunden werktäglich hinausgehende Arbeitszeit gilt als Mehrarbeit iSd § 124 SGB IX (BAG, Urteil v. 8.11.1989, AZ 5 AZR 642/88) – mehr als 8 Stunden muss ein schwerbehinderter Arbeitnehmer also nicht leisten; ab der neunten Stunde kann er grundsätzlich Befreiung von Mehrarbeit verlangen.

> **Wichtig** Der Schwerbehinderte darf der Arbeit nicht ohne Freistellungsverlangen einfach fernbleiben oder den Arbeitsplatz nach Ende der regelmäßigen arbeitstäglichen Arbeitszeit verlassen.
> Macht er dies dennoch, dann riskiert er eine Abmahnung, im Wiederholungsfalle sogar eine fristlose Kündigung – ebenso auch, wenn zulässige Überstunden verweigert werden (ArbG Frankfurt, Urteil vom 1. März 2005, Aktenzeichen 10 Ca 9795/04).

In jedem Fall muss das Verlangen nach einer Freistellung von Mehrarbeit ausdrücklich und möglichst frühzeitig erklärt werden, so dass der Arbeitgeber sich hierauf einstellen kann. Eine Begründung ist allerdings nicht erforderlich.

Habe ich als Schwerbehinderter einen Anspruch, von Nachtarbeit bzw. Nachtschichten freigestellt zu werden?

Nein, es gibt auch für Schwerbehinderte keinen generellen Anspruch auf Einhaltung der 5-Tage-Woche oder auf Befreiung von Nachtarbeit. So hat das Bundesarbeitsgericht im Fall einer schwerbehinderten Assistenzärztin ausdrücklich festgestellt, dass auch bei dieser Nachtschichten möglich und zulässig sind.

Ausnahmen oder Befreiung könnte nur dann verlangt werden, wenn dringende medizinische Bedenken bestehen oder dies zur behinderungsgerechten Gestaltung der Arbeitszeit erforderlich – und für den Arbeitgeber zumutbar ist (BAG 03.12.2002 – 9 AZR 462/01).

? Welche zusätzlichen Rechte habe ich als schwerbehinderter Arbeitnehmer?

Menschen, bei denen ein Grad der Behinderung von mindestens 50 festgestellt wurde, gelten als schwerbehindert und können im Arbeitsleben zusätzliche Nachteilsausgleiche in Anspruch nehmen.

Der größte Vorteil für Schwerbehinderte ist wohl der besondere Kündigungsschutz: Menschen mit einem GdB von mindestens 50 kann nur gekündigt werden, wenn der Arbeitgeber zuvor die zuständige Integrationsbehörde (meist das Versorgungsamt) unterrichtet und diese der Kündigung zugestimmt hat. Stimmt das Amt nicht zu, kann der Arbeitgeber dem Schwerbehinderten nicht kündigen – daher die Redewendung „Schwerbehinderte gehen zuletzt".

Schwerbehinderte haben darüber hinaus Anspruch auf einen bezahlten zusätzlichen Urlaub von 5 Arbeitstagen im Urlaubsjahr. Arbeitet der Schwerbehinderte mehr oder weniger als 5 Arbeitstage in der Kalenderwoche, erhöht oder ver-

>> Schwerbehinderte haben einen Anspruch auf einen bezahlten zusätzlichen Urlaub, den sogenannten Erholungsurlaub.

mindert sich der Zusatzurlaub entsprechend. Es handelt sich hierbei nicht um Sonderurlaub, sondern um zusätzlichen Erholungsurlaub; er muss daher grundsätzlich im laufenden Kalenderjahr gewährt und genommen werden.

Daneben haben schwerbehinderte Menschen gem. § 81 SGB IX gegenüber ihren Arbeitgebern Anspruch auf

- Beschäftigung, bei der sie ihre Fähigkeiten und Kenntnisse möglichst voll verwerten und weiterentwickeln können,

Schwerbehinderten darf nur mit Zustimmung der zuständigen Integrationsbehörde gekündigt werden.

- bevorzugte Berücksichtigung bei innerbetrieblichen Maßnahmen der beruflichen Bildung zur Förderung ihres beruflichen Fortkommens,
- Erleichterungen im zumutbaren Umfang zur Teilnahme an außerbetrieblichen Maßnahmen der beruflichen Bildung,
- behinderungsgerechte Einrichtung und Unterhaltung der Arbeitsstätten einschließlich der Betriebsanlagen, Maschinen und Geräte sowie der Gestaltung der Arbeitsplätze, des Arbeitsumfeldes, der Arbeitsorganisation und der Arbeitszeit, unter besonderer Berücksichtigung der Unfallgefahr
- sowie auf Ausstattung ihres Arbeitsplatzes mit den erforderlichen technischen Arbeitshilfen.

Ab wann greift der Kündigungsschutz für Schwerbehinderte?

Bis vor einigen Jahren war anerkannt, dass der Kündigungsschutz für Schwerbehinderte bereits mit der Stellung des Antrags beginnt.

Dies wurde in der Zwischenzeit durch eine Neufassung der gesetzlichen Bestimmungen überholt:

Gem. § § 90 IIa SGB IX finden die Schutzvorschriften für Schwerbehinderte dann „... keine Anwendung, wenn zum Zeitpunkt der Kündigung die Eigenschaft als schwerbehinderter Mensch nicht nachgewiesen ist".

Als „... Nachweis für die Inanspruchnahme von Leistungen und sonstigen Hilfen, die schwerbehinderten Menschen ... zustehen" dient gem. § 69 V SGB IX der Schwerbehindertenausweis.

Diese Vorschrift ist nach einer aktuellen Entscheidung des Bundesarbeitsgerichts (BAG, Urteil v. 01. März 2007, Az. 2 AZR 217/06) dahingehend auszulegen, dass der Kündigungsschutz nur bei solchen Arbeitnehmern greift, die bei Zugang der Kündigung bereits als Schwerbehinderte anerkannt sind oder den Antrag auf Anerkennung mindestens drei Wochen vor dem Zugang der Kündigung gestellt haben (§ 90 Abs. 2a SGB IX). Gleiches gilt für Arbeitnehmer, die einem schwerbehinderten Menschen gleichgestellt sind. Auch sie sind vom Sonderkündigungsschutz ausgeschlossen, wenn sie den Gleichstellungsantrag nicht mindestens drei Wochen vor der Kündigung gestellt haben.

 ## Ich habe nur einen Grad der Behinderung von 40 und bin daher nicht schwerbehindert – habe ich dennoch Kündigungsschutz?

Nein, nicht automatisch – aber dennoch haben Sie einen enormen Vorteil:

Behinderte, die einen GdB von mindestens 30 erreichen, können gem. § 68 SGB IX nämlich auf Antrag mit Schwerbehinderten gleichgestellt werden, wenn sie infolge ihrer Behinderung ohne Gleichstellung einen geeigneten Arbeitsplatz nicht erlangen oder nicht behalten können.

Der Antrag ist bei der zuständigen Bundesagentur für Arbeit zu stellen.

Die Gleichstellung führt dann dazu, dass man grundsätzlich den gleichen Kündigungsschutz genießt wie ein Schwerbehinderter und auf Verlangen

auch von Mehrarbeit freigestellt werden muss.

Im Gegensatz zu Schwerbehinderten besteht aber kein Anspruch auf Zusatzurlaub.

Wichtig **Arbeitsamt**

Weil die Gleichstellung auch Rechte des Arbeitgebers berührt, muss der Antragsteller mit der Unterrichtung des Arbeitgebers durch das Arbeitsamt einverstanden sein. Sie müssen also damit rechnen, dass der Arbeitgeber von einem Antrag erfahren wird.

? Kann der Arbeitgeber gegen meine Gleichstellung vorgehen?

Eine Gleichstellung führt dazu, dass auch Menschen mit weniger schweren Behinderungen (ab einem GdB von 30 Prozent) den erhöhten Kündigungsschutz für Schwerbehinderte in Anspruch nehmen können. Dies hat zur Folge, dass der Arbeitgeber vor einer Kündigung immer die Zustimmung der Hauptfürsorgestelle einzuholen hat. Wird dies versäumt, so ist die Kündigung grundsätzlich unwirksam

Durch einen Gleichstellungsbescheid könnte also der Arbeitgeber in seinen Rechten verletzt werden, da er dem betreffenden Arbeitnehmer ja nun nicht mehr ohne Zustimmung kündigen kann.

2001 hat das Gericht festgestellt, dass ein Arbeitgeber keine Rechtsmittel gegen einen Gleichstellungsbescheid einlegen darf.

Fraglich ist daher, ob der Arbeitgeber – der von dem Bescheid ja mittelbar betroffen ist – sich möglicherweise gerichtlich dagegen wehren kann, wenn Ihnen eine solche Gleichstellung zuerkannt wird.

» Menschen mit weniger schweren Behinderungen können durch die Gleichstellung den erhöhten Kündigungsschutz für Schwerbehinderte in Anspruch nehmen.

In einer Grundsatzentscheidung aus dem Jahr 2001 hat das Bundessozialgericht (AZ: B 11 AL 57/01 R vom 19.12.2001) festgestellt, dass der Arbeitgeber die Entscheidung des Arbeitsamtes, die seinen Arbeitnehmer einem Schwerbehinderten gleichstellt, nicht anfechten kann: Das Bundessozialgericht räumte zwar ein, dass der Gleichstellungsbescheid sich tatsächlich auf den Arbeitgeber auswirke, da der Behinderte nunmehr verschiedenen Bestimmungen des Schwerbehindertenschutzes unterfällt. So genießen Gleichgestellte den erhöhten Kündigungsschutz und werden auf die Anzahl der vom Arbeitgeber zu beschäftigenden Schwerbehinderten angerechnet; nicht anzuwenden auf Gleichgestellte sind lediglich die Regelungen zum Zusatzurlaub und zur unentgeltlichen Beförderung im öffentlichen Personenverkehr.

Allerdings sei der Arbeitgeber nur dann zur Anfechtung berechtigt, wenn er behaupten könne, dass der Gleichstellungsbescheid auch in seine eigenen rechtlichen Interessen eingreife. Dies sei hier nicht der Fall, da die Gleichstellungsvorschriften nicht den Schutz eigener Interessen des Arbeitgebers bezwecke. Darüber hinaus habe die Gleichstellung die Funktion, Ungerechtigkeiten und Härten zu beseitigen.

Auch die vorgeschriebene Anhörung des Arbeitgebers im Gleichstellungsverfahren sei im Übrigen nur dazu bestimmt, der Behörde die für ihre Entscheidung notwendigen Informationen zu verschaffen, nicht aber dem Arbeitgeber das Recht zur Erhebung eines Widerspruchs gegen einen den Behinderten begünstigenden Bescheid zu geben. Im Ergebnis hat das Bundessozialgericht also mit deutlicher Klarheit festgestellt, dass ein Arbeitgeber grundsätzlich keine Rechtsmittel gegen einen Gleichstellungsbescheid einlegen kann.

 ### Ich will meine Gleichstellung beantragen – erfährt der Arbeitgeber hiervon bzw. muss er gar zustimmen?

Nein, zur Einreichung eines Gleichstellungsantrags braucht natürlich nicht die Zustimmung des Arbeitgebers eingeholt zu werden. Allerdings müssen Sie damit einverstanden sein, dass der Arbeitgeber von dem Antrag erfahren wird; denn er wird von der Behörde zur Stellungnahme aufgefordert.

Gem. § 68 III SGB IX wird die Gleichstellung rückwirkend mit Datum der Antragstellung wirksam. Der Sonderkündigungsschutz entfällt aber, wenn der Gleichstellungsantrag nicht mindestens drei Wochen vor der Kündigung gestellt wurde (BAG, Urteil v. 01. März 2007, Az. 2 AZR 217/06).

 ### Ich will eine Schwerbehinderung feststellen lassen – erfährt der Arbeitgeber hiervon bzw. muss ich dies dem Arbeitgeber mitteilen?

Nein, der Antrag auf Schwerbehinderung hat mit Ihrem Arbeitsverhältnis an sich nichts zu tun. Der Antrag wird beim Versorgungsamt gestellt; der Arbeitgeber wird hierüber weder informiert noch zu einer Stellungnahme aufgefordert.
Sie sollten den Arbeitgeber auch auf keinen Fall über Ihr Vorhaben informieren – gem. § § 90 IIa SGB IX finden die Schutzvorschriften für Schwerbehinderte nämlich keine Anwendung, wenn die Eigenschaft als schwerbehinderter Mensch zum Zeitpunkt der Kündigung noch nicht nachgewiesen werden kann. Erfährt der Arbeitgeber also vorher von Ihrem Antrag, dann könnte er versucht sein, Sie möglichst vor Erhalt des Schwerbehindertenausweises noch „loswerden" zu wollen.

Der Arbeitgeber darf nichts von einer Antragstellung auf Schwerbehinderung erfahren, da sonst die Gefahr eines Kündigungsversuchs entsteht.

Gibt es Ausnahmen beim besonderen Kündigungsschutz für Schwerbehinderte und Gleichgestellte?

Ja, gem. § 90 SGB IX finden die Vorschriften zum besonderen Kündigungsschutz in folgenden Fällen keine Anwendung:
- wenn das Arbeitsverhältnis zum Zeitpunkt des Zugangs der Kündigungserklärung ohne Unterbrechung noch nicht länger als sechs Monate besteht,

» Nur wenn der Schwerbehindertenantrag drei Wochen vor Zugang der Kündigung gestellt wurde, gilt der Kündigungsschutz.

- wenn die Beschäftigung nicht in erster Linie dem Erwerb des Arbeitnehmers dient,
- wenn der gekündigte Arbeitnehmer das 58. Lebensjahr vollendet und Anspruch auf eine Abfindung, Entschädigung oder ähnliche Leistung auf Grund eines Sozialplanes hat,

allerdings nur dann, wenn
- er vom Arbeitgeber über die Kündigungsabsicht rechtzeitig informiert wurde
- und er der beabsichtigten Kündigung bis zu deren Ausspruch nicht widersprochen hat.

Weiterhin gilt der Kündigungsschutz nur für solche Arbeitnehmer, die bei Zugang der Kündigung bereits als Schwerbehinderte anerkannt sind oder den Antrag auf Anerkennung mindestens drei Wochen vor dem Zugang der Kündigung gestellt haben (§ 90 Abs. 2a SGB IX). Gleiches gilt für Arbeitnehmer, die einem schwerbehinderten Menschen gleichgestellt sind. Auch diese sind vom Sonderkündigungsschutz ausgeschlossen, wenn sie den Gleichstellungsantrag nicht mindestens drei Wochen vor der Kündigung gestellt haben. (BAG, Urteil v. 01. März 2007, Az. 2 AZR 217/06).

 Kann ich wegen Krankheit gekündigt werden?

Selbstverständlich – es ist ein verbreiteter Irrglaube, dass man einem Arbeitnehmer wegen seiner Krankheit nicht kündigen könne: Krankheit ist ein in der Person des Arbeitnehmers liegender, klassischer Kündigungsgrund.
Eine Kündigung wegen Krankheit ist jedoch an recht hohe Voraussetzungen geknüpft und wird in verschiedene Fallgruppen unterschieden:
- Kündigung wegen lang andauernder Krankheit,

- Kündigung wegen häufiger Kurzerkrankungen,
- Kündigung wegen krankheitsbedingter Verminderung der Leistungsfähigkeit.

Grundsätzlich kommt eine krankheitsbedingte Kündigung generell nur in Betracht, wenn folgende Voraussetzungen erfüllt sind:
- Der Gesundheitszustand des erkrankten Arbeitnehmers lässt auch für die Zukunft und in absehbarer Zeit keine

Krankheitsbedingte Fehlzeiten von mindestens sechs Wochen innerhalb eines Jahres können eine Kündigung nach sich ziehen.

Genesung erwarten („negative Gesundheitsprognose").

- Durch die Arbeitsunfähigkeit des Arbeitnehmers muss es zu einer erheblichen Beeinträchtigung der betrieblichen Interessen kommen.
- Die Kündigung ist wirklich das letzte Mittel, d. h. Überbrückungsmaßnahmen sind entweder nicht möglich oder dem Arbeitgeber nicht zumutbar.
- Rechtzeitige Eingliederungsmaßnahmen blieben erfolglos.
- Eine Interessenabwägung unter Berücksichtigung von Lebensalter, Dauer der Betriebszugehörigkeit sowie dem bisherigen Verlauf des Arbeitsverhältnisses muss erfolgt sein.

1. Voraussetzung: Negative Gesundheitsprognose

Bei der Kündigung aufgrund einer negativen Gesundheitsprognose gibt es mehrere Möglichkeiten für den Arbeitgeber:

a) Kündigung wegen lang andauernder Krankheit

Ist ein Arbeitnehmer schon längere Zeit arbeitsunfähig und wird er dies in voraussichtlich längerer oder gar nicht absehbarer Zukunft auch bleiben, so kommt grundsätzlich eine Kündigung wegen lang andauernder Krankheit in Betracht. Hierzu ist die negative Gesundheitsprognose erforderlich: Dies bedeutet, dass aus Fehlzeiten in der Vergangenheit und dem aktuellen Gesundheitszustand die Prognose abgeleitet werden können muss, dass der Arbeitnehmer weiterhin für einen erheblichen Zeitraum nicht in der Lage sein wird, seine Arbeitsleistung zu erbringen.

Es kommt also nicht darauf an, ob der Arbeitnehmer lange krank war, sondern vielmehr darauf, ob er es in Zukunft auch noch erheblich länger bleiben wird.

Wichtig Die Beurteilung, ab wann man von einer „lang andauernden" Krankheit ausgehen kann, ist immer anhand des konkreten Einzelfalls zu entscheiden (BAG v. 25.11.1982, 2 AZR 140/8).

b) Kündigung wegen häufiger Kurzerkrankungen

Ist ein Arbeitnehmer häufig und kurz krank, so kann der Arbeitgeber kündigen, wenn sich im Rahmen einer Gesundheitsprognose ergibt, dass auch in

» Wenn in Zukunft die Gefahr weiterer Ausfallzeiten in dem bisherigen Umfang besteht, kann der Arbeitgeber kündigen.

Zukunft die Gefahr weiterer Ausfallzeiten in dem bisherigen Umfang besteht. Im Gegensatz zur oben beschriebenen Kündigung wegen einer lang andauernden Krankheit kommt es hier also darauf an, ob und wie häufig der Arbeitnehmer bislang krank war. Die krankheitsbedingten Fehlzeiten müssen im Zweifel einen Umfang von mehr als 6 Wochen im Kalenderjahr erreichen.

> **Wichtig** Bekleidet der Arbeitnehmer eine herausgehobene Position, reicht im Ausnahmefall auch eine geringere Fehlzeit als 6 Wochen im Kalenderjahr, damit ihm wegen häufiger Kurzerkrankungen gekündigt werden kann.

War ein Arbeitnehmer in den letzten beiden Jahren mehrmals und insgesamt mehr als 6 Wochen im Jahr krankgeschrieben, so begründen diese in der Vergangenheit liegenden Fehlzeiten regelmäßig eine entsprechend negative Prognose für die Zukunft. Dies gilt allerdings nicht, wenn – wie zum Beispiel bei einem Verkehrsunfall – die Krankschreibungen lediglich auf einer einmaligen Ursache basierten, bei denen die Gefahr einer Wiederholung in der Zukunft unwahrscheinlich ist.

c) Kündigung wegen krankheitsbedingt dauernder Leistungsminderung
Ist der Arbeitnehmer aufgrund einer Krankheit in seiner Leistung vermindert oder kann er seine Tätigkeit deswegen

» Eine Kündigung ist nur dann sozial gerechtfertigt, wenn die Zuweisung einer anderen Tätigkeit nicht möglich oder unzumutbar ist.

gar nicht mehr ausüben, so kann ebenfalls eine Kündigung in Betracht kommen. Bei einem dauernden Ausschluss der Leistungsfähigkeit, d. h. wenn der Arbeitnehmer seine bisherige Tätigkeit überhaupt nicht mehr ausüben kann,

muss der Arbeitgeber zunächst versuchen, dem Arbeitnehmer einen anderen Arbeitsplatz anzubieten bzw. einen solchen zu schaffen; musste beispielsweise einem Diabetiker aufgrund einer Folgeerkrankung ein Fuß amputiert werden, so ist dieser zwar nach wie vor arbeitsfähig, kann aber wohl auf Dauer keine stehende Tätigkeit mehr ausüben. In diesem Fall müsste der Arbeitgeber versuchen, dem Betroffenen eine sitzende Tätigkeit zuzuweisen – beispielsweise in der Verwaltung.

Eine Kündigung wäre erst dann sozial gerechtfertigt, wenn die Zuweisung einer anderen Tätigkeit dem Arbeitgeber nicht gelingt oder es diesem nicht zumutbar wäre.

Ist die Leistung krankheitsbedingt nur dauerhaft gemindert, beispielsweise bei Bandscheibenvorfällen, wo die Betroffenen für längere Zeit keine schweren Gegenstände mehr heben dürfen, so wird auf die Dauer und Absehbarkeit abgestellt – wie bei der Kündigung wegen häufiger Kurzerkrankungen:

Die Rechtsprechung verlangt hier für eine Kündigung, dass der Arbeitnehmer voraussichtlich auch in Zukunft für längere Zeit nicht imstande sein wird, mehr als zwei Drittel der Normalleistung zu erbringen.

2. Voraussetzung: Beeinträchtigung betrieblicher Interessen
Selbst wenn dann eine solche negative Zukunftsprognose unterstellt werden kann, muss aber die weiterhin absehbare Arbeitsunfähigkeit des Arbeitnehmers zu einer erheblichen Beeinträchtigung betrieblicher Interessen des Arbeitgebers führen.

Nur wenn die Wiederherstellung der Arbeitsfähigkeit überhaupt ungewiss ist, kommt es auf eine solche betriebliche Beeinträchtigung nicht mehr an: beispielsweise wenn innerhalb eines Zeitraums von zwei Jahren nicht mehr mit der Genesung des Arbeitnehmers gerechnet werden kann.

3. Voraussetzung: Kündigung ist letztes Mittel

Grundsätzlich darf eine Kündigung wegen Krankheit stets nur das letzte Mittel sein; der Arbeitgeber muss daher alles unternehmen, um eine andere Lösung zu finden. Möglicherweise kann er den Ausfall des kranken Mitarbeiters durch Mehrarbeit, Versetzungen oder Einstellung einer Aushilfskraft überbrücken. Der Arbeitgeber darf eine Kündigung daher erst dann aussprechen, wenn eine solche Überbrückungsmaßnahme nicht

Die Arbeitsausfall eines Mitarbeiters muss zuerst durch Maßnahmen wie Mehrarbeit, Versetzungen oder Einstellung einer Aushilfskraft überbrückt werden.

möglich ist oder wenn diese eine unzumutbare Härte für den Betrieb bedeuten würde. Die Verpflichtung zur Suche nach Überbrückungsmaßnahmen entfällt allerdings auch, wenn völlig ungewiss ist, ob und wann die Arbeitsfähigkeit des erkrankten Arbeitnehmers wieder hergestellt sein wird.

Im Fall einer krankheitsbedingten Leistungsminderung muss der Arbeitgeber nach einer alternativen Beschäftigungsmöglichkeit suchen: Nur wenn eine Weiterbeschäftigung auf einem dem

» Eine Kündigung wegen Krankheit darf stets nur das letzte Mittel sein.

Leistungsvermögen entsprechenden, anderen Arbeitsplatz nicht möglich oder für den Arbeitgeber unzumutbar ist, ist eine Kündigung zulässig.

4. Voraussetzung: Rechtzeitige Eingliederungsversuche

Seit dem 1.5.2004 sind Arbeitgeber verpflichtet, ein „betriebliches Eingliederungsmanagement" für gesundheitliche Störungen von Arbeitnehmern einzuführen. Gem. § 84 II SGB IX muss der Arbeitgeber – soweit der Arbeitnehmer innerhalb eines Jahres länger als sechs Wochen ununterbrochen oder wiederholt arbeitsunfähig war – die Möglichkeiten „klären..., wie die Arbeitsunfähigkeit möglichst überwunden werden und mit welchen Leistungen oder Hilfen erneuter Arbeitsunfähigkeit vorgebeugt und der Arbeitsplatz erhalten werden kann". Die notwendige Dauer einer wiederholten Arbeitsunfähigkeit kann dabei auch durch mehrere tageweise Fehlzeiten erfüllt werden.

Die Maßnahmen des Eingliederungsmanagements sind im Einzelnen nicht konkret vorgeschrieben. Das Gesetz hat offengelassen, welche Anstrengungen der Arbeitgeber unternehmen muss, um die gesetzlich vorgeschriebene „Klärung" durchzuführen bzw. wann eine solche als erfolgt gilt. Denkbare Maßnahmen sind beispielsweise Mitarbeitergespräche, eine Arbeitsplatz- und Arbeitsablaufanalyse und eine – mit dessen Einwilligung vorgenommene – ärztliche Untersuchung des Betroffenen.

Im Gegensatz zu der auch schon bisher bestehenden Pflicht des Arbeitgebers, nach möglichen Alternativen zu suchen, muss ein betriebliches Eingliederungsmanagement bereits zu einem viel früheren Zeitpunkt eingeführt und nachgewiesen werden.

Es reicht also nicht, wenn der Arbeitgeber erst dann die damit verbundenen Maßnahmen ergreift, wenn er an sich schon zum Ausspruch einer krankheitsbedingten Kündigung berechtigt wäre.

Die Handlungspflicht greift nämlich bereits im Vorfeld und schon zu einem Zeitpunkt, wo die Fehlzeiten noch keine Kündigung rechtfertigen. Missachtet der Arbeitgeber diese Pflichten, so ist eine krankheitsbedingte Kündigung grund-

> **Maßnahmen des Eingliederungsmanagements können beispielsweise Mitarbeitergespräche oder eine Arbeitsplatz- und Arbeitsablaufanalyse sein.**

Dieser Schutz (geregelt in § 84 II SGB IX) gilt ausdrücklich für alle Arbeitnehmer und ist nicht etwa nur auf schwerbehinderte oder gleichgestellte Menschen beschränkt. Es kommt auch nicht darauf an, wie groß das Unternehmen bzw. der Betrieb ist, bei dem der Arbeitnehmer beschäftigt ist.

Sobald ein Arbeitgeber also erkennen kann, dass ein Beschäftigter in absehbarer Zukunft einmal Anlass zu einer krankheitsbedingten Kündigung geben könnte, muss er zumindest den Versuch eines betrieblichen Eingliederungsmanagements unternehmen.

Wenn dies vom Arbeitgeber überhaupt nicht, nicht rechtzeitig oder nicht hinreichend gemacht wurde, dann gilt eine krankheitsbedingte Kündigung als sozialwidrig und wäre daher unwirksam.

❯❯ Nur wenn ein Eingliederungsmanagement aussichtslos ist oder der Betroffene hierfür die Zustimmung verweigert, darf der Arbeitgeber zur Kündigung greifen!

sätzlich unverhältnismäßig und damit sozialwidrig und unwirksam.

Mit dem Eingliederungsmanagement steht dem Arbeitgeber nämlich vor einer Kündigung – die immer nur das letzte Mittel sein darf – ein anderes, aber gleich geeignetes Mittel zur Verfügung, um die Beeinträchtigung seines Betriebes zu beseitigen. Nur dann, wenn ein solches Eingliederungsmanagement von vornherein aussichtslos wäre oder der Betroffene hierfür die Zustimmung verweigert hat, darf der Arbeitgeber zur Kündigung greifen.

5. Voraussetzung: Interessenabwägung
Schließlich muss der Arbeitgeber auch noch eine Interessenabwägung vornehmen, bei der das Lebensalter, die Dauer der Betriebszugehörigkeit sowie der bisherige Verlauf des Arbeitsverhältnisses berücksichtigt werden. Bei einem erst wenige Jahre im Betrieb beschäftigten, jungen und bereits durch Fehlverhalten aufgefallenen Arbeitnehmer dürfte

eine solche Interessenabwägung unter Umständen anders ausfallen als bei einem bislang untadeligen Mitarbeiter mit einer Betriebszugehörigkeit von 30 Jahren.

Welche hohen Anforderungen die Rechtsprechung an eine solche Interessenabwägung bzw. das Erfordernis einer betrieblichen Beeinträchtigung knüpft, wird in zwei Urteilen deutlich:

In einem Rechtsstreit um die Kündigung eines schwerbehinderten Arbeitnehmers (verheiratet, fünf Kinder) wegen häufiger Kurzerkrankungen hat das Bundesarbeitsgericht (Urteil vom 20. 1. 2000 – AZR 378/99) festgestellt, dass bei einer krankheitsbedingten Kündigung im Rahmen der Interessenabwägung die Schwerbehinderung und die Unterhaltspflichten des Arbeitnehmers zu berücksichtigen sind. So sei die Schwerbehinderteneigenschaft bei der Interessenabwägung ebenso zu berücksichtigen wie Gründe, die im Zusammenhang mit der Behinderung stehen. Ferner sind nach dem Urteil auch die familiären Verhältnisse des Arbeitnehmers, vor allem seine Unterhaltspflichten, in die Interessenabwägung einzubeziehen.

In einem Urteil des Arbeitsgerichts Frankfurt/Main (5 Ca 6031/01) wurde der Klage eines Altenpflegers gegen seinen Arbeitgeber stattgegeben und dessen

» Eine Kündigung wegen „negativer Zukunftsprognose" ist nur dann haltbar, wenn die Krankheit eine „erhebliche Störung des Betriebsablaufs" verursacht.

Kündigung für gegenstandslos erklärt: Nach rund 14-jähriger Beschäftigung in einem Altenheim hatte der Mann zuletzt fast ein ganzes Jahr wegen psychosomatischer Beschwerden gefehlt. Auch im Jahr zuvor hatte er 92 Fehltage gehabt. Sein Arbeitgeber kündigte ihm darauf wegen „negativer Zukunftsprognose". Das Gericht forderte jedoch, dass präzise hätte dargelegt werden müssen, dass die Krankheit eine „erhebliche Störung des Betriebsablaufs" verursachte – dies konnte der Arbeitgeber jedoch nicht nachweisen.

 Kann ich allein aufgrund meiner Diabetes-Erkrankung gekündigt werden?

Wenn Ihr Betrieb dem Kündigungsschutz unterliegt, müssen die vorgenannten Voraussetzungen für eine krankheitsbedingte Kündigung vorliegen. Eine Kündigung allein wegen der Diagnose einer Diabetes-Erkrankung ist dort also nicht zulässig!

Im Kleinbetrieb bedarf eine Kündigung dagegen keiner Begründung, so dass dort die Entlassung aufgrund einer Krankheit einfacher ist.

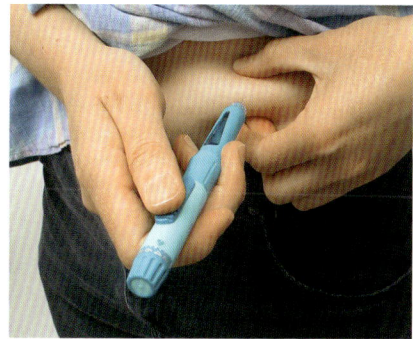

Eine Kündigung wegen einer Diabetes-Erkrankung ist nicht zulässig.

Ich bin Diabetiker und schwerbehindert – kann mir überhaupt noch gekündigt werden?

Ja, selbstverständlich. Eine Schwerbehinderung bringt zwar einen deutlich erhöhten Kündigungsschutz; gänzlich

> **Tipp** Hieraus ergibt sich folgende Empfehlung: Ist zu befürchten, dass Entlassungen anstehen oder man konkret entlassungsgefährdet ist, dann sollte man als Diabetiker in Erwägung ziehen, rechtzeitig einen Antrag auf Schwerbehinderung zu stellen.

ausgeschlossen ist eine Kündigung aber nicht.

Allerdings kann man regelmäßig davon ausgehen, dass Schwerbehinderte in vielen Fällen tatsächlich nahezu unkündbar sind. Grundsätzlich kann aber auch Schwerbehinderten gekündigt werden – besonders dann, wenn diese gesundheitsbedingt nicht mehr in der Lage sind, ihre Arbeitsleistung zu erbringen und ein anderer Einsatz im Betrieb oder eine Umgestaltung des Arbeitsplatzes nicht möglich ist.

Vor Ausspruch einer Kündigung eines Schwerbehinderten muss jedoch die Integrationsbehörde (früher: Hauptfürsorgestelle; in der Regel das zuständige Versorgungsamt) gehört werden, die sich zunächst bemüht, im Betrieb einen behindertengerechten Arbeitsplatz – ggf. durch Umgestaltung, finanzielle Leistungen etc. – zu schaffen bzw. zu erhalten.

 Aus welchen Gründen darf der Arbeitgeber überhaupt kündigen?

Wer länger als sechs Monate in einem Betrieb mit mehr als 10 Mitarbeitern beschäftigt ist, kann nur dann gekündigt werden, wenn dies sozial gerechtfertigt ist – und der Arbeitgeber diesen Nachweis erbringen kann.

» Könnte der Arbeitnehmer an einem anderen Arbeitsplatz des Unternehmens beschäftigt werden, so ist die Kündigung meist unwirksam.

Sozial ungerechtfertigt – und damit unwirksam – ist gem. § 1 II KSchG eine Kündigung immer dann, wenn sie nicht durch Gründe, die in der Person oder in dem Verhalten des Arbeitnehmers liegen, oder durch dringende betriebliche Erfordernisse, die einer Weiterbeschäftigung des Arbeitnehmers in diesem Betrieb entgegenstehen, bedingt ist.

Kann der Arbeitnehmer an einem anderen Arbeitsplatz des Unternehmens weiterbeschäftigt werden, so ist eine Kündigung ebenfalls grundsätzlich unwirksam.

Entsprechendes gilt, wenn die Weiterbeschäftigung des Arbeitnehmers unter anderen Bedingungen oder nach einer zumutbaren Umschulung des Arbeitnehmers zumutbar ist und dieser hiermit einverstanden ist.

© Fotolia

aber nur dann zulässig, wenn zuvor eine Abmahnung durch den Arbeitgeber erfolgt ist, d. h. dem Arbeitnehmer das Fehlverhalten vorgehalten und für weitere Verstöße die Kündigung angedroht wurde.

Eine personenbezogene Kündigung beruht dagegen auf Gründen, die in der Person des Arbeitnehmers liegen; häufigster Fall ist hier die Langzeiterkrankung, welche zu einer erheblichen Störung des Betriebes führen muss.

Schließlich kann auch aus betriebsbezogenen Gründen gekündigt werden, beispielsweise dann, wenn Entlassungen erforderlich sind, um die (Fort-)Existenz des Betriebes sicherzustellen. Hierzu muss der Arbeitgeber aber nachweisen, dass er eine hinreichende Sozialauswahl getroffen hat, d. h. er bei der Auswahl der zu entlassenden Arbeitnehmer deren soziale Verpflichtungen (Kinder, Familie), körperliche Benachteiligungen (Schwerbehinderung), das Lebensalter und die Dauer der Betriebszugehörigkeit hinreichend berücksichtigt hat.

Schließlich darf die Kündigung auch nicht gegen eine mit dem Betriebsrat abgestimmte Richtlinie verstoßen.

Die möglichen Kündigungsgründe werden also unterteilt in

- verhaltensbezogene Gründe,
- personenbezogene Gründe,
- betriebsbedingte Gründe

und bringen jeweils unterschiedliche Voraussetzungen mit sich.

Kommt beispielsweise ein Arbeitnehmer trotz wiederholter Aufforderung permanent zu spät oder verweigert er gar die Arbeit, so liegt ein verhaltensbezogener Kündigungsgrund vor. Eine Kündigung ist in einem solchen Fall grundsätzlich

> Kommt ein Arbeitnehmer trotz wiederholter Aufforderung permanent zu spät, so liegt ein verhaltensbezogener Kündigungsgrund vor.

❓ Ich arbeite in einem Kleinbetrieb – kann ich hier wegen meiner Diabetes-Erkrankung gekündigt werden?

Der Kündigungsschutz wurde in der Tat gelockert – in Kleinbetrieben unter 10 Mitarbeitern findet das Kündigungsschutzgesetz keine Anwendung (§ 23 KSchg). Der Arbeitgeber kann hier grundsätzlich ohne Begründung und innerhalb der vertraglichen bzw. gesetzlichen Fristen kündigen.

Eine Kündigung wäre daher grundsätzlich auch wegen der Diabetes-Erkrankung möglich; es besteht dann in aller Regel höchstens ein Schadensersatzan-

Hinweis Eine Ausnahme besteht dann, wenn der Arbeitnehmer vor der Gesetzesänderung zum 01.01.2004 im Unternehmen bereits Kündigungsschutz hatte; beispielsweise weil der Betrieb nach den damaligen Vorschriften noch nicht als Kleinbetrieb galt.

In diesem Fall gilt eine sog. Besitzstandwahrung, d. h. der bestehende Kündigungsschutz geht nicht verloren.

spruch wegen unzulässiger Diskriminierung.

Ich wurde gekündigt – habe ich Anspruch auf eine Abfindung?

Auch wenn es überraschend klingt und man dies nicht selten anders (und falsch) liest: im Fall einer Kündigung durch den Arbeitgeber gibt es keinen grundsätzlichen, gesetzlichen Anspruch auf Zahlung einer Abfindung!

Eine Abfindung erhält man daher regelmäßig nur dann, wenn der Arbeitgeber sich vom Mitarbeiter trennen will, aber hierfür kein erforderlicher Kündigungsgrund vorliegt.

Wie bereits oben erläutert, setzt bereits der gesetzliche Kündigungsschutz hohe

> **Bei einer Kündigung durch den Arbeitgeber gibt es keinen gesetzlichen Anspruch auf Zahlung einer Abfindung!**

Hürden für eine wirksame Kündigung. Kommt dann noch der erhöhte Kündigungsschutz für Schwerbehinderte hinzu, so ist es für den Arbeitgeber meist kaum mehr möglich, das Arbeitsverhältnis einseitig zu beenden.

Wenn sich der Mitarbeiter gegen eine solche Kündigung wehrt und Kündi-gungsschutzklage erhebt, so besteht für den Arbeitgeber ein nicht unerhebliches Risiko, den Rechtsstreit zu verlieren.

Er müsste dann den Arbeitnehmer weiterbeschäftigen – auch wenn das Urteil dann womöglich erst nach einem jahrelangen Rechtsstreit feststeht.

Aus diesem Grund wird dem Arbeitnehmer häufig eine Abfindung angeboten, um diesen hierdurch zum Verzicht auf seine Kündigungsschutzrechte zu bewegen – im Ergebnis erkauft sich der Arbeitgeber also die Zustimmung zur Kündigung.

In Kleinbetrieben mit bis zu 10 Mitarbeitern gibt es grundsätzlich keinen Kündigungsschutz, so dass der Arbeitgeber auch keine Klage fürchten muss – eine Abfindung lässt sich daher meist nicht erreichen.

Anders sieht es nur aus, wenn der betroffene Mitarbeiter schwerbehindert ist: Hier muss nämlich auch ein Kleinbetrieb nachweisen, dass die gesetzlichen Voraussetzungen zur Kündigung eines Schwerbehinderten tatsächlich erfüllt sind.

Ich bin schwerbehindert – wie hoch ist meine Abfindung, wenn ich gekündigt werde?

Wie oben erläutert, gibt es keinen gesetzlichen Abfindungsanspruch.

Wenn eine Abfindung gezahlt wird, ist deren Höhe gesetzlich ebenfalls nicht geregelt – sie hängt davon ab, wie die Erfolgsaussichten einer Kündigungsschutzklage sind bzw. wie schwierig und langwierig es für den Arbeitgeber im Einzelfall werden könnte, den Mitarbeiter „loszuwerden".

Als Anhaltspunkt für die Bemessung der Abfindung geht man von einer „Regelabfindung" aus, wonach für jedes Beschäftigungsjahr ein halbes Bruttomonatseinkommen angesetzt wird. Diese „Regelabfindung" ist aber nur eine grobe Richtschnur – je nach Einzelfall kann der erzielbare Abfindungsbetrag deutlich darüber, aber auch erheblich darunter liegen.

Schwerbehinderte können dagegen so gut wie immer eine deutlich höhere Abfindung erzielen. Das Risiko eines endlosen Rechtsstreits mit ungewissem Ausgang ist hier für den Arbeitgeber meist nicht tragbar, zumal sich die Kündigung eines Schwerbehinderten schon durch geringste Formfehler als unzulässig erweisen kann.

Grundsätzlich gilt:
Ist die Kündigung offensichtlich unwirksam, so stellt die Regelabfindung eher die Untergrenze dar – der Arbeitgeber will in diesem Fall ja die Kündigung in

Sowohl der Abfindungsanspruch als auch die Abfindungshöhe ist gesetzlich nicht geregelt.

der Regel nicht zurücknehmen (müssen). Sie haben in diesem Fall also nichts zu verlieren – wenn Ihnen der angebotene Betrag zu wenig ist und es zu keiner

Einigung kommt, dann wird das Gericht die Kündigung für unzulässig erklären, d. h. das Arbeitsverhältnis besteht fort.

> **Wichtig** Auch wenn im Kündigungsschutzverfahren kein Anwaltszwang besteht, empfiehlt es sich für Abfindungsverhandlungen immer, einen spezialisierten Anwalt beizuziehen. Dieser wird im Zweifel deutlich mehr „herausholen" können und Sie auch beraten, ob eine Abfindung überhaupt ratsam ist.

Ausnahme: Abfindung durch Gerichtsurteil:
Im Ausnahmefall kann auch durch Gerichtsurteil eine Abfindung zuerkannt werden, nämlich dann, wenn

- das Gericht feststellt, dass die Kündigung unrechtmäßig war und daher das Arbeitsverhältnis weiterbesteht, und
- der Antrag gestellt wird, das Arbeitsverhältnis aufzulösen, weil dem Arbeitnehmer die Fortsetzung des Arbeitsverhältnisses nicht zuzumuten ist oder wenn für den Arbeitgeber Gründe vorliegen, die eine den Betriebszwecken dienliche weitere Zusammenarbeit nicht erwarten lassen.

Das Gericht setzt dann gem. §§ 9, 10 Kündigungsschutzgesetz eine Abfindung von bis zu 12 Monatsverdiensten fest. Die Summe kann, sofern das Rentenalter von 65 Lebensjahren noch nicht erreicht ist, erhöht werden, und zwar auf bis zu 15 Monatsverdienste, wenn der Arbeitnehmer das 50. Lebensjahr vollendet hat und das Arbeitsverhältnis mindestens 15 Jahre bestand. Hat der Arbeitnehmer das 55. Lebensjahr vollendet und das Arbeitsverhältnis mindestens 20 Jahre bestanden, so können bis zu 18 Monatsverdienste festgesetzt werden.

Mein Arbeitgeber hat mir einen Aufhebungsvertrag mit einer lukrativen Abfindung angeboten. Soll ich das Angebot annehmen?

Bietet ein Arbeitgeber einem Arbeitnehmer einen Auflösungsvertrag an, so ist dies meist mit einem recht hohen Abfindungsangebot verbunden: Auch

>> Bei einem Aufhebungsvertrag überwiegen für den Arbeitnehmer fast immer die Nachteile.

wenn das Angebot finanziell verlockend scheint, sollte man hier keinesfalls vorschnell akzeptieren.

a) Nachteile überwiegen
Zunächst sollten Sie bedenken, dass eine einvernehmliche Beendigung des

Beispiel zu a) Wer also an sich einen Anspruch auf Arbeitslosengeld für 48 Wochen hat, bekommt bei einer Sperrzeit wegen Arbeitsaufgabe nicht etwa bloß 12 Wochen später seine (vollen) 48 Wochen Arbeitslosengeld. Vielmehr erhält er im Anschluss an die 12-wöchige Sperrzeit nur noch für 36 Wochen Arbeitslosengeld.
Begründung: Wenn Sie einen Aufhebungsvertrag schließen, haben Sie Ihr Beschäftigungsverhältnis ja selbst gelöst; ohne Ihre Zustimmung kann der Vertrag nicht zustande kommen. Mit Abschluss eines Aufhebungsvertrags besteht dann aber regelmäßig keine Möglichkeit mehr, gegen die Beendigung des Arbeitsverhältnisses vor dem Arbeitsgericht zu klagen.

Arbeitsverhältnisses durch Aufhebungsvertrag für den Arbeitnehmer häufig erhebliche Nachteile bringt.
In aller Regel führt nämlich ein solcher Auflösungsvertrag – ganz gleichgültig, wie er formuliert ist – zu einer Sperrzeit beim Arbeitsamt, d. h. es wird zunächst 12 Wochen lang kein Arbeitslosengeld gezahlt. Darüber hinaus führt die Sperr-

zeit aber auch zum endgültigen Wegfall des Anspruchs für die Dauer der Sperre (§ 128 Abs.1 Nr.4 SGB III).
Eine nachfolgende Arbeitslosigkeit gilt daher als selbstverschuldet – denn Sie hätten den Aufhebungsvertrag ja nicht abschließen müssen, sondern vielmehr eine Kündigung abwarten und sich hiergegen dann wehren müssen.

b) Arbeitslosengeld wird verschoben
Weiterhin ist zu berücksichtigen, dass eine Abfindung grundsätzlich auf das Arbeitslosengeld angerechnet wird. Zwar wirkt sich die Abfindungssumme nicht (mehr) auf die Höhe des Arbeitslosengeldes aus, der Anspruch auf diese staatliche Lohnersatzleistung (Arbeitslosengeld) wird aber verschoben. Hat der Arbeitgeber die gesetzliche, tarifliche oder arbeitsvertragliche Kündigungsfrist nicht eingehalten und an den Arbeitnehmer eine Abfindung gezahlt, so wird nämlich unwiderleglich vermutet, dass dieses „Trennungsgeld" nicht allein als Entschädigung für den Verlust des sozialen Besitzstandes gezahlt wurde, sondern auch Ansprüche auf Arbeitsentgelt enthält. Das bedeutet, dass unter Umständen der Anspruch auf Arbeitslosengeld für mehrere Wochen ruht und erst danach die Auszahlung beginnt.
Aber selbst wenn die Kündigungsfristen eingehalten werden: Die Abfindungssumme wird zu einem gewissen Prozentsatz (mind. 20 Prozent) immer auf das Arbeitslosengeld angerechnet.
Das bedeutet im Ergebnis, dass unter Umständen erst nach vielen weiteren Wochen ein Anspruch auf Arbeitslosen-

Wichtig	Während das Arbeitslosen- geld ruht, zahlt das Arbeits-

amt auch keine Beiträge zur gesetzlichen Kranken-, Pflege- und Rentenversicherung.

geld besteht – und somit die Abfindung womöglich durch die laufenden Lebenshaltungskosten in beträchtlichem Umfang „angefressen" wird.

c) Abfindung wird versteuert

Aber damit ist noch nicht genug: Auch das Finanzamt greift oftmals auf die Abfindung zu.

Abfindungen wegen einer vom Arbeitgeber veranlassten oder gerichtlich ausgesprochenen Auflösung des Dienstverhältnisses müssen nämlich grundsätzlich versteuert werden; allerdings sind gem. § 3 Nr. 9 EStG Zahlungen bis zu

---

Beispiel zu c) Ein 51-jähriger Diabetiker mit 10-jähriger Betriebszugehörigkeit verdient 3 000 Euro im Monat, er verfügt somit über einen Tagesverdienst von 100 Euro (3 000 Euro geteilt durch 30 Tage).

Nun wird ihm vom Arbeitgeber angeboten, das Arbeitsverhältnis einvernehmlich aufzulösen, hierzu soll eine Abfindung von 12 Monatsgehältern, insgesamt also 36 000 Euro, gezahlt werden.

Ein auf den ersten Blick verlockendes Angebot, das sich aber bei näherer Betrachtung als doch nicht so ganz lukrativ entpuppen kann:

Für die Abfindung müssen zunächst einmal Steuern bezahlt werden; gehen wir hier einmal der Einfachheit halber von ungefähr rund 7 000 Euro aus. Hinzu kommen dann möglicherweise noch Beiträge zur Renten-, Arbeitslosen-, Kranken- und Pflegeversicherung, welche wir hier einmal mit ungefähr 1 800 Euro ansetzen.

Hinweis: Diese Beträge können im Einzelfall deutlich höher, aber auch geringer ausfallen! Eine exakte Errechnung ist in diesem einfach gehaltenen Beispiel nicht möglich.

Nach Abzug dieser Posten ist die Abfindungssumme somit schon einmal auf rund 27 000 Euro geschrumpft.

Wenn der Arbeitnehmer nicht gerade unmittelbar im Anschluss eine neue Stelle antreten kann, so ist er auf Arbeitslosengeld angewiesen.

Auf dem Arbeitsamt wird ihm nun allerdings eröffnet werden, dass er durch seine Unterschrift unter den Auflösungsvertrag seine Arbeitslosigkeit selbst vorsätzlich herbeigeführt und er so für drei Monate den Anspruch auf Arbeitslosengeld verwirkt habe. Er müsste daher in dieser Zeit von der Abfindung leben, so dass sich diese um weitere rund 9 000 Euro vermindert.

Aber es kommt noch schlimmer: Anschließend müsste er 35 Prozent vom verbliebenen Rest seiner Abfindung auf das Arbeitslosengeld anrechnen lassen. Nachdem er zuletzt täglich 100 Euro verdiente, müsste er nun von seinen verbliebenen 18 000 Euro erst einmal solange täglich 100 Euro entnehmen, bis 35 Prozent von der verbliebenen Summe, d.h. 6 300 Euro, verbraucht sind. Dies bedeutet, dass der Anspruch auf Arbeitslosengeld und/oder -hilfe letztendlich für weitere 63 Tage (6 300 Euro geteilt durch 100 Euro/Tag) ruhen würde.

Netto dürften von der Abfindung nach Abzug der Steuern und Sozialbeiträge also nur noch rund 12 000 Euro übrig bleiben.

Und es könnte sogar noch dicker kommen: Wird ein Arbeitsverhältnis vorzeitig, d.h. vor der gesetzlich gem. § 622 Abs 2 BGB vorgesehenen Kündigungsfrist beendet, so entsteht ein Anspruch auf Arbeitslosengeld erst zu dem Zeitpunkt, an dem das Arbeitsverhältnis normalerweise (frühestens) geendet hätte.

Würde also im Beispiel das Arbeitsverhältnis mit sofortiger Wirkung aufgelöst werden, so führte dies dazu, dass für weitere vier Monate kein Arbeitslosengeld bezahlt würde.

einem Betrag von 8 181 Euro steuerfrei. Hat der Arbeitnehmer das 50. Lebensjahr vollendet und hat das Dienstverhältnis mindestens 15 Jahre bestanden, so wird die Abfindung erst ab einer Höhe von 10 226 Euro besteuert, hat der Arbeitnehmer das 55. Lebensjahr voll-

» Bis zu 60 % der Abfindung werden auf das Arbeitslosengeld angerechnet.

endet und bestand das Dienstverhältnis mindestens 20 Jahre, so liegt der Steuerfreibetrag bei 12 271 Euro.

Der Abschluss eines Aufhebungsvertrags erweist sich daher wohl nur in den seltensten Fällen als die beste Alternative.

Meist dürfte es daher vorteilhafter sein, es auf eine Kündigung ankommen zu lassen: Im Wege der Kündigungsschutzklage kann dann nämlich zunächst einmal die Rechtmäßigkeit der Kündigung überprüft werden. Im Gerichtsverfahren kann der Arbeitgeber dann das Abfindungsangebot nochmals vorbringen – wenn auf Anraten des Gerichts dann eine gütliche Einigung erfolgt, so bringt dies einen erheblichen Vorteil:

Im Gegensatz zur einvernehmlichen, außergerichtlichen Auflösung des Arbeitsverhältnisses gibt es im Falle eines gerichtlichen Vergleichs regelmäßig keine Sperrfristen wegen selbstverschuldeter Arbeitslosigkeit bzw. Verkürzung der Kündigungsfristen.

? **Gibt es Fälle, in denen ich besser gleich die angebotene Abfindung annehmen und den Aufhebungsvertrag abschließen sollte?**

In ganz seltenen Ausnahmen ist es sinnvoll, einem Aufhebungsvertrag zuzustimmen.

© Fotolia

Ja, eine Ausnahme gilt meist für alle die Fälle, in denen eine Summe geboten wird, welche die üblichen Abfindungshöhen (s.o. Regelabfindung) deutlich überschreitet – und wenn damit zu rechnen ist, dass der Arbeitgeber in einem Gerichtsverfahren nur noch deutlich weniger anbieten wird.

Auch wenn die Abwicklung im Rahmen eines Sozialplanes stattfindet, kann meist ohne Risiko einer Sperrfrist ein

Aufhebungsvertrag geschlossen werden; erst recht sollte man die angebotene Abfindung annehmen, wenn der Arbeitgeber womöglich in Konkurs zu fallen droht (besser die Taube in der Hand ...). Und: Lassen Sie sich nicht unter Druck setzen! Sie sollten sich daher immer eine Bedenkzeit von einigen Tagen ausbedingen; hiergegen wird ein verständiger Arbeitgeber auch keine Einwände haben. Will er dies aber nicht zulassen, so ist Vorsicht angebracht ...

Wichtig Vor dem Abschluss eines Aufhebungsvertrages und/oder Abfindungsvertrages sollten Sie sich von einem spezialisierten Anwalt – gegebenenfalls auch von Ihrem Steuerberater – beraten lassen.

Ich will mit dem Arbeitgeber nicht streiten und daher trotz allem einen Aufhebungsvertrag abschließen. In welcher Höhe wird nun meine Abfindung auf das Arbeitslosengeld angerechnet?

Die Höhe der Anrechnung einer Abfindung auf das Arbeitslosengeld hängt vom Alter und der Betriebszugehörigkeit ab. Anhand der nachstehenden Tabelle können Sie sehen, um wie viel Prozent die Abfindung angerechnet wird, und berechnen, für wie viel Tage letzlich kein Anspruch auf Arbeitslosengeld besteht. Ermitteln Sie anhand der Tabelle, wie viel Prozent der Abfindung auf das Arbeitslosengeld angerechnet wird. Berechnen Sie dazu Ihren Tagesverdienst, indem Sie das letzte Monatseinkommen durch 30 Tage teilen. Dann teilen Sie die anrechenbare Abfindung durch den ermittelten Tagesverdienst. Das Ergebnis ist die Anzahl der Tage, für die kein Anspruch auf Arbeitslosengeld besteht.

Betriebs- zugehörigkeit	bis 40	ab 40	ab 45	ab 50	ab 55	ab 60
unter 5 Jahre	60	55	55	45	40	30
5 – 9 Jahre	55	50	45	40	35	30
10 – 14 Jahre	50	45	40	35	30	25
15 – 19 Jahre	45	40	35	30	25	25
20 – 24 Jahre	40	35	30	25	25	25
25 – 29 Jahre	–	30	25	25	25	25
30 – 34 Jahre	–	–	20	25	25	25
35 Jahre und mehr	–	–	–	25	25	25

Angaben in Prozent (Quelle: Bundesanstalt für Arbeit)

 **Habe ich als Schwerbehinderter auch in einem Kleinbetrieb meine besonderen Rechte?**

Ja, das Gesetz schreibt keine bestimmte Betriebsgröße vor.
Im Gegensatz zum regulären Kündigungsschutz, der gem. § 21 KSchGG grundsätzlich erst ab Betrieben mit mehr als 10 Mitarbeitern greift, gelten die besonderen Kündigungsvoraussetzungen der §§ 85 SGB IX daher auch bei Kleinbetrieben.

**Ich wurde gekündigt –
was kann ich machen?**

Schwerbehinderte und Gleichgestellte sowie Arbeitnehmer in Betrieben mit mehr als 10 Mitarbeitern können grundsätzlich innerhalb von drei Wochen nach Zugang der Kündigung eine „Kündigungsschutzklage" beim Arbeitsgericht erheben, um die Unzulässigkeit bzw. Unwirksamkeit der Kündigung feststellen zu lassen. Gegen das Urteil kann die unterlegene Partei Rechtsmittel einlegen und in Berufung vor das Landesarbeitsgericht ziehen.

Gegen dessen Entscheidung ist –unter bestimmten Voraussetzungen – dann auch noch die Revision vor dem Bundesarbeitsgericht statthaft.

> **Wichtig** Die Klage muss unbedingt rechtzeitig eingereicht werden! Nach Ablauf dieser Frist kann man sich gegen die Kündigung nicht mehr wehren. In den allermeisten Fällen lohnt sich eine solche Klage, denn selbst bei berechtigter Kündigung lässt sich oft noch eine akzeptable Abfindung erreichen.

Ist für die Kündigungsschutzklage ein Anwalt erforderlich?

> **Ausnahme** Beim Landesarbeitsgericht können anstatt Anwälten auch Vertreter von Gewerkschaften bzw. Arbeitgeberverbänden auftreten.

Vor dem Arbeitsgericht (1. Instanz) besteht kein Anwaltszwang – Sie können daher die Kündigungsschutzklage auch ohne Rechtsanwalt einreichen und sich selbst vertreten.

Allerdings empfiehlt es sich wohl regelmäßig nicht, auf fachlichen Beistand zu verzichten – denn Formfehler sind schnell passiert und können dann zu erheblichen Nachteilen bzw. zur Abweisung der Klage führen.

In den Rechtsmittelinstanzen, also vor den Landesarbeitsgerichten und dem Bundesarbeitsgericht, besteht dagegen Anwaltszwang.

© Fotolia

 Wer trägt die Kosten im Arbeitsrechtsstreit?

Im arbeitsgerichtlichen Verfahren trägt zumindest in erster Instanz jede Partei die eigenen Kosten selbst. Das bedeutet, dass Sie Ihren Anwalt auch dann selbst bezahlen müssen, wenn Ihre Klage erfolgreich war. Aus diesem Grund empfiehlt es sich unbedingt, frühzeitig eine Rechtsschutzversicherung abzuschließen, welche auch arbeitsrechtliche Streitigkeiten ausdrücklich mit umfasst. Häufig gibt es nämlich nicht nur Streit um eine Kündigung, sondern auch Auseinandersetzungen um Urlaubsansprü- che, Lohnzahlungen oder die Erteilung eines (korrekten) Zeugnisses. In allen diesen Fällen müssten Sie ohne Versicherung den Anwalt grundsätzlich selbst bezahlen.

Ich habe kein Geld für einen Anwalt – was kann ich da machen?

Bei geringem Einkommen und Vermögen kann grundsätzlich auch Prozesskostenhilfe beantragt werden; die Kosten der Prozessführung werden dann ganz oder teilweise vom Staat getragen. Hierzu ist beim Gericht ein sog. Prozesskostenhilfeantrag zu stellen, in dem der Streit unter Angabe aller Beweismittel dargestellt wird. Dem Antrag ist eine „Erklärung über die persönlichen und wirtschaftlichen Verhältnisse" sowie entsprechende Belege beizufügen.

Das Gericht prüft dann vorab, ob die Rechtsverfolgung Aussicht auf Erfolg hat. In diesem Fall übernimmt der Staat – abhängig vom einzusetzenden Ein-

> **Wichtig** Bei der Kündigungsschutzklage ist der Antrag auf Prozesskostenhilfe ebenfalls innerhalb der dortigen 3-Wochen-Frist abzugeben.

kommen – voll oder teilweise den eigenen Beitrag zu den Gerichtskosten und die Kosten des eigenen Anwalts.

Wenn die Kosten nur teilweise übernommen werden, so kann beantragt werden, die Prozesskosten in monatlichen Raten zu zahlen, die nach der Höhe des einzusetzenden Einkommens gestaffelt sind. Dabei sind insgesamt höchstens 48 Monatsraten aufzubringen, gleichgültig wie viele Instanzen der Prozess durchläuft.

Wie finde ich einen auf Arbeitsrecht spezialisierten Anwalt?

Wichtig ist, dass Sie einen für Ihre Rechtsprobleme spezialisierten Anwalt aussuchen. Es ist daher nicht unbedingt empfehlenswert, den erstbesten Anwalt aus dem Bekanntenkreis, aus dem Telefonbuch oder an der nächsten Straßenecke aufzusuchen. Fragen Sie besser bei der örtlichen Anwaltskammer nach: Gerne wird man Ihnen kostenlos Anwälte nennen, die sich auf Arbeitsrecht spezialisiert haben.

Auch Selbsthilfegruppen, der Deutsche Diabetiker Bund oder die örtlichen Stellen des VdK können Ihnen meist Anwälte nennen, welche sich mit der Thematik auskennen.

Schließlich gibt es auch im Internet entsprechende Auskunftsportale, über die Sie schnell und kostenlos einen geeigneten Anwalt in Ihrer Nähe finden, beispielsweise: www.anwalt-suchservice. de, www.anwaltverein.de, www.brak.de.

Ich arbeite in einem Kleinbetrieb und soll aufgrund meiner diabetischen Folgeschäden krankheitsbedingt gekündigt werden. Kann ich mich hiergegen wehren, auch wenn ich weder schwerbehindert noch gleichgestellt bin?

Ja, denn auch wenn hier aufgrund der geringen Betriebsgröße das Kündigungsschutzgesetz nicht gilt und auch der besondere Schutz für Schwerbehin-

» Die Kündigung ist unwirksam, wenn der Arbeitgeber sich nicht rechtzeitig und aktiv um Präventionsmaßnahmen bemüht hat.

derte nicht greift, muss ihr Arbeitgeber sich rechtzeitig und aktiv um Präventions- bzw. Eingliederungsmaßnahmen bemüht haben.
Geregelt ist dies in § 84 II SGB IX; die Vorschrift gilt auch für Kleinbetriebe und ist nicht auf schwerbehinderte oder gleichgestellte Menschen beschränkt.
Sobald Ihr Arbeitgeber also erkennen konnte, dass es aufgrund der Folgeschäden in absehbarer Zukunft einmal Anlass zu einer krankheitsbedingten Kündigung geben könnte, musste er zumindest den Versuch eines betrieblichen Eingliederungsmanagements unternehmen.
Wenn Ihr Arbeitgeber einen solchen, rechtzeitigen und ernsthaften Versuch nicht nachweisen kann, dann wäre die Kündigung unwirksam- eine Kündigungsschutzklage daher erfolgversprechend.

 In meinem Betrieb werden Schwerbehinderte gemobbt – wie kann man sich hiergegen wehren?

In der Tat ist häufig zu beobachten, dass unliebsame oder unbequeme Mitarbeiter durch Schikanen (sog. Mobbing) zur Eigenkündigung bewegt werden sollen.
Der Arbeitgeber hat hier durchaus Möglichkeiten, einem Arbeitnehmer das Leben auf mehr oder weniger subtile Weise schwer zu machen, sei es durch für einige Zeit unterbliebene Lohnzahlungen, die im Gerichtsverfahren dann selbstverständlich auf ein Versehen der Buchhaltung geschoben werden, sei es die Verweigerung von Urlaubsanträgen oder dauernde Abmahnungen und Kündigungen wegen Nichtigkeiten.

Mobbing am Arbeitsplatz soll den Arbeitnehmer zu einer Eigenkündigung bringen.

Seit dem Jahr 2006 können sich Betroffene hiergegen deutlich besser wehren: Das Allgemeine Gleichbehandlungsgesetz (AGG) brachte erhebliche Rechte für Arbeitnehmer mit sich, die Opfer von Mobbing am Arbeitsplatz sind.

Als verbotene Belästigungen gelten seither alle „unerwünschten Verhaltensweisen, die bezwecken oder bewirken, dass die Würde der betreffenden Person verletzt und ein von Einschüchterungen, Anfeindungen, Erniedrigungen, Entwürdigungen oder Beleidigungen gekennzeichnetes Umfeld geschaffen wird", sofern diese in irgendeinem Zusammenhang stehen mit

- der Rasse oder ethnischen Herkunft,
- dem Geschlecht,
- der Religion oder Weltanschauung,
- einer Behinderung,
- dem Alter oder
- der sexuellen Identität des Betroffenen.

Wenn man also als Schwerbehinderter am Arbeitsplatz gemobbt wird – egal ob vom Arbeitgeber, von Arbeitskollegen oder auch Dritten (wie z.B. Kunden des Arbeitgebers) – so kann man sich nun einfacher hiergegen und effektiver zur Wehr setzen:

Ergreift der Arbeitgeber keine oder offensichtlich ungeeignete Maßnahmen zur Unterbindung solcher Schikanen am Arbeitsplatz, sind die betroffenen Beschäftigten gem. § 14 AGG „berechtigt, ihre Tätigkeit ohne Verlust des Arbeitsentgelts einzustellen, soweit dies zu ihrem Schutz erforderlich ist".

Weiterhin können die Betroffenen gem. § § 15 Abs. 2 AGG vom Arbeitgeber eine Entschädigungszahlung verlangen, wenn diesem die Belästigungen in irgendeiner Form zurechenbar sind – beispielsweise wenn er diese nicht unterbindet oder gar selber veranlasst.

Die Höhe dieses Anspruchs hängt vom Einzelfall ab, insbesondere ist zu berücksichtigen, wie schwer und häufig die Belästigungen waren, wie lange sie

» Die Betroffenen können vom Arbeitgeber eine Entschädigungszahlung verlangen, wenn er die Belästigungen nicht unterbindet.

andauerten und welche Folgen für die Betroffenen damit verbunden waren.

Bereits bei eher leichten Fällen wird man aber von einer Entschädigungssumme in Höhe von bis zu drei Monatsgehältern ausgehen können. In schwereren Fällen sind sicherlich zwischen sechs und neun Monatsgehälter durchsetzbar; bei ganz erheblichen Auswüchsen sogar noch höhere Beträge.

Diabetes & Berufswahl

Grundsätzlich gibt es keine dahingehenden gesetzlichen Verbote, dass Diabetiker bestimmte Berufe ausüben. Allerdings sind vielmals arbeitsmedizinische Vorschriften zu beachten, aufgrund derer letztlich doch von manchen Berufen abgeraten werden muss.

In diesem Kapitel gibt Ihnen Dr. Hermann Finck, Diabetologe DDG und Facharzt für Innere Medizin, wichtige Tipps.

AUSBILDUNGSVERTRAG

Diabetes & Berufswahl | Inhalt

Was gibt es bei der Erst-Beratung zur Berufswahl eines (meist jungen) Menschen mit Diabetes zu beachten?

Bei der Erst-Beratung von Menschen mit Diabetes zur Berufswahl sollten in erster Linie die persönlichen Neigungen,

» Berufsbilder mit vielen Tätigkeitsfelder sind für Diabetiker geeignet, um beruflichen Einschränkungen entgegenwirken zu können.

die Begabung sowie intellektuelle und praktische Fähigkeiten berücksichtigt werden. Und es sollte darauf geachtet werden, dass im angestrebten Beruf möglichst viele Tätigkeitsfelder offenstehen, so dass der Beruf auch dann noch ausgeübt werden kann, wenn krankheits- oder therapiebedingte Nebenwirkungen oder Komplikationen berufliche Einschränkungen zur Folge haben.

Die geltenden Rechtsnormen und Richtlinien sowie andere Vorschriften wie z. B. die berufsgenossenschaftlichen Grundsätze für arbeitsmedizinische Vorsorgeuntersuchungen oder die Fahrerlaubnis-Verordnung sind zu beachten.

 Mein Traumberuf wäre es, Busfahrer zu werden. Ich bin 21 Jahre alt und seit 5 Jahren Typ-1-Diabetiker. Geht das?

Die derzeit geltenden Rechtsnormen wie z. B. die Fahrerlaubnis-Verordnung sehen vor, dass einem insulinbehandelten Diabetiker die hierfür erforderliche Fahrerlaubnis der Klasse D nur

Den Beruf Busfahrer sollte ein Typ-1-Diabetiker besser nicht auswählen, da er z. B. bei einer Unterzuckerung nicht nur sich, sondern auch andere Personen in Lebensgefahr bringen kann.

© Fotolia

„ausnahmsweise" erteilt werden darf. Als Voraussetzungen werden genannt: Stabile Stoffwechsellage, gute Stoffwechselführung ohne Unterzuckerung über 3 Monate.

Diese Voraussetzungen lassen sich häufig mit einem Typ-1-Diabetes nicht erfüllen. Darüber hinaus ist in einem solchen Fall zu bedenken, dass die „Ausnahme" während der gesamten Dauer der Berufsausübung alle 3 bzw. 5 Jahre in Anspruch genommen und nachgewiesen werden muss. Und es bedarf keiner großen Phantasie, um sich vorzustellen, dass bei Stoffwechsel-Einstellungsproblemen sowie beim Auftreten von Unterzuckerungen oder auch bei den ersten Zeichen von diabetesbedingten Augenhintergrundsveränderungen die Karriere des Busfahrers beendet sein könnte.

? Wie kann ich mich auf eine ärztliche Untersuchung anlässlich einer verkehrsmedizinischen Begutachtung oder auch anlässlich einer arbeitsmedizinischen Untersuchung gut vorbereiten?

Das Gutachten bzw. die Untersuchung soll Beurteilungshinweise geben u. a. über
- die Qualität der Stoffwechseleinstellung und -führung,
- die Häufigkeit von Hypoglykämien,
- Hypoglykämiesymptome und deren Erkennung,
- die persönliche Krankheitsbewältigung und die Hypoglykämievorbeugung.

Es ist dringend empfohlen, sich auf diese Fragen eingehend vorzubereiten und eine möglichst lückenlose Dokumentation der Blutzuckerselbstkontrollen und, wenn vorhanden, andere ärztliche und augenärztliche und HbA_{1c}-Befunde zur Untersuchung mitzubringen. An dieser Stelle sei auf die empfehlenswerte Gesundheitsmappe Diabetes aus dem Kirchheim-Verlag hingewiesen, mit der sich alle diabetesrelevanten Befunde sehr schön und übersichtlich dokumentieren lassen.

In der Gesundheits-Mappe sind alle relevanten Dokumente beisammen.

Diabetes & Führerschein

Darf ich als Diabetiker denn überhaupt noch Auto fahren? Muss ich meine Krankheit der Behörde melden? Wie verhalte ich mich bei einem Unfall?

In diesem Abschnitt finden Sie Hinweise und Tipps rund ums Thema Führerschein.

Diabetes & Führerschein | Inhalt

Diabetes & Führerschein | Inhalt

Darf ich als Diabetiker überhaupt den Führerschein machen?

Wenn jemand den Führerschein machen will, muss er einen Antrag auf Erteilung der Fahrerlaubnis stellen und die Prüfung bestehen. Gleichzeitig muss die Führerscheinstelle feststellen, ob der Bewerber geeignet ist, ein Kraftfahrzeug zu führen.

In der Fahrerlaubnis-Verordnung (FeV), der Verordnung über die Zulassung von Personen zum Straßenverkehr, finden sich hierzu allgemeine Regelungen. Dort ist unter anderem festgelegt, unter welchen Voraussetzungen die Zulassung erteilt wird (Mindestalter, Eignung, Sehvermögen), was für Beschränkungen es gibt (Auflagen) und wann die Fahrerlaubnis entzogen wird.

Bei der Führerscheinerteilung ist die Behörde an die Regelungen der Fahrerlaubnis-Verordnung bzw. hinsichtlich gesundheitlicher Einschränkungen an deren „Anlage 4 – Eignung und bedingte Eignung zum Führen von Kraftfahrzeugen" gebunden. Für die Eignung von Kraftfahrern mit Diabetes sind die „Begutachtungsrichtlinien – 3.5 Zuckerkrankheit Diabetes mellitus" maßgeblich.

Die Führerscheinklassen werden dabei in zwei Gruppen aufgeteilt:

- *Fahrzeuggruppe 1*
  Sämtliche „leichten" Kraftfahrzeuge, d. h. die Klassen A, A1, B, BE, M, L, T (also Motorräder, PKW und landwirtschaftliche Zugmaschinen) werden der Fahrzeuggruppe 1 zugerechnet.
- *Fahrzeuggruppe 2*
  In Fahrzeuggruppe 2 sind die „schweren" Fahrzeuge der Klassen C, C1, C1E, D, DE, D1, D1E (Lkw über 7,5 t, Sattelschlepper u. ä.) sowie die

FZF (Fahrgastbeförderung) eingeordnet.

Die Bewertung von Diabetes-Patienten hängt nun einerseits davon ab, welche Führerscheinklassen man erwerben will, zum anderen spielt eine Rolle, ob man Insulin spritzt oder nicht. Abhängig von

Diabetes-Typ bzw. Behandlungsform wird in den Begutachtungsrichtlinien nach drei Risikogruppen unterschieden:

Risikogruppe 1

Zu Risikogruppe 1 zählen alle Diabetiker, die

- mit einer Diät auskommen, und
- solche, die zusätzlich Medikamente bekommen, welche die Insulinresistenz verbessern (Biguanide, Insulinsensitizer), und/oder Arzneimittel nehmen, die die Nährstoff-Aufnahme verzögern.

Diabetiker dieser Gruppe können uneingeschränkt als Fahrer am Straßenverkehr teilnehmen.

Risikogruppe 2

Auch bei mit Diät und oralen Antidiabetika vom Sulfonylharnstoff (blutzucker-

Diabetiker, die mit Insulin oder blutzuckersenkenden Medikamenten behandelt werden, werden für die Personenbeförderung nicht als geeignet angesehen.

senkende Medikamente, ohne Insulin) behandelten Diabetikern besteht eher selten die Gefahr einer Unterzuckerung (Hypoglykämie). Sie können in der Regel uneingeschränkt den gestellten Anforderungen beim Führen eines Kraftfahrzeuges gerecht werden.

Risikogruppe 3

Das sind mit Diät und Insulin, auch mit Insulin und oralen Antidiabetika behandelte Diabetiker.

Diabetiker dieser Gruppe – Typ 1, ICT und Pumpenträger – sind grundsätzlich immer hypoglykämiegefährdet.

Ein Diabetiker, der nicht zu häufigen bzw. unkontrollierbaren Unterzuckerungen neigt, kann grundsätzlich alle Kraftfahrzeuge der Klassen A und A1 (Motorrad), M (Leichtkrafträder), B und BE (PKW bis 7,5 t) sowie L und T (land- und forstwirtschaftliche Zugmaschinen) führen.

Bestehen hier aus medizinischer Sicht nämlich keine durchgreifenden Bedenken – also wenn der Betroffene seine Unter- oder Überzuckerungen bemerkt und

Kann der Führerscheinbewerber nachweisen, dass aus medizinischer Sicht keine Bedenken bestehen, dann darf er auch Fahrzeuge der Fahrzeuggruppe 2 führen.

hierauf entsprechend reagiert – dann muss die Behörde die Fahrerlaubnis erteilen!

Aufgrund der Unterzuckerungsgefahr wird allerdings regelmäßig davon ausgegangen, dass Diabetiker, die mit Insulin oder blutzuckersenkenden Medikamenten behandelt werden, für die Personenbeförderung nicht geeignet sind und auch keine schweren LKWs (ab 7,5 t) und Zugmaschinen der Klassen C, CE, C1 und C1E führen sollten. Die Ämter weigern sich daher zunächst, hierfür eine Fahrerlaubnis zu erteilen.

Aber auch hier hängt es allein von der ärztlichen Bewertung ab: Kann der Führerscheinbewerber nachweisen, dass aus medizinischer Sicht keine Bedenken gegen seine Eignung bestehen, dann darf er solche Fahrzeuge führen.

Wichtig Bevor die Fahrerlaubnis erteilt wird, muss bei der Fahrzeuggruppe 2 durch ein ärztliches Gutachten eine gute Stoffwechseleinstellung ohne Unterzuckerungen nachgewiesen werden.

? Darf ich als Diabetiker auch den LKW-Führerschein machen?

Die Straßenverkehrsbehörden gehen grundsätzlich davon aus, dass Diabetiker, die mit Insulin oder blutzuckersenkenden Medikamenten behandelt werden, für die Personenbeförderung nicht geeignet sind und auch keine schweren LKW und Zugmaschinen der Klassen C, CE, C1 und C1E führen sollten.

Die Ämter weigern sich daher zunächst, eine entsprechende Fahrerlaubnis zu erteilen. Dagegen kann man sich wehren:

Gemäß Nr. 5.4 der Anlage 4 zur FeV können auch mit Insulin behandelte Diabetiker ausnahmsweise die Fahrerlaubnis der Gruppe 2 erhalten – also auch die Erlaubnis zur Personenbeförderung. Soweit also aus ärztlicher Sicht keine Bedenken bestehen – insbesondere wenn über einen längeren Zeitraum nachweislich keine oder nur leichte Unterzuckerungen (ohne Glukagon, ohne Bewusstlosigkeit, ohne Hilfe von

Dritten) aufgetreten sind – und eine gute Stoffwechseleinstellung gutachterlich bescheinigt wird, dann dürfen grundsätzlich auch insulinpflichtige Diabetiker LKW oder Taxi fahren! Allerdings kann es sein, dass Sie hier Ihr Recht erstreiten müssen: Verweigert die Behörde die Fahrerlaubnis einer Fahrzeugklasse der Gruppe 2, weil Sie Diabetes haben, können Sie Widerspruch einlegen und auch vor dem Verwaltungsgericht klagen.

Vor Gericht kann es helfen, sich auf das Grundrecht auf Berufsfreiheit sowie auf das Diskriminierungsverbot zu berufen. Der Bayerische Verwaltungsgerichtshof hat in seinem Urteil vom 20.10.1989 (Az: 11 B 88.02551, Fundstelle: BayVBl 1990, 249) klargestellt: „Auch ein insulinpflichtiger Zuckerkranker kann im Einzelfall die Voraussetzungen des StVZO § 15 Abs 1 S 1 Nr. 3 erfüllen und für die Fahrerlaubnis zur Fahrgastbeförderung geeignet sein."

? Was muss ich als Autofahrer mit Diabetes beachten?

Diabetiker müssen gewährleisten, dass sie alles Notwendige tun, damit andere Verkehrsteilnehmer und sie selbst nicht gefährdet werden. Sie müssen daher Unterzuckerungen zuverlässig erkennen und behandeln können und ihre Stoffwechseleinstellung regelmäßig beim Arzt überprüfen lassen (ca. alle 6 – 12 Wochen). Außerdem müssen sie ihren Blutzucker regelmäßig selbst kontrollieren, Therapie und Einstellung dokumentieren und die Auflagen der Behörde erfüllen (z. B. regelmäßige Untersuchungen, Traubenzucker im Auto etc.).

Diabetiker müssen gewährleisten, dass sie alles Notwendige tun, damit andere Verkehrsteilnehmer und sie selbst nicht gefährdet werden.

? Muss die Diabetes-Erkankung beim Führerscheinantrag angegeben werden?

In einigen Bundesländern, sogar von Landkreis zu Landkreis unterschiedlich, werden Führerscheinbewerbern unter anderem auch Fragen zum Gesundheitszustand gestellt. Meist ist dann auf den Antragsformularen eine Liste mit Krankheitsbildern enthalten, welche

mit ja oder nein beantwortet bzw. angekreuzt werden sollen. Nicht selten wird nun voreilig empfohlen, eine dortige Frage nach dem Diabetes zu verneinen – also zu lügen. Diese Empfehlung wird mit dem Schein-Argument untermauert, dass die Behörde diese Frage eigentlich überhaupt nicht stellen dürfe und somit auch keine wahrheitsgemäße Antwort erwarten könne.

Auch wird mitunter gerne ein – zwischenzeitlich in die Jahre gekommener – Brief des Bundesverkehrsministeriums als Begründung dafür herangezogen, dass die Frage nach der Diabetes-Erkrankung unzulässig sei und deswegen nicht wahrheitsgemäß beantwortet werden müsse. In diesem Schreiben wurde nämlich die Auffassung vertreten, dass nach damaliger Einschätzung des Bundesverkehrsministeriums für eine solche Frage wohl keine Rechtsgrundlage bestehe. Leider wird hierbei oftmals vergessen zu erwähnen, dass es sich hierbei um eine bloße Auskunft, um eine unverbindliche Rechtsmeinung eines (damaligen) Vertreters des Ministeriums handelte.

Nach etwas eingehender Überlegung wird jedoch schnell klar, dass ein solches Schreiben keinerlei Bindungswirkung für die Verwaltung entfalten kann: relevant für die Führerscheinbehörden können

Gesundheitsfragen müssen auf der Behörde wahrheitsgemäß beantwortet werden, um später auftretende Risiken minimieren zu können.

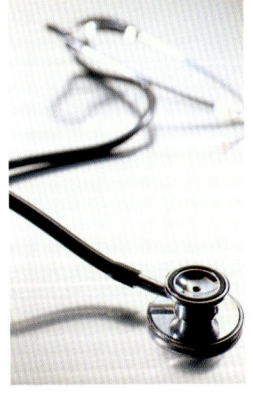

allein die geltenden gesetzlichen und normativen Regelungen sein; die Rechtsauffassung des Ministeriums (bzw. eines Sachbearbeiters dort) kann diese weder ersetzen noch außer Kraft setzen.

Zudem ist die Führerschein-Erteilung auch Ländersache – es dürfte daher fraglich sein, ob und inwieweit das Bundesverkehrsministerium auf den Ablauf des Verfahrens zur Erteilung der Fahrerlaubnis überhaupt irgendeinen Einfluss haben kann und darf.

Rechtsgrundlage in Fahrerlaubnis-Verordnung

Die Fahrerlaubnis-Verordnung bzw. die Begutachtungsrichtlinie kennt explizit bestimmte Krankheitsgruppen; dort gibt es unter anderem auch für Diabetes entsprechende Einstufungen bzw. Zulassungsvoraussetzungen. Um die Anforderungen dieses Gesetzes überhaupt erfüllen zu können, muss es der Behörde nun selbstverständlich möglich sein, sich über die Risiken eines Führerscheinbewerbers zu informieren – um dann entscheiden zu können, ob sie Auflagen machen oder ein Gutachten anfordern muss. Dadurch werden Diabetiker aber nicht ungleich behandelt oder gar diskriminiert. Es ist einfach notwendig, um für alle – einschließlich des Führerscheinbewerbers! – das Risiko so gering wie möglich zu halten. Man kann auch nicht damit argumentieren, dass nicht überall nach der Gesundheit gefragt wird und es deshalb eine Ungleichbehandlung gibt. Das zeigt nur, dass die Behörden ihren gesetzlichen Auftrag mancherorts genau nehmen, ihn aber manchmal auch etwas lockerer sehen.

Anders wäre es, wenn eine allgemeine ärztliche Untersuchung gesetzlich vorgeschrieben wäre. Wenn der Arzt dann die Fahrtauglichkeit bescheinigt – beispielsweise, weil er die Krankheit nicht diagnostiziert – müsste auch die Behörde nicht mehr weiter nach der Gesundheit fragen.

Frage nach Krankheiten ist hier keine Diskriminierung!

Die Frage nach Krankheiten wie Diabetes stellt im verwaltungsrechtlichen Bereich der Fahrerlaubnis auch keineswegs eine Diskriminierung dar, denn Diabetiker werden weder ungleich behandelt noch gar benachteiligt. Die Fahrerlaubnis-Verordnung sagt sogar explizit, dass Diabetiker im Normalfall regelmäßig als geeignet zum Führen eines KFZ anzusehen sind; auch der LKW-Führerschein ist im Ausnahmefall möglich.

Vielmehr soll eine solche Frage lediglich dazu dienen, der Behörde einen Überblick über das individuelle Gefahrenpotential eines künftigen Verkehrsteilnehmers zu vermitteln – damit sie dann durch geeignete Maßnahmen und Auflagen das Risiko für alle, einschließlich des Führerscheinbewerbers, so gering als möglich halten kann.

Nachteile bei Verstoß gegen die Wahrheitspflicht

Aber selbst wenn die Frage tatsächlich unzulässig wäre, so folgt daraus keineswegs das Recht zu einer wahrheitswidrigen Beantwortung. Wer nämlich in einem behördlichen Verfahren wahrheitswidrige Angaben macht, muss im schlimmsten Fall mit erheblichen Rechtsnachteilen rechnen: Erfährt die Behörde später von der falschen Angabe, sei es durch einen unglücklichen Zufall, Unfall oder Denunzierung, so kann sie die Fahrerlaubnis im Zweifel widerrufen oder zurücknehmen (vgl. § 49 II, Nr. 3, 5 BVwVfG; § 48 II Nr

» Die Fahrerlaubnis-Verordnung sagt explizit, dass Diabetiker im Normalfall zum Führen eines KFZ geeignet sind.

1,2 BVwVfG bzw. die jeweiligen landesrechtlichen Regelungen). Und dann geht die Führerscheinstelle womöglich davon aus, dass jemand, der vor einer Lüge nicht zurückschreckt, alles tun würde, um den Führerschein zu behalten – ohne Rücksicht auf die Belange der Allgemeinheit. Man kann sich leicht vorstellen, wie schwierig es dann sein wird, anschließend die Fahrerlaubnis endlich wieder erteilt zu bekommen.

Abgesehen davon dürfte die Behörde sehr wohl berechtigt sein, in Form des mildesten Mittels, nämlich einer Selbstauskunft, nach möglichen Risikofaktoren zu fragen. Schließlich muss sie ja zum Wohle der Allgemeinheit – und in Erfüllung des gesetzlichen Auftrags – sicherstellen, dass der Führerscheinbewerber auch tatsächlich geeignet ist, Kraftfahrzeuge zu führen.

> **Wichtig** Ist man der Auffassung, dass die Frage unzulässig ist, so darf man deren Beantwortung unter entsprechendem Hinweis allenfalls verweigern. Ich rate aber im behördlichen Verfahren dringend von wahrheitswidrigen Angaben ab.

Schließlich: Es wird keinem die Fahrerlaubnis verweigert, nur weil er angibt, Diabetes zu haben. Man spart sich allenfalls die Kosten für ein Gutachten bzw. eventuell angeordnete Auflagen.

Wie soll ich mich verhalten, wenn die Behörde im Führerscheinantrag u.a. nach der Diabetes-Krankheit fragt?

Wie auf den vorherigen Seiten erläutert, sind im behördlichen Verfahren grundsätzlich wahrheitsgemäße Angaben zu machen.

> **Wichtig** Eine falsche Angabe kann sich auch aus den Gesamtumständen ergeben: Wenn Sie also die Frage „Welche der nachfolgenden Krankheiten liegen bei Ihnen vor: ... ?" mit nachfolgenden Ankreuzoptionen einfach unbeantwortet lassen, so bringen Sie dadurch zum Ausdruck, dass keine der Krankheiten bei Ihnen vorliegt!

Ich empfehle folgende Vorgehensweise:
- Werden im Antrag lediglich *freiwillige* Angaben zu Krankheiten erbeten, ist klar:
  In diesem Fall muss und sollte man nichts angeben.
- Wird ohne Hinweis auf eine Freiwilligkeit die Frage zur Diabetes-Erkrankung gestellt:
  Hier sollte man entweder wahrheitsgemäß antworten oder aber ausdrücklich die Beantwortung verweigern.

 Wie erfährt die Straßenverkehrsbehörde von meiner Diabetes-Erkrankung?

Wenn beim Führerscheinantrag nicht nach der Diabetes-Erkrankung gefragt wurde, dann weiß die zuständige Straßenverkehrsbehörde von Ihrer Krankheit zunächst nichts. Wer bereits einen Führerschein hat, wenn die Diabetes-Erkrankung eintritt, muss diese der Führerscheinbehörde auch nicht unaufgefordert melden.
Nicht selten erfährt die Behörde jedoch durch den Diabetiker selbst von der Krankheit: Bei Unfällen oder polizeilichen Vernehmungen wird der Diabetes

oft erwähnt – und das leitet die Polizei dann umgehend weiter. Wenn Sie also nicht wollen, dass die Straßenverkehrsbehörde von Ihrem Diabetes erfährt, sollten Sie bei einem Unfall keinesfalls mitteilen, dass Sie Diabetiker sind – bestehen Sie notfalls auf Ihrem Recht, die Aussage zu verweigern.
Allerdings gibt es durchaus andere Möglichkeiten, wie die Diabetes-Erkrankung bei der Führerscheinbehörde bekannt wird; man muss daher immer rechnen mit:
- Polizeilichen Meldungen bei Auffälligkeiten im Straßenverkehr oder Unfällen
- Denunzierung durch Dritte (Ex-Lebenspartner, Kollegen, Nachbarn...)
- Bei Unfällen: Auskunft durch Notarzt oder Sanitäter an Polizei (obwohl verboten, da Verstoß gegen Schweigepflicht!)

Erfährt die Polizei in einer Vernehmung, dass Sie Diabetes haben, so leitet sie diese Information unverzüglich an die entsprechende Behörde weiter!

© Fotolia

Muss ich meine Diabetes-Erkrankung der Führerscheinbehörde mitteilen?

Nein, es besteht keine Meldepflicht. Sie müssen die Krankheit daher nur dann angeben, wenn Sie von der Führerscheinbehörde danach gefragt werden.

 ## Darf ein Arzt seine Patienten der Führerscheinbehörde melden?

Grundsätzlich nein, dies ist nur in extremen Ausnahmefällen zulässig. Viele Ärzte sind zwar der Auffassung, dass sie Patienten melden müssten, die uneinsichtig sind und trotz häufiger plötzlicher Unterzuckerungen weiterhin Auto fahren.

Hierzu wird auch gern behauptet, der Arzt könne sich im Fall uneinsichtiger Patienten auf ein Notstandsrecht berufen, da die drohende Gefährdung der Allgemeinheit durch einen zu Unterzuckerungen neigenden Autofahrer ja schließlich verhindert werden müsse.

Es ist jedoch nicht nur unzulässig, sondern es stellt auch regelmäßig eine Straftat dar, ohne vorherige Einwilligung des Betroffenen an Dritte solche Informationen weiterzugeben, die unter die ärztliche Schweigepflicht fallen.

Arzt und Praxispersonal machen sich daher grundsätzlich gem. § 203 StGB strafbar, wenn diese – ohne von zuvor von der Schweigepflicht entbunden zu sein – beispielsweise gegenüber der Polizei mitteilen, dass ein Patient Diabetiker ist. Der Arzt riskiert zudem seine Zulassung.

Hiervon gibt es nur wenige Ausnahmeregelungen:

Nach dem Gesetz zur Bekämpfung von Geschlechtskrankheiten besteht eine

Tipp für den Arzt

In solchen Fällen sollte der Arzt zunächst unbedingt sicherstellen, dass der Patient ausreichend über seine Fahruntauglichkeit belehrt wurde und dies auch schriftlich dokumentiert wird.

Man sollte dem Patienten klar eröffnen, dass er im Falle eines Unfalls möglicherweise sein Leben lang finanziell ruiniert sein wird und auch mit erheblicher Bestrafung rechnen muss, vielleicht sogar ins Gefängnis kommt.

Gleichzeitig muss aber auch nach Wegen gesucht werden, wie die Situation anders zu lösen ist – beispielsweise durch seine Teilnahme an einem Blutzuckerwahrnehmungstraining oder durch das Angebot, seine Lebenspartner oder Eltern mit einzubeziehen.

Arzt oder Personal sollten also allenfalls erst dann den Gedanken einer Meldung an die Behörde – und damit einen Bruch des Arztgeheimnisses – überhaupt erwägen,

- wenn die Fahrtauglichkeit des Patienten definitiv ausgeschlossen ist, insbesondere wenn der Patient tatsächlich zu erheblichen, plötzlichen und unvorhersehbaren Unterzuckerungen neigt,
- wenn der Patient trotz umfassender Aufklärung uneinsichtig bleibt und kein vernünftiger Zweifel daran besteht, dass er auch nach Verlassen der Praxis sich nicht an das ärztliche Fahrverbot halten wird,
- wenn alle zumutbaren Möglichkeiten ausgeschöpft worden sind, das Problem anders zu lösen, insbesondere ein Blutzuckerwahrnehmungstraining erfolglos blieb oder verweigert wurde
- und wenn dem Patienten zuvor auch noch die Anzeige bei der Behörde angedroht worden ist.

Verpflichtung, bestimmte Krankheiten mitzuteilen; auch das Bundesseuchengesetz sieht eine Meldepflicht für einige Krankheiten vor. Diabetes zählt hier jedoch nicht dazu.

Auch besteht eine Anzeigepflicht, wenn der Arzt (übrigens genauso wie jeder

>> Nach dem Bundesseuchengesetz besteht Meldepflicht für bestimmte Krankheiten; Diabetes mellitus zählt hier jedoch nicht dazu.

andere Bürger) erfährt, dass sein Patient die Begehung einer bestimmten, schweren Straftat vorhat.

Meldepflichtig sind hier aber nur die ausdrücklich in § 138 StGB bestimmten, im Gesetz ausdrücklich bezeichneten Straftaten, wie beispielsweise Raub, Erpressung, Menschenhandel, Mord und Totschlag; auch Trunkenheit im Verkehr oder der Eingriff in den Straßenverkehr (§ 315b StGB; Beispiel: Gefährdung anderer durch Beschädigung und Zerstö-

rung von Fahrzeugen, Verkehrsschildern oder Straßen) zählen hierzu.

Einem uneinsichtigen Diabetiker kann jedoch allenfalls eine sog. Straßenverkehrsgefährdung (§ 315c StGB) vorgeworfen werden – und dies muss nicht gemeldet werden.

Schließlich kann sich der Arzt auf einen sog. rechtfertigenden oder zumindest entschuldigenden „Notstand" nur dann berufen, wenn für ihn absolut und nachweislich überhaupt keine andere Möglichkeit als der Bruch der Schweigepflicht bestand, eine unmittelbar bevorstehende, erhebliche Bedrohung für Leib und Leben Dritter abzuwehren. Die Voraussetzungen für eine solche Notstandslage sind aber sehr hoch – und typischerweise eher im Bereich der juristischen Lehrbuchfälle angesiedelt. Eine mit der Unterzuckerung lediglich abstrakt verbundene Unfallgefahr, die sich irgendwann in der Zukunft realisieren könnte, reicht aber wohl eher nicht aus.

? Kann die Führerscheinbehörde von mir ein ärztliches Gutachten über meine Fahrtauglichkeit verlangen?

Die Anordnung eines ärztlichen Gutachtens bei Diabetes ist grundsätzlich zulässig; das Gutachten muss selbst bezahlt werden.

Ja, denn werden der Führerscheinbehörde „Tatsachen bekannt, die Bedenken gegen die körperliche oder geistige Eignung" des Kraftfahrers begründen, so kann diese gem. § 11 II FeV die Beibringung eines ärztlichen Gutachtens anordnen.

Gem. § 11 II 2 FeV bestehen solche Bedenken automatisch dann, wenn es Hinweise auf bestimmte Erkrankungen – insbesondere auch Diabetes – gibt.

Hat die Straßenverkehrsbehörde also von einer Diabetes-Erkrankung erfah-

ren, so muss sie überprüfen, ob und inwiefern der Betroffene noch in der Lage ist zu fahren.

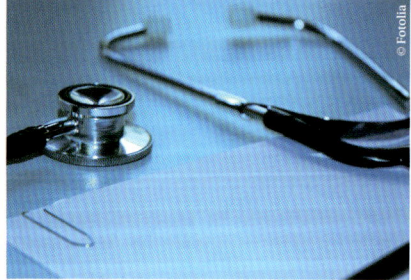

Oft wird daher der Autofahrer aufgefordert, in regelmäßigen Abständen ein ärztliches Gutachten auf eigene Kosten beizubringen.

Die Behörde bestimmt dabei auch, ob das Gutachten von einem

- Facharzt (Internist/Diabetologe) mit verkehrsmedizinischer Qualifikation,
- Arzt des Gesundheitsamtes oder einem anderen Arzt der öffentlichen Verwaltung,
- Arzt mit der Gebietsbezeichnung „Arbeitsmedizin" oder der Zusatzbezeichnung „Betriebsmedizin",
- Arzt mit der Gebietsbezeichnung „Facharzt für Rechtsmedizin",
- Arzt in einer Begutachtungsstelle für Fahreignung

erstellt werden soll. Der Facharzt soll dabei nicht zugleich der den Betroffenen behandelnde Arzt sein. Ein Attest vom Hausarzt reicht regelmäßig nicht aus.

Muss ich das von der Führerscheinbehörde angeforderte Gutachten selbst bezahlen – und was kostet das dann?

Ja, bei der Erteilung der Fahrerlaubnis handelt es sich um einen sog. „begünstigenden Verwaltungsakt der Behörde", der im alleinigen und eigenen Interesse des Bürgers liegt.

Wenn hierfür Kosten anfallen – beispielsweise weil die Voraussetzungen zur Erteilung der Fahrerlaubnis geklärt werden müssen – dann sind diese vom Antragsteller zu tragen.

Geregelt ist dies auch ausdrücklich in § 11 VI S. 5 FeV, wonach die Untersuchung aufgrund „eines Auftrages durch den Betroffenen" zu erfolgen hat.

Die Kosten des Gutachtens müssen von Ihnen mit dem Arzt vereinbart werden; in der Regel liegen diese zwischen 200

» Achtung: Kosten von Gutachten variieren von Arzt zu Arzt! Also vorher anfragen!

und 400 EUR. Manche Mediziner verlangen auch günstige(re) Pauschalsätze, andere rechnen dagegen nach hohen Stundensätzen ab. Sie sollten die Kosten daher unbedingt vor Beauftragung des Arztes mit diesem abklären.

Muss ich den von der Behörde genannten Arzt mit dem Gutachten beauftragen?

Mit Aufforderung zur Beibringung eines Gutachtens schickt die Behörde regelmäßig eine Liste mit Ärzten bzw. Untersuchungsstellen mit.

Hierbei handelt es sich aber lediglich um unverbindliche Vorschläge: Sie müssen das Gutachten nicht unbedingt bei

einem der dort aufgeführten Mediziner erstellen.

Gerade im Falle von Diabetikern ist es oftmals sinnvoll, wenn diese keinen der von der Behörde genannten Ärzte beauftragen – denn regelmäßig werden nur Internisten genannt, die sich schwerpunktmäßig nicht zwingend mit Diabetes befassen.

Wichtig ist dabei nur, dass das Gutachten von einem Arzt mit der von der Behörde geforderten Qualifikation erstellt wird: Wird also eine Untersuchung durch einen „für die Fragestellung zuständigen Facharzt mit verkehrsmedizinischer Qualifikation" verlangt, so reicht das Attest des Hausarztes nicht aus.

Es muss dann also ein Facharzt aufgesucht werden, der einerseits auf das Krankheitsgebiet spezialisiert ist (z B. Internist), zusätzlich aber eine besondere verkehrsmedizinische Qualifikation nachweisen kann.

 Wo finde ich für mein Gutachten einen Arzt mit der geforderten „verkehrsmedizinischen Qualifikation"?

Wichtig Der Arzt muss seine verkehrsmedizinische Zusatzqualifikation gegebenenfalls durch Vorlage eines Zeugnisses der zuständigen Ärztekammer oder durch eine mindestens einjährige Zugehörigkeit zu einer Begutachtungsstelle für Fahreignung belegen können.

Wenn Sie keinen der von der Behörde vorgeschlagenen Ärzte beauftragen wollen, dann können Sie bei der für Ihre Region zuständigen Ärztekammer nach entsprechenden Adressen fragen. Wenn Sie einen Diabetologen mit der erforderlichen Zusatzausbildung suchen, so hilft Ihnen auch die Deutsche Diabetes-Gesellschaft (DDG, Bürkle-de-la-Camp-Platz 1, 44789 Bochum, Telefon: 02 34/97 88 9-0, Email: info@ddg.info) weiter.

 Kann mich die Führerscheinbehörde dazu zwingen, ein Gutachten beizubringen?

Wer das angeforderte Gutachten nicht innerhalb der Frist vorlegt, dem wird die Fahrerlaubnis meist sofort entzogen.

Nein, aber gem. § 11 VIII FeV kann die Behörde auf die Nichteignung des Betroffenen schließen, wenn dieser ein gefordertes Gutachten nicht fristgerecht beibringt.

Wer das angeforderte Gutachten bzw. die Untersuchung also nicht innerhalb der Frist vorlegt, dem wird die Fahrerlaubnis in aller Regel sofort entzogen.

Gegen den Entzug der Fahrerlaubnis können Sie dann natürlich Rechtsmittel einlegen – bis zum rechtskräftigen Abschluss dieses (mitunter mehrere Jahre dauernden) Verfahrens sind Sie dann aber auf jeden Fall ohne Führerschein!

© Fotolia

? Was passiert, wenn das Gutachten für mich negativ ausfällt? Darf ich danach noch ein zweites Gutachten vorlegen?

Wenn das Gutachten die Zweifel an Ihrer Fahreignung nicht ausräumen kann, so wird die Behörde aller Wahrscheinlichkeit nach die Fahrerlaubnis entziehen oder allenfalls nur unter erheblichen Auflagen belassen.

Ein zweites Gutachten kann zwar zusätzlich noch vorgelegt werden. Aber selbst wenn der zweite Gutachter zu einem für Sie günstigeren Ergebnis kommt, muss sich die Behörde hiervon nicht überzeugen lassen.

? Was ist in Zusammenhang mit einem Gutachten zur Fahreignung unbedingt zu beachten?

Ein negatives Gutachten sollte nach Möglichkeit der Behörde nicht zur Kenntnis gelangen; es wird ansonsten sehr schwer sein, die dortigen Bedenken wieder zu entkräften.
Sie sollten den Gutachter daher unbedingt und bereits bei Auftragserteilung unmissverständlich anweisen,

- das Gutachten nicht direkt an die Behörde zu senden, sondern (nur) Ihnen selbst auszuhändigen und
- der Führerscheinstelle nicht mitzuteilen, dass Sie sich zur Begutachtung eingefunden bzw. angemeldet haben.

Dies ist auch problemlos möglich, denn als Auftraggeber – der auch das Gutachten bezahlt – sind Sie direkter und insoweit allein weisungsberechtigter Vertragspartner der begutachtenden Stelle.
Der Gutachter hat nämlich mit der Behörde nichts zu tun und ist nur Ihnen als Auftraggeber verpflichtet; im Übrigen unterliegt er auch der ärztlichen Schweigepflicht.

© Fotolia

Fällt das Gutachten dann für Sie ungünstig aus, so können Sie noch immer zu einem anderen Gutachter gehen: Kommt dieser dann zu einem vorteilhafteren Ergebnis, so legen Sie nur dessen positives Gutachten vor; von dem ersten, negativen Gutachten erfährt die Behörde dann nichts!
Wichtig ist dabei nur, dass Sie die von der Behörde gesetzten Fristen einhalten

>> Der Gutachter sollte das Gutachten nicht direkt an die Behörde schicken, sondern muss angewiesen werden, es nur Ihnen selbst auszuhändigen.

(ggf. rechtzeitig Fristverlängerung beantragen!) und der gewählte Gutachter über die geforderte Qualifikation verfügt.

Ich muss nun Insulin spritzen – darf ich weiterhin Auto fahren? Auch LKW?

Ja, denn grundsätzlich gilt: Wer einen Führerschein hat, darf fahren. Das bedeutet: Ein LKW-Fahrer, bei dem ein insulinpflichtiger Diabetes neu diagnostiziert wurde, darf weiterhin in seinem Beruf arbeiten!

Solange die Fahrerlaubnis nicht entzogen ist und keine ärztlichen Bedenken bestehen, darf ein Diabetiker alle Kraftfahrzeuge fahren, für die er einen Führerschein hat!

Mein Arzt hat mir das Führen von LKW verboten – muss ich mich hieran halten?

Ja, Sie sollten sich an die Anweisung des Arztes unbedingt halten.
Allerdings wird man hier wohl zunächst etwas präzisieren müssen: Der Arzt kann Ihnen das Führen von Kraftfahrzeugen

oder LKW selbstverständlich nicht verbieten – er kann höchstens empfehlen, dass Sie dies nicht mehr tun. Denn solange Sie im Besitz einer gültigen Fahrerlaubnis sind, dürfen Sie grundsätzlich natürlich auch weiterhin fahren.
Nur die Straßenverkehrsbehörde oder ein Gericht können ein rechtlich verpflichtendes Fahrverbot aussprechen!

Allerdings sollten Sie der Empfehlung Ihres Arztes dennoch unbedingt folgen: Denn fährt ein Diabetiker – trotz ärztlicher Bedenken – weiterhin und kommt es dann zu einem von ihm verschuldeten Unfall, dann drohen erhebliche Strafen und Schäden.
In diesem Fall ist nämlich davon auszugehen, dass der Betroffene sich grob fahrlässig verhalten hat – denn wer sich über ärztliche Bedenken einfach hinwegsetzt, der muss damit rechnen, dass aufgrund seines Gesundheitszustandes mit hoher Wahrscheinlichkeit etwas passieren wird.
Die Versicherung wird im Falle eines Unfalls dann meist einen sog. Haftungsregress in Höhe von bis zu 5000 EUR fordern; im schlimmsten Fall kann der Versicherungsschutz sogar ganz entfallen.
Aber selbst wenn es nicht einmal zu einem Unfall kommt:
Wer im Straßenverkehr ein Fahrzeug führt, obwohl er aufgrund seines Gesundheitszustands „nicht in der Lage ist, das Fahrzeug sicher zu führen und dadurch Leib oder Leben eines anderen Menschen oder fremde Sachen von be-

Wer sich über ärztliche Bedenken hinwegsetzt, der muss damit rechnen, dass aufgrund seines Gesundheitszustandes etwas passieren wird.

deutendem Wert (auch nur) gefährdet", begeht einen strafbaren Eingriff in den Straßenverkehr.

Gem. § 315c StGB wird dies mit Freiheitsstrafe bis zu fünf Jahren oder mit Geldstrafe bestraft.

Wenn es zu einem Unfall kommt oder gar Menschen zu Schaden kommen, dann muss der Fahrer mit einer hohen Strafe rechnen; immerhin drohen dann zusätzliche Anklagen wegen Sachbeschädigung, Körperverletzung, fahrläs-

siger Tötung, im Extremfall sogar wegen Totschlags.

In jedem Fall wird das Gericht die Fahrerlaubnis für längere Zeit entziehen (§68

» Wer trotz Abraten des Arztes ein Fahrzeug führt, dem kann sogar eine Gefängnisstrafe drohen.

StGB); mindestens aber ein Fahrverbot aussprechen (§ 44 StGB).

 Welche Regeln muss ich als Diabetiker beim Autofahren beachten?

Folgende Regeln sollten autofahrende Diabetiker immer beherzigen:

- Denken Sie an Ihre Verantwortung gegenüber Ihren Mitmenschen! Sorgen Sie dafür, dass Sie am Steuer nicht in Unterzuckerung geraten!
- Denken Sie daran, dass es in den ersten Wochen nach der Diabetesfeststellung, Diabetesneueinstellung oder Insulinumstellung zu Sehstörungen kommen kann!

Testen Sie vor der Fahrt immer den Blutzucker!

- Testen Sie vor der Fahrt den Blutzucker; bei längeren Fahrten hierfür ausreichende Pausen vorsehen.
- Bei den geringsten Anzeichen einer Unterzuckerung während der Fahrt sofort anhalten und messen bzw. Traubenzucker essen.
- Nach einer festgestellten Unterzuckerung: Erst weiterfahren, wenn eine Kontrollmessung nach einiger Zeit ergeben hat, dass der Blutzucker hinreichend angestiegen ist.
- Halten Sie im Auto immer ausreichende Mengen von Traubenzucker bzw. Cola griffbereit – am besten in der Mittelkonsole.
- Führen Sie immer Obst oder Kekse für Zwischenmahlzeiten und als Notreserve mit.
- Denken Sie daran, dass es durch Alkoholgenuss (z. B. am Vorabend!) zu Unterzuckerungen kommen kann.
- Ansonsten gilt wie auch für Nichtdiabetiker: Fahren Sie defensiv, vermeiden Sie Übermüdung, machen Sie Pausen.

Werde ich für einen Unfall in Unterzuckerung bestraft?

Dies kommt darauf an: Abgesehen von der Beachtung der normalen Sorgfaltspflichten eines Kraftfahrers müssen Sie als Diabetiker – nach besten Kräften – vermeiden, dass es während der Fahrt zu einer Unterzuckerung kommt.
Nur unter folgenden Voraussetzungen können Sie davon ausgehen, bei Unfall-

>> Bei einem Unfall durch Unterzuckerung muss man nachweisen, alle Voraussetzungen zur Vermeidung einer Unterzuckerung erfüllt zu haben, um straffrei zu bleiben.

verursachung durch Unterzuckerung straffrei zu bleiben:
- Es wurde vor Fahrtantritt bzw. in regelmäßigen Pausen der Blutzucker gemessen und dabei ein Wert deutlich oberhalb der Unterzuckerungsgrenze ermittelt.
- Es wurde in hinreichendem Abstand vor Fahrtantritt bzw. während der Fahrt kein Insulin gespritzt und keine blutzuckersenkenden Tabletten genommen.

- Es wurde vor Fahrtantritt bzw. während der Fahrt ausreichend Nahrung zu sich genommen.
- Es wurden keinerlei Anzeichen der Unterzuckerung bemerkt.
- Schwere, plötzliche Unterzuckerungen waren bislang noch nicht aufgetreten.

Wenn auch nur eine dieser Voraussetzungen fraglich ist, müssen Sie mit dem Vorwurf rechnen, die Unterzuckerung fahrlässig oder sogar vorsätzlich herbeigeführt bzw. verursacht zu haben.
Dies führt dann in aller Regel zu einer Verurteilung wegen fahrlässiger Gefährdung des Straßenverkehrs (§ 315c StGB), verbunden mit einem Entzug der Fahrerlaubnis oder einem Fahrverbot.
Gleichzeitig wird auch die Straßenverkehrsbehörde informiert; diese wird dann aufgrund des unsorgfältigen Umgangs mit der Unterzuckerungsgefahr Ihre grundsätzliche Eignung zum Führen eines Kraftfahrzeugs in Zweifel ziehen. Es kann dann sehr schwer werden, die Fahrerlaubnis nach Ablauf der Sperrfrist schnell und ohne hohen Kostenaufwand für Gutachten wiederzuerhalten.

 Ich habe auf der Autobahn den Abstand nicht eingehalten und einen Auffahrunfall verursacht – nun soll ich eine Geldbuße bezahlen sowie Punkte bekommen. Mein Anwalt hat mir jetzt geraten, als Unfallursache einfach eine Unterzuckerung anzugeben – dann müsste ich nichts bezahlen und bekäme keine Punkte. Ist das richtig?

In der Sache hat Ihr Anwalt wahrscheinlich sogar recht – wenngleich Sie natürlich wahrheitsgemäße Angaben

machen müssen. Allerdings sollten Sie dieser fragwürdigen Empfehlung keinesfalls folgen: Sie könnten sich – vielleicht – zwar Geldbuße und Punkte in Flensburg ersparen, setzten dafür aber mit Sicherheit Ihren Führerschein aufs Spiel!

Wenn ein Unfall durch eine schwere Unterzuckerung verursacht wurde, dann kann man in der Tat überlegen, ob man diesen Umstand im Prozess ausnutzen will. Grundsätzlich kann man sich dann nämlich darauf berufen, dass aufgrund der Unterzuckerung ein plötzlicher Bewusstseinsverlust eingetreten war, man also für den Unfall nichts konnte.

In diesem Fall liegt kein strafrechtlich relevantes Verschulden vor und Sie werden wahrscheinlich freigesprochen – und dies auch bei schweren Unfällen mit hohen Schäden, selbst wenn Menschen verletzt oder getötet worden sind.

Es dürfen allerdings keinerlei Anhaltspunkte dafür bestehen, dass die Unterzuckerung vorhersehbar (und damit vermeidbar) war – denn dann wäre der Unfall grob fahrlässig verursacht und somit strafrechtlich relevant.

Gerade bei Unfällen mit Personenschaden oder hohem Sachschaden kommt ein Freispruch daher nur in Frage, wenn man Ihnen kein fahrlässiges Handeln vorwerfen kann, Sie also die Regeln als Kraftfahrer zweifelsfrei erfüllt haben.

Die Sache hat einen Haken: Das Strafgericht wird Sie dann zwar nicht verurteilen, meldet aber der Straßenverkehrsbehörde, dass Sie nicht verkehrstüchtig sind und sich als Gefahr für die Allgemeinheit erwiesen haben. Sie müssen damit rechnen, dass das Landratsamt Ihnen die Fahrerlaubnis entzieht – zumindest solange, bis Sie durch ärztliche Gutachten (wieder) nachweisen, dass Sie geeignet sind, ein KFZ führen zu können. Der Nachweis kann besonders nach Unfällen mit Verletzten sehr schwer oder sogar unmöglich sein.

Gerade bei Menschen, die auf ihr Auto angewiesen sind, kann es daher oft besser sein, im Strafverfahren die Aussage zu verweigern und so gar nicht anzugeben, aus welchem Grund der Unfall passiert ist.

Die Unterzuckerung wird so nicht aktenkundig – das Gericht wird dann zwar zur Überzeugung kommen, dass Sie den Unfall fahrlässig verursacht haben. Sie müssen dann damit rechnen, dass Sie verurteilt werden, den Führerschein abgeben müssen und für die Neuerteilung eine Sperre bekommen. Außerdem werden im Verkehrszentralregister in Flensburg Punkte eingetragen.

Aber: Zumindest weiß dann niemand offiziell von Ihrem Diabetes, und Sie können nach Ablauf der vom Gericht verfügten Sperrfrist den Führerschein neu beantragen.

Wird als Unfallursache eine Unterzuckerung angegeben, ist die Fahrerlaubnis in Gefahr!

Die Behörde hat mir den Führerschein nur unter Auflagen erteilt – ist dies zulässig?

Die Behörde kann Ihnen die Fahrerlaubnis auch nur unter bestimmten Auflagen erteilen bzw. belassen. Solche Auflagen sind aber nur zulässig, wenn sie erforderlich, geeignet, angemessen und zumutbar sind.

Mancherorts machen die Führerscheinstellen den insulinpflichtigen Diabetikern beispielsweise zur Auflage, in regelmäßigen Abständen ärztliche Gutachten

» Ein Rechtsstreit mit der Führerscheinbehörde sollte das allerletzte Mittel sein.

über die optimale Stoffwechseleinstellung und Belege für eine Untersuchung durch den Augenarzt vorzulegen. Andere Bundesländer verlangen die Gutachten nicht oder verzichten auf Kontrollen, wenn über längere Zeit positive Gutachten vorgelegt wurden. Häufig muss auch ein Fahrtenbuch geführt werden oder der Diabetiker muss vor jeder Fahrt den Blutzucker messen.

Es kommt auch vor, dass die Behörde anscheinend willkürlich entscheidet und z. B. in halbjährlichen Abständen Gutachten anfordert, obwohl der Betroffene zwischenzeitlich überhaupt nicht auffällig geworden ist.

In solchen Fällen sollten Sie zunächst mit dem Sachbearbeiter der Behörde sprechen und versuchen, mit diesem eine einvernehmliche Lösung zu erreichen.

Haben Sie damit keinen Erfolg und ist die Auflage für Sie nicht akzeptabel, dann sollten Sie einen spezialisierten Anwalt aufsuchen.

Mit einem (Teil-)Widerspruch bzw. einer (Teil-)Anfechtungsklage kann man dann gegen diese Auflagen vorgehen und einer gegebenenfalls gerichtlichen Überprüfung unterziehen.

Ein Rechtsstreit mit der Führerscheinbehörde sollte aber wirklich das allerletzte Mittel sein – zumal sich auch belastende Auflagen im Einzelfall meist doch als sinnvoll, angemessen, verhältnismäßig und zumutbar erweisen – und dann selbstverständlich auch nicht zu beanstanden sind.

 Ich habe nach einem Unfall in Unterzuckerung meinen Führerschein nur mit der Auflage wiedererhalten, halbjährlich den HbA$_{1c}$-Wert bestimmen zu lassen und der Behörde vorzulegen. Ist das rechtens?

Grundsätzlich kann die Führerscheinbehörde die (Wieder-)Erteilung der Fahrerlaubnis an bestimmte Auflagen knüpfen. Diese müssen allerdings geeignet, erforderlich, angemessen und dürfen nicht unverhältnismäßig sein.

Im Falle Ihrer Auflage fehlt es schon an der „Geeignetheit". Der HbA$_{1c}$-Wert ist lediglich ein Langzeitwert, der nichts darüber aussagt, ob und wie häufig Sie in Unterzuckerung geraten. Oder anders formuliert: Auch (oder gerade) mit sehr gutem HbA$_{1c}$-Wert können sehr starke Hypos auftreten, während ein schlechter Wert ebenfalls keinen Rückschluss auf Unterzuckerungen gibt. Ungeachtet dessen ist die regelmäßige Überprüfung des HbA$_{1c}$-Wertes für Diabetiker empfehlenswert und wird – zumindest bei Typ 1 – von der Krankenkasse problemlos übernommen. Rein rechtlich würde die Auflage daher wohl vor Gericht keinen Bestand haben – allerdings sollten Sie sich gut überlegen, ob sich ein Streit mit der Behörde lohnt: Immerhin könnte auch drohen, dass stattdessen eine zwar zulässige, aber für Sie belastendere Auflage angeordnet wird, beispielsweise die Beibringung medizinischer Gutachten (auf eigene Kosten).

Wie soll ich mich bei einem Verkehrsunfall in Unterzuckerung verhalten?

Bei einem Verkehrsunfall ist es wichtig, dass Sie möglichst einen kühlen Kopf bewahren. Insbesondere im ersten

Unfallschock kann man oft nicht klar denken und macht vielleicht Angaben, durch die man später Nachteile hat. Versuchen Sie, nach einem Unfall an diese Tipps zu denken:

- Geben Sie am Unfallort nur Ihre Personalien an. Weitere Fragen müssen Sie nicht beantworten. Auch über Krankheiten, Unfallhergang etc. müssen Sie keine Auskunft geben.
- Schärfen Sie dem Notarzt bzw. Sanitätern unbedingt ein, dass die ärztliche Schweigepflicht beachtet wird und der Polizei gegenüber nichts über Ihre Unterzuckerung zum Zeitpunkt des Unfalls mitgeteilt wird.
- Wenn Sie gefragt werden, warum Sie bewusstlos geworden sind, geben Sie keinesfalls zu, dass Sie deswegen in Ohnmacht gefallen sind, weil Sie eine Unterzuckerung hatten.
- Wenn Sie Angaben machen wollen: Sagen Sie die Wahrheit. Vermeiden Sie aber möglichst, Ihren Diabetes zu erwähnen.
- Ein Aufkleber oder Ausweis „Ich bin Diabetiker" kann mehr Probleme als Nutzen schaffen – ein Notarzt wird die Unterzuckerung auch so feststellen.
- Sprechen Sie – besonders nach schweren Unfällen – so schnell wie möglich mit Ihrem Anwalt. Wenn Sie keinen Rechtsanwalt kennen, hilft Ihnen die Anwaltskammer weiter.

Schärfen Sie dem Notarzt bzw. Sanitätern unbedingt ein, dass die ärztliche Schweigepflicht beachtet wird und der Polizei die Unterzuckerung zum Zeitpunkt des Unfalls nicht mitgeteilt wird.

? Ab wie vielen Punkten in Flensburg darf ich nicht mehr fahren? Kann ich die Punkte irgendwie wegbekommen?

Verstöße im Straßenverkehr werden – neben einem Bußgeld oder einer Strafe und einem eventuellen Fahrverbot bzw. einer Entziehung der Fahrerlaubnis – mit bis zu 7 Punkten im Verkehrszentralregister in Flensburg geahndet. Ab 8 Punkten spricht die Verwaltungsbehör-

Tilgungsfristen

Solange Sie im Besitz der Fahrerlaubnis sind, werden Punkte für Eintragungen wegen einer Verkehrsordnungswidrigkeit (Ausnahme von Alkohol- und Drogentaten) nach 2 Jahren gelöscht – allerdings nur, wenn in der Zwischenzeit keine weiteren Punkte hinzugekommen sind. Sind Punkte hinzugekommen, erfolgt eine Tilgung spätestens nach 5 Jahren.

de eine schriftliche, gebührenpflichtige Verwarnung aus. Zugleich erhalten Sie einen Hinweis auf die Möglichkeit der freiwilligen Teilnahme an einem sogenannten Aufbauseminar. Wer weniger als 9 Punkte hat, kann bei erfolgreicher Teilnahme an einem solchen Aufbauseminar 4 Punkte abbauen; bei einem Stand von 9 bis 13 Punkten werden 2 Punkte abgezogen. Allerdings kann man an einem solchen Aufbauseminar nur einmal innerhalb von 5 Jahren teilnehmen.

Bei Erreichen von 14 Punkten werden Sie gebührenpflichtig aufgefordert, an einem Aufbauseminar teilzunehmen. Die Teilnahme muss innerhalb einer angemessenen Frist erfolgen; einen Punkterabatt gibt es hierfür nicht mehr.

Kommen Sie der Anordnung zur Teilnahme an einem Aufbauseminar nicht nach, so muss die Verwaltungsbehörde

die Fahrerlaubnis entziehen – den Führerschein können Sie dann frühestens wieder nach 6 Monaten und nach bestandener medizinisch-psychologischer Untersuchung (MPU) erhalten.

Sofern Sie innerhalb der letzten 5 Jahre bereits an einem Aufbauseminar teilgenommen haben, so werden Sie lediglich nochmals schriftlich verwarnt. Die Straßenverkehrsbehörde muss im Übrigen auch auf die Möglichkeit der Teilnahme an einer verkehrspsychologischen Beratung hinweisen.

Für die Teilnahme wird ein Punkterabatt von 2 Punkten gewährt, wenn man zuvor an einem Aufbauseminar teilgenommen hat. Wenn Sie 18 Punkte erreicht haben, so wird vermutet, dass Sie zum Führen eines Kraftfahrzeuges nicht mehr geeignet sind, und es wird Ihnen die Fahrerlaubnis entzogen. Eine Neuerteilung kann frühestens nach 6 Monaten und nach bestandener MPU erfolgen.

Durch die Teilnahme an einem Aufbauseminar bzw. einer verkehrspsychologischen Beratung können Sie also insgesamt bis zu 6 Punkte „wegbekommen" – ansonsten müssen Sie die gesetzlichen Tilgungsfristen abwarten.

Bei Erreichen von 14 Punkten werden Sie gebührenpflichtig aufgefordert, an einem Aufbauseminar teilzunehmen.

Was bringt der neue EU-Führerschein an Änderungen mit sich?

Seit Januar 2007 ist die neue EU-Führerscheinrichtlinie gültig.

Viele Diabetiker sind seither – meines Erachtens aber zu Unrecht – darüber besorgt, dass sie womöglich in Zukunft mit Schwierigkeiten oder Gesundheitschecks rechnen müssen.

Innerhalb der EU sind bislang die Voraussetzungen zum Erwerb der Fahrerlaubnis unterschiedlich geregelt; vor allem in manchen osteuropäischen Ländern werden deutlich geringe Anforderungen an den Führerscheinbewerber gestellt als in Deutschland. Dies hat dazu geführt, dass Personen, die hier – beispielsweise nach einer Trunkenheitsfahrt – den Führerschein abgeben mussten, dann im europäischen Ausland wieder relativ einfach, ohne die hierzulande vorgeschriebene medizinisch-psychologische Untersuchung (MPU), eine neue Fahrerlaubnis erwerben konnten.

Zahlreiche Anbieter offerieren daher für knapp 1 400 EUR die Möglichkeit, beispielsweise in Wochenendkursen in Polen oder Tschechien den Führerschein zu machen – dies führte dazu, dass viele Fahrer auf den Straßen unterwegs sind, die in Deutschland aufgrund ihrer gesundheitlichen oder psychischen Probleme eigentlich kaum mehr (so schnell) wieder eine Fahrerlaubnis erhalten hätten.

Nach einem Urteil des Europäischen Gerichtshofs (Urteil vom 29.4.2004, Aktenzeichen: C-476 /01) muss die in einem anderen EU-Land regulär erworbene Fahrerlaubnis von allen anderen Mitgliedsstaaten anerkannt werden. Bislang hatten die deutschen Behörden

daher kaum effektive Möglichkeiten, um diese im Ausland „erschlichenen" Führerscheine einziehen zu können. Nach Inkrafttreten der neuen EU-Richtlinie zum EU-Führerschein wird dieses Schlupfloch nun geschlossen sein, denn dort heißt es: „Ein Mitgliedstaat lehnt die Anerkennung der Gültigkeit eines Führerscheins ab, der von einem

» Ein entzogener Führerschein, der danach wieder in einem anderen Land gemacht wurde, ist in Zukunft ungültig.

anderen Mitgliedstaat einer Person ausgestellt wurde, deren Führerschein in seinem Hoheitsgebiet entzogen ist."

Vereinheitlichung dringend notwendig
In der EU gibt es derzeit mehr als 110 verschiedene Führerschein-Formulare: Angefangen beim alten grauen „Lappen" bis hin zur neuen Führerscheinkarte sind allein in Deutschland sechs verschiedene Ausweistypen in Verwendung. Bei Kontrollen im Ausland konnte dies vielmals zu lästigen Nachfragen und Zeitverzögerungen führen; auch haben veraltete Lichtbilder oftmals zu Problemen bei Polizeikontrollen geführt. Schließlich waren vor allem die älteren Ausweistypen alles andere als fälschungssicher.

Der neue EU-Führerschein bringt hier eine Vereinheitlichung; durch die künftig einheitlichen Dokumente und die verbesserten Sicherheitsmerkmale werden auch Führerscheinfälschungen deutlich erschwert. Der neue EU-Führerschein wird nur noch jeweils 15 Jahre gültig sein und muss dann verlängert werden. In anderen EU-Ländern ist die Verlängerung alle 10 Jahre vorgeschrieben.

Führerschein: Verlängerung ohne Gesundheitsprüfung!

Ursprünglich war für die Verlängerung auch eine Gesundheitsprüfung bzw. sogar eine neue Fahrprüfung vorgesehen

» Für LKW-/Busfahrer ist der Führerschein auf fünf Jahre befristet; bei Verlängerung ist eine Gesundheitsuntersuchung notwendig.

– dies wurde dann aber auf Druck der deutschen Bundesregierung doch verhindert: Nun soll für eine Verlängerung lediglich ein neues Lichtbild erforderlich sein. Für Auto- und Motorradfahrer werden also keine Prüfungen oder Gesundheitschecks fällig.

Anderes gilt aber für LKW- und Busfahrer: Die EU-Führerscheine für diese Fahrerlaubnisklassen werden künftig auf fünf Jahre befristet sein; bei einer Verlängerung wird eine Gesundheitsuntersuchung notwendig.

Was ändert sich außerdem?

Mit Inkrafttreten der Richtlinie wird von Fahrlehrern nun EU-weit eine Mindestqualifikation gefordert werden. Neu eingeführt wird auch ein EU-weiter Mopedführerschein. Änderungen ergeben sich schließlich auch beim zweistufigen Motorradführerschein: Die PS-Begrenzung in der ersten Stufe

Ab wann gelten die neuen Regelungen?

Die EU-Mitgliedstaaten haben bis Januar 2013 Zeit, diese Regelungen in natio-

nales Recht umzusetzen. Anschließend ist eine Übergangsfrist von 20 Jahren vorgesehen, in der die jetzigen Führerscheine weiter gültig sind.

Unter Berücksichtigung der noch ausstehenden Beratungen im EU-Parlament und der dann erforderlichen Umsetzungsfristen werden die neuen EU-Führerscheine also voraussichtlich erstmals ab 2012 ausgegeben. Vorhandene Führerscheine müssen daher frühestens in knapp 26 Jahren zwingend umgetauscht werden.

Zusammenfassend betrachtet bringen die neuen Regelungen für Diabetiker oder andere chronisch Kranke in den meisten Fällen keine Einschränkungen mit sich. Für PKW- und Motorradfahrer ergeben sich keine Änderungen – abgesehen vom Umtausch des Ausweisdokuments in eher ferner Zukunft. Bei LKW- und Busfahrern könnte die künftig im Abstand von 5 Jahren anstehende Gesundheitsprüfung vielleicht problematisch werden, allerdings muss dort auch nur derjenige mit Schwierigkeiten rechnen, dessen Kraftfahreignung aus medizinischer Sicht ohnehin im Zweifel steht.

Dank der neuen EU-Richtlinien werden dringend notwendige Vereinheitlichungen in Kraft treten.

Diabetes & Verkehrsmedizin

Im vorherigen Abschnitt haben Sie erfahren, dass grundsätzlich auch Diabetiker die Fahrerlaubnis erhalten können. Allerdings muss der Betreffende zum Führen von Fahrzeugen geeignet sein – wenn die Behörde hier Zweifel hat, so kann die Fahreignung regelmäßig nur durch ein verkehrsmedizinisches Gutachten nachgewiesen werden.

In diesem Kapitel gibt Ihnen Dr. Hermann Finck, Diabetologe DDG und Facharzt für Innere Medizin, der zugleich über die Qualifikation als Verkehrsmediziner verfügt, wichtige Tipps aus seiner langjährigen Erfahrung als Gutachter.

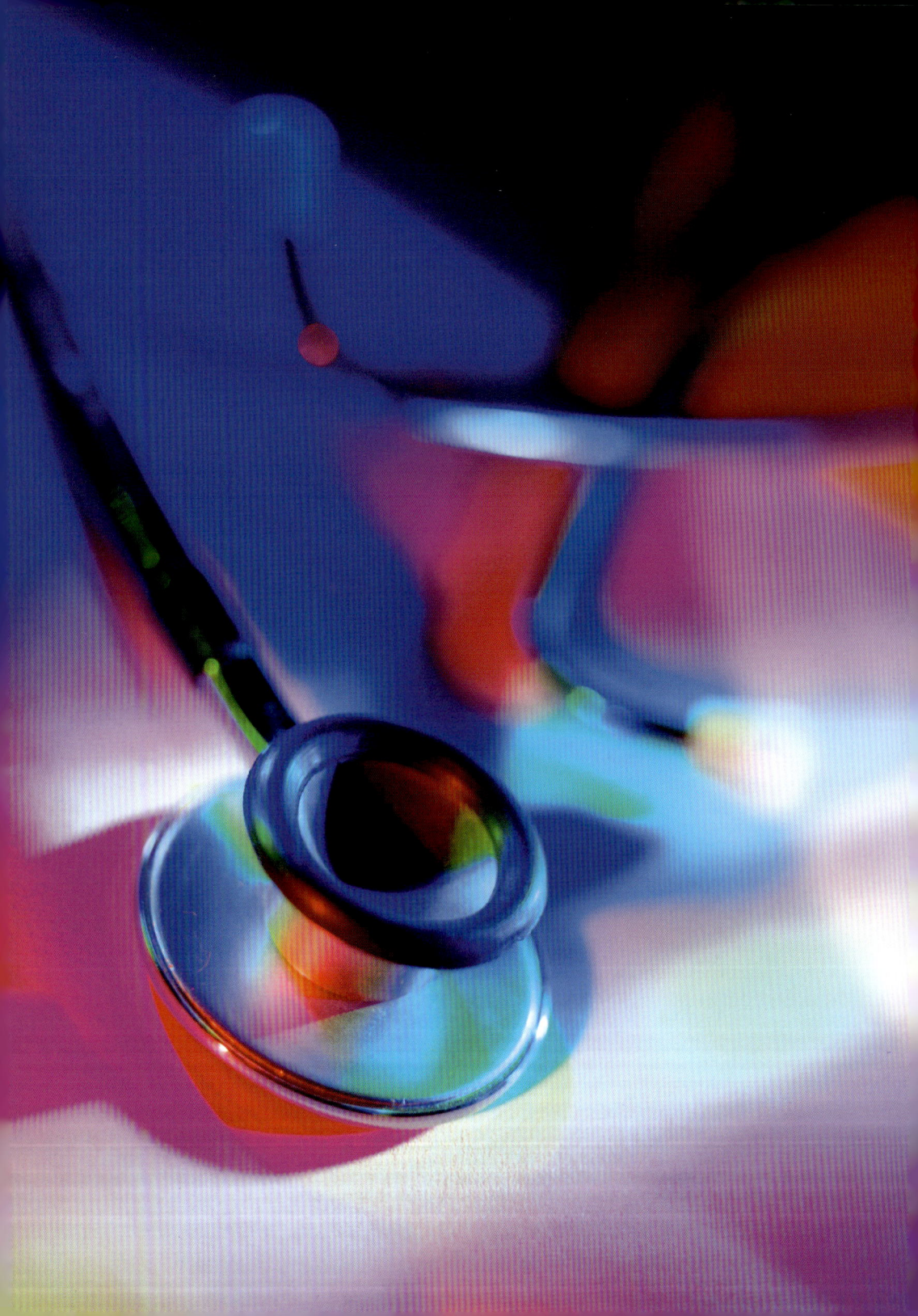

Diabetes & **Verkehrsmedizin** | Inhalt

Welchen Einfluss hat der Diabetes mellitus auf die Fahrtauglichkeit und auf die Kraftfahrereignung?

Beim Diabetes mellitus können sowohl therapiebedingte Nebenwirkungen als auch krankheitsbedingte Komplikationen zu einer Beeinträchtigung der Fahrtauglichkeit bis hin zur Fahruntauglichkeit bzw. gänzlichen Ungeeignetheit führen.

Dies kann beispielsweise der Fall sein durch

- schwere akute Stoffwechselentgleisungen
- eine labile Stoffwechsellage
- Hypoglykämien (Unterzuckerungen), insbesondere solche mit Wahrnehmungsstörungen
- Hyperglykämien (zu hohe Blutzuckerwerte) mit Minderung der Aufmerksamkeit sowie verminderter Konzentrations- und Reaktionsfähigkeit
- diabetische Neuropathie
- diabetische Nephropathie
- diabetische Retinopathie

Generell sind Diabetiker, die keine Krankheitszeichen zeigen bzw. solche erwarten lassen, zum Führen von Kraftfahrzeugen geeignet – also der größte Teil aller Diabetiker. Die Voraussetzungen zum sicheren Führen von Kraftfahrzeugen können jedoch eingeschränkt oder ausgeschlossen sein, wenn durch unzureichende Behandlung, durch Nebenwirkungen der Behandlung oder durch Komplikationen der Erkrankung verkehrsgefährdende Gesundheitsstörungen bestehen oder zu erwarten sind, welche die Fahrtauglichkeit oder auch die Eignung zum sicheren Führen von Kraftfahrzeugen einschränken können. Es muss daher immer im Einzelfall geprüft werden, ob die Mindestanforderungen zum Führen von Kraftfahrzeugen erfüllt werden.

Im Vergleich zu vielen anderen Krankheiten und krankheitsbedingten Fahrtauglichkeitseinschränkungen können beim Diabetes diese Einschränkungen jedoch vielfach durch geeignete Maßnahmen kompensiert werden. Hierbei liegt es in der Verantwortung des Verkehrsteilnehmers, durch geeignete Vorsorgemaßnahmen einer potentiellen Straßenverkehrsgefährdung entgegenzuwirken.

Die folgenden Beispiele veranschaulichen die im Zusammenhang mit Diabetes auftretenden Fahrtauglichkeitseinschränkungen:

Fallbeispiel 1:
Eine 18-jährige junge Frau mit Typ-1-Diabetes verursacht einen Verkehrsunfall infolge einer Unterzuckerung, nachdem sie nach morgendlichem Aufstehen, BZ-Testen und Morgeninsulininjektion in der Zeit des Spritz-Ess-Abstandes zu ihrer nur wenige Kilometer entfernt wohnenden Großmutter fährt, um ge-

Eine beim Unfall festgestellte Unterzuckerung gibt die Polizei sofort der Führerscheinstelle weiter.

meinsam mit ihr zu frühstücken. Auf dem Wege dorthin verursacht sie einen Unfall mit Sachschaden und der von der Polizei herbeigerufene Notarzt stellt eine Unterzuckerung fest.

Daraufhin erfolgt automatisch eine Meldung der Polizei an die Führerscheinstelle zur Klärung der Frage der weiteren Fahrtauglichkeit. Die Verkehrsbehörde fordert nun von der Fahrerin die Beibringung eines ärztlichen Gutachtens an, welches von einem Facharzt mit verkehrsmedizinischer Qualifikation – hier ein Facharzt für Innere Medizin oder Diabetologe – erstellt werden soll.

Der begutachtende Facharzt stellt ein Wissens- und Schulungsdefizit bei der jungen Frau fest und sieht die weitere Fahrtauglichkeit daher nur als bedingt gegeben an. Als Auflagen schlägt er vor, eine Schulung/Nachschulung, insbesondere zur Entstehung, Erkennung und Vermeidung von Unterzuckerungen, zu veranlassen und regelmäßige Blutzuckerselbstkontrollen jeweils auch vor Fahrtantritt durchzuführen. Die Verkehrsbehörde (Führerscheinstelle) wird dem Vorschlag des Gutachters meist folgen und die empfohlenen Maßnahmen anordnen. Die Behörde prüft in der Folgezeit die Einhaltung der Auflagen und benennt Fristen beispielsweise für Nachuntersuchungen.

Fallbeispiel 2:

Eine 36-Jährige, seit 18 Jahren Diabetes Typ 1, fällt auf der Heimfahrt nach Beerdigung der Großmutter auf der Autobahn durch sprunghaft wechselnde und unkonzentrierte Fahrweise auf und wird von der Polizei angehalten.

Nach einem Alkoholtest wird – nach ihrem Hinweis auf einen Diabetes – durch den herbeigerufenen Notarzt eine er-

Sprunghaft wechselnde und unkonzentrierte Fahrweise führte dazu, dass eine 36-jährige Diabetikerin von der Polizei angehalten wurde.

hebliche Unterzuckerung festgestellt. Aufgrund dieser Situation ergeben sich generelle Zweifel an der weiteren Fahrtauglichkeit – die Polizei veranlasst daher eine Meldung an die Führerscheinstelle mit Hinweis auf den Diabetes und die Unterzuckerung. Die Behörde fordert nun ein Gutachten an, welches deutlich macht, dass es bei der Patientin einen erheblichen Nachschulungsbedarf gibt. Darüber hinaus hatte die 36-Jährige

» Die Führerscheinstelle wird dem Vorschlag des Gutachters meist folgen und die empfohlenen Maßnahmen anordnen.

schon seit längerer Zeit eine schlechtere Erkennung ihrer Unterzuckerungen bemerkt und auch am Arbeitsplatz infolge mehrerer schwerer Hypoglykämien einige Probleme mit kritischer Mahnung ihres Arbeitgebers. Sie selbst hatte bereits einen Handlungsbedarf zur Beseitigung der Hypoglykämie-Problematik erkannt, aber sie war bislang nicht initiativ tätig geworden.

Die Auffälligkeit im Straßenverkehr gab damit den Anstoß für eine Neueinstellung, die stationär durchgeführt wurde und auch mit intensiver Schulung einherging. Während des Klinikaufenthaltes konnte auch ein Hypoglykämie-Wahrnehmungstraining durchgeführt werden, um die Unterzuckerungen besser zu erkennen und konsequenter behandeln zu können.

Damit waren die Auflagen, die der ärztliche Gutachter vorgeschlagen hatte, erfüllt, nämlich die Diabetes-Neueinstellung mit intensiver Nachschulung und das Unterzuckerungswahrnehmungs-

» Die Behörde prüft in Abständen die Einhaltung der Auflagen und benennt Fristen für Nachuntersuchungen.

training. Auch in Zukunft wird die junge Frau vermehrte Blutzuckerselbstkontrollen durchführen und dokumentieren, und zwar sowohl am Arbeitsplatz als auch jeweils vor Antritt jeder längeren Fahrt.

Die Durchführung regelmäßiger Blutzuckerselbstkontrollen wird als Auflage im Zusammenhang mit der Fahrerlaubnis gemäß § 3 FeV (Fahrerlaubnisverordnung) auch weiterhin auferlegt werden, weil es der Fahrtauglichkeit dient und das sichere Führen von Kraftfahrzeugen bei

Auffahrunfälle aufgrund einer Unterzuckerung können schwere Folgen haben.

regelmäßigen Blutzuckerselbstkontrollen eher gewährleistet ist.

Fallbeispiel 3:

Der 56-jährige O. H., seit 15 Jahren Typ-2-Diabetes, wurde von Sulfonylharnstoff-Tabletten auf Insulin umgestellt.

Auf dem Heimweg vom Praxisbesuch übersieht er eine rote Ampel und verursacht einen Auffahrunfall. Der zu Hilfe gerufene Notarzt stellt eine Unterzuckerung bei dem Patienten fest. Eine Unterzuckerung hatte er bisher nicht gekannt und auch noch nie in seinem Leben eine solche gehabt. Der herbeigerufenen Polizei berichtet der Unfallverursacher von seinem Diabetes sowie auch von der Therapieumstellung und gibt dabei an, einen solchen Zustand noch nie erlebt zu haben. Tatsächlich wurde der Patient bislang noch nie im Umgang mit Unterzuckerungen geschult und auch über die damit verbundenen Risiken im Straßenverkehr nicht aufgeklärt.

Nun erfolgt eine polizeiliche Meldung an die Führerscheinstelle, die Zweifel an der weiteren Fahrtauglichkeit zum Ausdruck bringt. Die Verkehrsbehörde legt dem Betroffenen die Beibringung eines verkehrsmedizinischen Gutachtens auf, in dem auch zur Frage der Wiederherstellung der Fahrtauglichkeit Stellung zu nehmen ist.

Der begutachtende Diabetologe kommt zu dem Schluss, dass die weitere Fahrtauglichkeit (nur) bedingt gegeben ist. Die Fahrerlaubnis kann nur dann belassen werden, wenn der Betroffene eine Schulung wahrnimmt, insbesondere auch im Hinblick auf die Hypoglykämie-Erkennung und regelmäßige Blutzuckerselbstkontrollen, besonders vor Fahrtantritt, sowie regelmäßige ärztliche Stoffwechselkontrollen und -untersuchungen.

Fallbeispiel 4:

Der 58-jährige Busfahrer W.K. berichtet bei der amtsärztlichen Begutachtung über einen seit 13 Jahren bestehenden Diabetes Typ 2, der mit Sulfonylharnstoffen behandelt derzeit einen HbA_{1c}-Wert von 5,3 % aufweist. Bei Erhebung der Anamnese wird festgestellt, dass der „scheinbar gute" HbA_{1c}-Wert unter Inkaufnahme von Hypoglykämien zustande kam. Die Fahrtauglichkeit ist daher sehr eingeschränkt, so dass die Fahrerlaubnis allenfalls unter Auflagen zu be-

lassen wäre. Der begutachtende Diabetologe schlägt als Auflage eine stationäre Neueinstellung mit Teilnahme an einem Hypoglykämie-Wahrnehmungstraining vor.

In den geschilderten Fallbeispielen ist von den Betroffenen der wichtige Grundsatz der Vorsorge nicht ausreichend bedacht worden, so dass es im einen Fall zum Unfall und im anderen Fall zur Auffälligkeit im Straßenverkehr und zur Straßenverkehrsgefährdung kam.

Was sagt die Unfallstatistik über Verkehrsteilnehmer mit Diabetes aus?

Aus Unfallstatistiken lässt sich entnehmen, dass Diabetiker – im Vergleich zu stoffwechselgesunden Verkehrsteilnehmern – wohl grundsätzlich nicht häufiger Verkehrsunfälle verursachen.
Andererseits zeigt sich aber auch, dass bei den Unfällen, bei denen die Diabetes-Erkrankung eine Rolle spielte, überwiegend Hypoglykämien, aber auch Hyperglykämien als Unfallursache festzustellen sind.

Was beinhaltet ein verkehrsmedizinisches Gutachten?

Bei Zweifeln an der Fahrtauglichkeit von Verkehrsteilnehmern bzw. an der Eignung zum Führen von Kraftfahrzeugen sowie auch bei Auffälligkeiten im Straßenverkehr wird die Fahrerlaubnisbehörde die Beibringung eines ärztlichen Gutachtens gemäß § 11 FeV anordnen, für das der Betroffene die Kosten zu

tragen hat. Bei dieser verkehrsmedizinischen Begutachtung sind die sog. „Begutachtungs-Leitlinien zur Kraftfahrereignung" zu berücksichtigen, in denen zur Zuckerkrankheit die folgenden Leitsätze erarbeitet worden sind:
• Wer als Diabetiker zu schweren Stoffwechselentgleisungen mit Hypoglyk-

ämien (Blutzuckererniedrigung unter den Normalbereich) mit Kontrollverlust, Verhaltensstörungen oder Bewusstseinsbeeinträchtigungen oder Hyperglykämien (Blutzuckererhöhung über den Normalbereich) mit ausgeprägten Symptomen wie z. B. Schwäche, Übelkeit, Erbrechen oder Bewusstseinsbeeinträchtigungen neigt, ist nicht in der Lage, den gestellten Anforderungen zum Führen von Kraftfahrzeugen beider Gruppen gerecht zu werden.

- Wer nach einer Stoffwechseldekompensation erstmals oder wer überhaupt neu eingestellt wird, ist so lange nicht in der Lage, den gestellten Anforderungen zum Führen von Kraftfahrzeu-

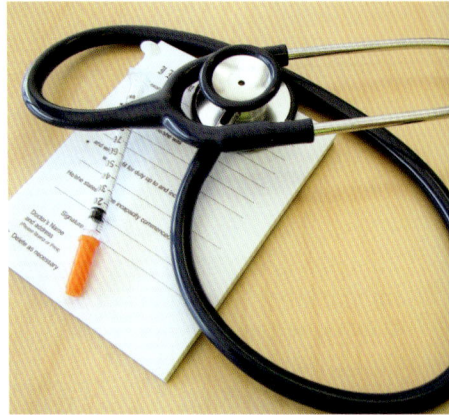

» Wer als Diabetiker mit Insulin behandelt wird, muss neben regelmäßigen ärztlichen Kontrollen Nachbegutachtungen in bestimmten Abständen vorweisen.

gen aller Klassen gerecht zu werden, bis die Einstellphase durch Erreichen einer ausgeglichenen Stoffwechsellage (inkl. der Normalisierung des Sehvermögens) abgeschlossen ist.

- Bei ausgeglichener Stoffwechsellage sind im Umgang mit der Erkrankung informierte Diabetiker, die mit Diät, oralen Antidiabetika oder mit Insulin behandelt werden, in der Lage, Kraftfahrzeuge der Klassen A, A1, B, BE und M, L, T sicher zu führen.
- Wer als Diabetiker mit Insulin behandelt wird, ist in der Regel nicht in der Lage, den gestellten Anforderungen

zum Führen von Kraftfahrzeugen der Klassen C, CE, D, DE, D1, D1E und von Fahrzeugen zur Fahrgastbeförderung (Taxi) gerecht zu werden. Ausnahmen sind möglich, setzen aber außergewöhnliche Umstände voraus, die in einem ausführlichen Gutachten im Einzelnen zu beschreiben sind. Neben regelmäßigen ärztlichen Kontrollen sind Nachbegutachtungen im Abstand von höchstens 2 Jahren erforderlich.

- Diabetiker, die mit oralen Antidiabetika vom Sulfonylharnstofftyp behandelt werden, sind in der Lage, den gestellten Anforderungen zum Führen von Kraftfahrzeugen der Klassen C, CE, C1, C1E, D, DE, D1, D1E und von Fahrzeugen zur Fahrgastbeförderung gerecht zu werden, wenn vor der Genehmigung eine gute Stoffwechselführung ohne Hypoglykämien über etwa 3 Monate vorlag. Nachbegutachtungen sind im Abstand von höchstens 3 Jahren erforderlich.

Diabetes & Kinder

Eltern diabetischer Kinder sind mit einer Vielzahl von Problemen konfrontiert. Neben den gesundheitlichen Auswirkungen kann es auch in sozialer Hinsicht – beispielsweise im Kindergarten oder in der Schule – zu Schwierigkeiten kommen.

In diesem Abschnitt geben wir Antworten auf häufige Fragen.

Diabetes & Kinder | Inhalt

Kann mein Kind trotz Diabetes eine normale Schule besuchen?

Kinder im Grundschulalter sind meist noch nicht in der Lage, allein den Blutzucker zu bestimmen oder die „richtige" Insulindosis zu berechnen: Für Eltern eines diabetischen Kindes beginnt die Aufregung daher bereits weit vor dem ersten Schultag.

» Diabetische Schulkinder müssen grundsätzlich auch in der Lage sein, weitgehend selbständig mit der Krankheit umzugehen.

Eine der quälendsten Fragen ist dabei, ob das Kind denn eine „normale" Schule besuchen kann.

Normale Schule möglich?
Um in eine allgemeine Schule aufgenommen zu werden, muss das Kind „schulfähig" sein. Schulfähig ist ein Kind, wenn es alle mit dem Schulbesuch verbundenen Anforderungen bewältigen kann; das umfasst einerseits die geistigen Fähigkeiten, andererseits aber auch gewisse Verhaltensanforderungen. So muss es sich beispielsweise in die Klasse einfügen und lernen, eigene Bedürfnisse zurückzustellen. Auch körperlich bringt die Schule einige Anforderungen mit sich: Das Kind muss stillsitzen, aufmerksam sein und zuhören. Es muss lernen, mit der Klassengemeinschaft zu leben und mit Verhaltensweisen von Lehrern oder Mitschülern zurechtzukommen, die es unter Umständen als ungerecht empfindet. Neben diesen grundlegenden Voraussetzungen der Schulfähigkeit müssen diabetische Kinder aber grundsätzlich auch in der Lage sein, weitgehend selbständig mit der Krankheit umzugehen – beispielsweise den Blutzucker selbst zu bestimmen. Sofern dies (noch) nicht der Fall ist, müssen grundsätzlich die Eltern gewährleisten, dass eine hinreichende medizinische Betreuung und Kontrolle erfolgt, beispielsweise dadurch, dass ein Elternteil in einer Pause in die Schule kommt, den Blutzucker misst und bei Bedarf Insulin spritzt.

Die Schulleitung bestimmt
Vor der Einschulung wird das Kind regelmäßig schulärztlich untersucht. Mit dieser Untersuchung werden der Entwicklungsstand, die Schulfähigkeit, die Leistungsfähigkeit und Belastbarkeit festgestellt. Sie dient auch der Erkennung von Gesundheitsschwächen oder -schäden. Wenn im schulärztlichen Gutachten erhebliche Bedenken gegen die Einschulung geltend gemacht werden, so kann die Schulleitung ein schulpflichtiges Kind vor der Einschulung für ein Jahr vom Schulbesuch zurückstellen. Wird festgestellt, dass das Kind nicht schulfähig ist, dann kann die Schulleitung die Aufnahme endgültig verwei-

gern; im Zweifel bleibt dann nur ein Besuch der Sonderschule. Verfallen Sie angesichts dieser etwas nüchternen Ausführungen aber nicht in Panik: Nur in den seltensten Fällen werden Kinder mit Diabetes als nicht schulfähig angesehen.

Während die Einschulung von diabetischen Kindern eher selten Probleme bereitet, können später im Schulalltag jedoch erhebliche Schwierigkeiten auftreten. Das Kind muss um Menge und Intervalle der Nahrungsaufnahme wissen; die Lehrer müssen die Möglichkeit

zum Essen einräumen und auch gewappnet sein, wenn beispielsweise das Pausenbrot vergessen wurde. Lehrkräfte

> **Wichtig** Auf Antrag kann die Schulreifeuntersuchung auch von einer Kinderarztpraxis vorgenommen werden; allerdings muss diese Untersuchung privat bezahlt werden.

und Mitschüler sollten daher informiert und in die Lage versetzt werden, Unterzuckerungssymptome rechtzeitig zu erkennen und darauf richtig zu reagieren.

? Kann ich verlangen, dass Kindergartenpersonal bzw. Lehrer bei meinem Kind auch Blutzuckermessungen durchführen oder Insulin spritzen?

Nein! Oftmals wird von Eltern – mitunter auch recht massiv fordernd – verlangt, dass die Lehrer beim Kind den Blutzu-

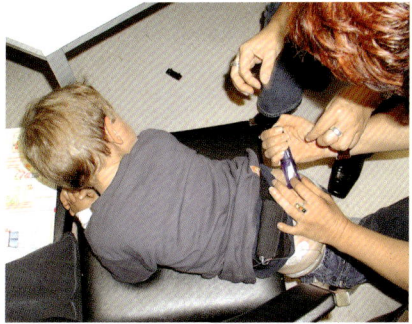

cker messen oder gar Insulin dosieren und spritzen sollen.

Medizinisch indizierte Maßnahmen (wie beispielsweise das Setzen von Spritzen) dürfen Lehrer jedoch nicht vornehmen: Dafür ist eine fachliche Ausbildung nötig! Auch Medikamente dürfen Lehrer allenfalls dann ausgeben, wenn ein

schriftlicher Auftrag der Eltern sowie ein detailliertes ärztliches Rezept vorliegen. In allen diesen Fällen gilt: Kein Lehrer kann dazu verpflichtet werden! Andererseits ist der Lehrer aber – wie grundsätzlich jedermann – zur Leistung von Erster Hilfe im Notfall verpflichtet; dazu zählt selbstverständlich auch die Verabreichung von Traubenzucker im Falle einer Unterzuckerung.

Um es also nochmals klar zu sagen: Die Lehrer sind nicht verpflichtet, über eine ausnahmsweise Notfallhilfe hinaus medizinische Versorgungsleistungen zu erbringen. Wird es wie in vielen Fällen dennoch gemacht, so ist dies ein Entgegenkommen der Lehrkräfte, welches Sie zu schätzen wissen sollten.

Viele Eltern bedenken auch nicht, dass den Lehrer möglicherweise ein erhebliches Haftungsrisiko trifft: Wird beispielsweise vom Lehrer Insulin gespritzt, das Kind gerät dadurch in eine schwere

Das Kindergartenpersonal ist nicht verpflichtet, medizinische Versorgungsleistungen zu erbringen. Wird es dennoch gemacht, so ist dies ein Entgegenkommen.

Hypo und erleidet einen bleibenden Schaden, so wird er ohne Zweifel von den Eltern in Verantwortung genommen

» Trotz der schriftlichen Einwilligung der Eltern unterliegt der Lehrer einem erheblichen Haftungsrisiko.

werden – auch wenn diese zuvor ihre Einwilligung erteilt haben.
Ein Gericht würde mit hoher Wahrscheinlichkeit zum Schluss kommen, dass der Lehrer hier eine unzulässige

und pflichtwidrige medizinische Behandlung vorgenommen hat, obwohl er doch wusste, dass er hierfür nicht hinreichend ausgebildet war. Er könnte sich dabei dann nicht einmal auf eine Notfallsituation berufen, denn eine solche liegt im Rahmen einer „normalen" Insulingabe eben gerade nicht vor. Selbst wenn zuvor ein exorbitant hoher, hyperglykämischer Blutzuckerwert gemessen wurde: Auch und gerade hier hätte der Lehrer einen Arzt bzw. die Eltern hinzuziehen müssen, bevor er die Werte „herunterspritzt".

 Darf mein Kind trotz Diabetes am Ausflug bzw. dem Schullandheim teilnehmen?

Bei Schullandheimaufenthalten und Tagesausflügen stellt sich das Problem des Testens bzw. der Wahrnehmung und Reaktion auf Unterzuckerungen, aber auch des Insulinmangelausgleichs; im Ausnahmefall kann auch eine Glukagongabe durch Spritzen erforderlich sein.

Wichtig Meist hilft ein vorheriges, offenes Gespräch mit dem Lehrer, in dem Sie diesem die Angst nehmen!

Kommt die Schule zum Schluss, dass diese Voraussetzungen nicht erfüllt bzw. die Sicherheit Ihres Kindes nicht gewährleistet werden kann, so kann – und muss sogar – die Teilnahme am Ausflug oder Schullandheim verwehrt werden.
In diesem Falle kann es helfen, wenn ein Elternteil das Kind begleitet, um dessen Teilnahme an der Fahrt zu ermöglichen. Spitzt sich die Konfrontation derartig zu, dass keine vernünftige Kooperation

Wenn das Kind selbständig mit Diabetes umgehen kann, darf es an Ausflügen teilnehmen.

mehr mit der Schule möglich ist, dann geht dies immer zu Lasten des Kindes!

? Mein Kind wird aufgrund der erforderlichen Blutzuckermessungen als nicht mehr schulfähig angesehen und soll die Schule verlassen, womöglich in eine Sonderschule. Was können wir hiergegen machen?

Wird die Schulfähigkeit unter Berufung auf die erforderliche, aber von der Schule nicht gewährleistete medizinische Betreuung verneint, so kann man hiergegen grundsätzlich Rechtsmittel einlegen und klagen. Doch selbst wenn man einen solchen Rechtsstreit gewinnt und den Beweis der Schulfähigkeit erbringen kann: Neben dem erheblichen Zeitverlust dürfte die Atmosphäre auch derart vergiftet sein, dass Ihr Kind in dieser Schule wohl eher keine optimalen Entwicklungsperspektiven mehr erwarten darf…

Im Interesse des Kindeswohls sollten Sie stattdessen mit allen Mitteln versuchen, – gegebenenfalls mit Hilfe eines neutralen Vermittlers – eine sachliche Gesprächsbasis mit der Schule herzu-

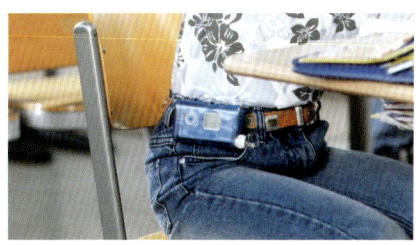

Im Interesse des Kindeswohls sollten Sie versuchen, eine sachliche Gesprächsbasis mit der Schule herzustellen, um eine Lösung zu finden.

stellen und auf diesem Wege eine Lösung zu finden.

Wenn dies scheitert, so dürfte es meist sinnvoller sein, über einen Schulwechsel nachzudenken; vielleicht gibt es eine andere Schule im erreichbaren Umfeld, die für Ihr Kind akzeptabel wäre.

Nur wenn wirklich keine andere Alternative mehr besteht, sollte man einen Rechtsstreit mit der Schule führen.

? Kann ich für mein diabetisches Kind einen Schwerbehindertenausweis beantragen?

Ja, wenn die schwere Einstellbarkeit der Diabetes-Erkankung nachgewiesen wird, kann selbstverständlich auch bei Kindern eine Schwerbehinderung festgestellt werden.

Wenn die entsprechenden Voraussetzungen vorliegen, kann zusätzlich Antrag auf Zuteilung der Merkzeichen H (hilflos) und B (ständige Begleitung notwendig) gestellt werden:

Das Merkzeichen „H" wird Kindern und Jugendlichen bis zum vollendeten 16. Lebensjahr, in Ausnahmen bis zum 18. Lebensjahr, regelmäßig zugebilligt, wenn eine regelmäßige Überwachung der

Mahlzeiteneinnahme zur Verhinderung von Unterzuckerungen erforderlich ist.

Im Ausnahmefall wird zusätzlich das Merkzeichen „B" zuerkannt, nämlich

> **Wichtig** Allerdings: Eltern sollten sehr genau abwägen, ob die mit der Schwerbehinderung verbundenen Nachteilsausgleiche tatsächlich benötigt werden bzw. es rechtfertigen, dem Kind den „Makel" einer Schwerbehinderung für dessen künftiges Leben anzuhaften.

wenn aufgrund permanenter Unterzuckerungsgefahr eine ständige Begleitung erforderlich ist.

Kann ich für die Betreuung meines diabetischen Kindes Pflegegeld beantragen?

Pflegebedürftig im Sinne des Pflegeversicherungsgesetzes sind Personen, die „wegen einer körperlichen, geistigen oder seelischen Krankheit oder Behinderung für die gewöhnlichen und regelmäßig wiederkehrenden Verrichtungen im Ablauf des täglichen Lebens auf Dauer, voraussichtlich für mindestens sechs

Das Bundessozialgericht hat entschieden, dass allein durch die mit der Diabetes-Erkrankung verbundenen Mehrbelastungen die Voraussetzungen für die Pflegestufe I nicht erfüllt sind.

Monate, in erheblichem oder höherem Maße der Hilfe bedürfen".

Die Pflegebedürftigkeit wird vom medizinischen Dienst der Krankenkasse (MDK) festgestellt und geschieht mit der Einteilung in eine der drei sogenannten Pflegestufen; von dieser Einteilung hängt die Höhe der Leistung aus der Pflegepflicht- oder auch der Berufs- und Erwerbsunfähigkeitsversicherung ab.

Um Pflegegeld zu erhalten, müssen mindestens die Voraussetzungen der Pflegestufe 1 vorliegen: Diese liegen bei Personen vor, die bei der Körperpflege,

der Ernährung oder der Mobilität für wenigstens 2 Verrichtungen mindestens einmal täglich der Hilfe bedürfen und zusätzlich mehrfach in der Woche Hilfen bei der hauswirtschaftlichen Versorgung benötigen.

Das Bundessozialgericht hat hierzu im Falle eines diabetischen Kindes bereits entschieden (BSG, Urteil vom 17.06.1998, AZ B 3 P 10/98 R), dass allein durch die mit der Diabetes-Erkrankung verbundenen Mehrbelastungen die Voraussetzungen für die Pflegestufe I nicht erfüllt sein. Nach Auffassung des Gerichts können Blutzuckermessen und Insulinspritzen als Behandlungspflegemaßnahmen nämlich nicht berücksichtigt werden.

Ein Mehrbedarf an Grundpflege falle im Übrigen nur bei der Nahrungsaufnahme an, denn das Zubereiten und die genaue Bemessung der Diät zähle zur hauswirtschaftlichen Versorgung, nicht aber zum mundgerechten Zubereiten der Nahrung.

Der krankheitsbedingte Mehrbedarf bei wenigstens zwei Verrichtungen der sog. Grundpflege sei im Vergleich zu einem gesunden Kind damit nicht erreicht, so dass in dem damaligen Verfahren kein Pflegegeld gewährt wurde.

Aufgrund dieser höchstrichterlichen Entscheidung dürfte es in der Praxis schwer werden, Pflegegeld allein aufgrund der mit der Diabetes-Erkrankung verbundenen Belastungen zu erhalten.

Kommt jedoch weiterer Aufwand hinzu – beispielsweise weil das Kind an weiteren Krankheiten leidet, so können die Voraussetzungen des Pflegegeldanspruchs durchaus erfüllt werden.

Diabetes & Versicherungen

Welche Versicherungen sind für Diabetiker zu empfehlen?
Muss ich die Gesundheitsfragen von Versicherern beantworten?
Wovon hängt es ab, ob ich als Diabetiker eine Berufsunfähig-
keitsversicherung erhalten kann?

In diesem Abschnitt beantworten wir zahlreiche Fragen, die zum
Thema Versicherungen & Diabetes wichtig sind.

Diabetes & **Versicherungen** | Inhalt

Muss ich beim Versicherungsantrag die Gesundheitsfragen beantworten?

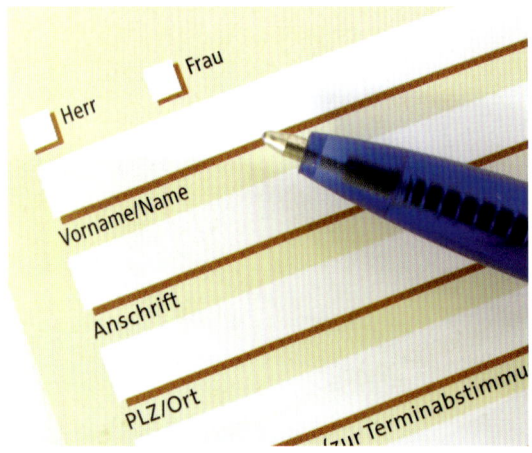

Ja, ansonsten riskieren Sie nämlich, dass die Versicherung später nicht bezahlen wird!
Beim Abschluss einer Lebens- oder Berufsunfähigkeitsversicherung wird regelmäßig eine sog. Gesundheitsprüfung vorgenommen.
Meistens ist dies ein Fragebogen mit Fragen zu Vorerkrankungen, der vom Betroffenen ausgefüllt werden muss; da-

>> Das Versicherungsunternehmen forstet im Leistungsfall den Gesundheitsfragebogen nach unvollständigen oder verschwiegenen Vorerkrankungen durch.

mit verbunden ist die Einwilligung, dass die bislang behandelnden Ärzte gegenüber dem Versicherungsunternehmen von der Schweigepflicht entbunden werden und dieses ein Einsichtsrecht in die Krankenakten haben soll.
Man sollte bei Fragen nach Vorerkrankungen und Behandlungen daher alle

wesentlichen Krankheiten bzw. Vorfälle auflisten, welche bis dahin irgendwann einmal aufgetreten sind.

> **Wichtig** Hierbei ist unbedingt zu beachten, dass die Angaben zur Gesundheit wahrheitsgemäß und vollständig gemacht werden sollten!

Dies gilt zwar selbstverständlich nicht für einfache Erkältungen; Lungenentzündungen wären dagegen anzugeben. Hintergrund ist nämlich folgender:
Das Versicherungsunternehmen wird im Leistungsfall, d. h. wenn der vorzeitige Tod bzw. die Berufsunfähigkeit eintritt, nach Gründen suchen, die Zahlung zu verringern oder die Leistung ganz zu verweigern. Regelmäßig wird dann der Gesundheitsfragebogen nach unvollständigen oder verschwiegenen Vorerkrankungen durchforstet. Stellt sich heraus, dass dort – auch unabsichtlich – etwas vergessen wurde, kann die Versicherung in den meisten Fällen eine Zahlung komplett verweigern!
Diese wird nämlich dann eine sogenannte „arglistige Täuschung" beim Vertragsabschluss unterstellen und behaupten, den Versicherungsvertrag bei Kenntnis der nun erst bekannt gewordenen Umstände nicht – oder zumindest nicht zu den zugrunde liegenden Konditionen abgeschlossen zu haben.
Für Diabetiker bringt dies natürlich das Problem, dass die meisten Versicherungen bei Kenntnis der Erkrankung einen Vertragsabschluss ablehnen werden.

? Von welchen Faktoren hängt die Risikoprüfung vor Vertragsschluss ab?

Bei der Risikoprüfung werden zunächst die versicherungstechnischen Rahmendaten betrachtet. Hierzu gehören der gewählte Tarif (das Versicherungsprodukt), die Höhe der beantragten Versicherungssumme, das Eintrittsalter und die Laufzeit des Vertrages sowie der Beruf der zu versichernden Person. Vor dem Hintergrund dieser technischen Rahmendaten wird die Prüfung des sog. objektiven und des subjektiven Risikos des Antragstellers vorgenommen.

Objektives Risiko

Das objektive Risiko beinhaltet alle objektivierbaren Tatsachen, wie die Lebenserwartung, den Eintritt der Berufsunfähigkeit, die Unfallgefährdung oder den möglichen Eintritt einer Pflegebedürftigkeit. Anhand von Sterbetafeln, statistischen Untersuchungen über die Häufigkeit und den Zeitpunkt des Eintritts einer Berufsunfähigkeit oder Pflegebedürftigkeit sowie anhand von Unfallstatistiken lassen sich die Anzahl sowie der Zeitpunkt von Schadensfällen einschätzen und ermitteln. Dementsprechend lässt sich dann der notwendige Beitrag errechnen.

Bei der Prüfung des objektiven Risikos bei Diabetikern werden üblicherweise die folgenden Informationen betrachtet:

- das Eintrittsalter bei Beginn der Erkrankung
- der Typ des Diabetes
- die akute Einstellung
- die Art der Behandlung
- vorliegende Komplikationen wie z. B. Augen- und Nierenerkrankungen

- Geschlecht
- weitere andere Erkrankungen

Subjektives Risiko

Subjektive Risiken liegen dagegen in der Person der Versicherten. Hierzu zählen persönliche Einstellungen und Verhaltensweisen, wie zum Beispiel eine gesunde oder ungesunde Ernährung. Werden Hinweise auf ein erhöhtes oder vermindertes subjektives Risiko dennoch bekannt, so werden diese mit in die Risikoprüfung einfließen. Zu den subjektiven Risiken bei Diabetikern gehört vor allem die Ausrichtung der Lebensweise auf die Krankheit (Compliance). Die Motivation des Diabetikers, Sport zu treiben und

Wenn Diabetiker regelmäßig Sport treiben, fließt das positiv in die subjektive Risikoprüfung mit ein.

auf sein Gewicht zu achten, die Diätvorschriften einzuhalten oder an Informationsveranstaltungen über Diabetes teilzunehmen, spielt bei der Einschätzung des subjektiven Risikos eine bedeutende Rolle.

Der Risikoprüfer einer Versicherungsgesellschaft erhält über diese subjektiven

Risikofaktoren aber eher selten Informationen – und wird hier daher oft vom schlimmstmöglichen Fall ausgehen.

Die Risikoprüfung verläuft grundsätzlich immer nach den gleichen Prinzipien, d. h. in Abhängigkeit von den technischen Rahmendaten wird das objektive und das subjektive Gesundheitsrisiko beurteilt. Auf der Basis dieser Beurteilung werden die Bedingungen festgelegt, zu denen der Antragsteller den Versicherungsvertrag abschließen kann. Dabei können je nach technischen Rahmendaten die Entscheidungen bei gleichem subjektiven und objektiven Risiko unterschiedlich ausfallen. Beispielsweise können bei geringen Versicherungssummen die Annahmebedingungen weniger restriktiv ausfallen als bei hohen Versicherungssummen.

Wie gehe ich als Diabetiker vor, um meine Chancen auf den Abschluss einer Risikoversicherung zu erhalten?

Bei zeitgleicher Antragsstellung an unterschiedlichen Versicherungsgesellschaften kann man wahrheitsgemäß angeben, dass man zuvor noch keinen Antrag gestellt hat!

Leider ist es so, dass es für viele Diabetiker schwer ist, eine private Krankenversicherung, eine Berufsunfähigkeits- oder Lebensversicherung zu erhalten.

Hintergrund hierfür ist, dass beim Antrag regelmäßig eine Gesundheitsprüfung vorgenommen wird und der Betroffene dort umfassende Angaben über seine Erkrankungen und Gesundheitsbeeinträchtigungen machen muss. Die Versicherung entscheidet dann je nach

individueller Risikoabschätzung, ob sich der Abschluss eines Vertrages „lohnt".

Neben den Gesundheitsfragen muss man bei der Antragsstellung auch oftmals angeben, ob man bereits von einem anderen Unternehmen abgelehnt wurde bzw. dort einen Antrag gestellt hat.

Da man auch diese Frage wahrheitsgemäß beantworten muss, führt dies zu einem Problem: Wer bereits von einem Versicherer abgelehnt wurde, den wird auch ein anderes Unternehmen kaum versichern wollen.

Man sollte bei der Antragsstellung daher unbedingt wie folgt vorgehen:

Suchen Sie einen unabhängigen Versicherungsmakler auf, der Ihnen einige Angebote vorlegt und stellen dann *zeitgleich* Anträge bei unterschiedlichen, möglichst vielen Versicherungsgesellschaften.

Auf diese Weise können Sie wahrheitsgemäß in jedem Antrag angeben, dass Sie zuvor von noch keiner anderen Versicherung abgelehnt wurden und in der Vergangenheit auch bislang kein anderer Antrag gestellt worden ist.

Auch wenn dann sogar mehrere Versicherungen zum Abschluss bereit sein, dann haben Sie keinerlei Risiko: Als Privatperson können Sie innerhalb von 14 Tagen – schriftlich – ohne Kosten von einem Versicherungsvertrag zurücktreten.

Können auch Unfallversicherungen bei Diabetikern die Leistung verweigern?

Selbstverständlich haben Sie als Diabetiker grundsätzlich den gleichen Anspruch auf Zahlung einer Versicherungsleistung wie ein gesunder Mensch. Eine Ausnahme gilt nur dann, wenn im Versicherungsvertrag ausdrücklich und wirksam ein entsprechender Leistungsausschluss vereinbart war.

Allerdings kann die Unfallversicherung die Zahlung verweigern, wenn Sie im Rahmen der Schadensabwicklung eine entsprechende Anfrage nach Ihrem Gesundheitszustand nicht, nicht vollständig oder gar wahrheitswidrig beantworten.

In diesem Sinne hat das Oberlandesgericht Nürnberg entschieden, dass ein Versicherungsnehmer durch Verschweigen der Vorerkrankung (= Diabetes) schuldhaft gegen seine vertragliche Aufklärungspflicht verstoßen hat und somit einen Zahlungsanspruch verwirken könne. Eine Radfahrerin war gestürzt, hatte in der Unfallanzeige jedoch ihre Diabeteserkrankung verschwiegen. Nachdem die Unfallversicherung von der Erkran-

» Bei Schadensabwicklung muss die Diabetes-Erkrankung angegeben werden, sonst kann die Versicherung die Zahlung verweigern.

kung erfuhr, lehnte sie alle Zahlungen mit der Begründung ab, dass die Frau bewusst unwahre Angaben gemacht habe. Die Klage der Radfahrerin wurde letztlich mit der Begründung abgewiesen, sie hätte mit dem Verschweigen ihrer Vorerkrankung vorsätzlich gegen ihre vertragliche Aufklärungs- und Mitwirkungspflicht verstoßen (OLG Nürnberg AZ: 8 U 2871/97).

Diabetes & Krankenversicherung

„Was ist für Diabetiker besser – private Krankenversicherung oder gesetzliche Kasse?" „Habe ich Anspruch auf Viagra per Kassenrezept?" „Wie hoch muss ich Zuzahlungen leisten?"

Diese und viele weitere Fragen zum Thema Krankenversicherungsschutz werden im nachfolgenden Abschnitt behandelt.

Gesundheitskarte

Peters

A123456780

versichertennummer

Diabetes & Krankenversicherung | Inhalt

▶

Diabetes & Krankenversicherung | Inhalt

Was macht der „Gemeinsame Bundesausschuss", von dem in der Presse häufig die Rede ist?

Der Gesetzgeber hat im Zuge der Gesundheitsreform zum 1. Januar 2004 den „Gemeinsamen Bundesausschuss" (G-BA) geschaffen. Dieser ist ein Gremium von Ärzten, Krankenhäusern und Krankenkassen, welche sich auf diese Art quasi gemeinsam – und selbst – verwalten.

Nach dem Sozialgesetzbuch (§ 92 SGB V) hat der G-BA unter anderem die Aufgabe festzustellen, welche ambulanten oder stationären Leistungen ausreichend, zweckmäßig und wirtschaftlich sind.

Hierzu erlässt der G-BA Richtlinien (zum Beispiel Arzneimittel-Richtlinie), die – einer behördlichen Verordnung entsprechend – den Charakter untergesetzlicher Normen haben.

Über das Sozialgesetzbuch (SGB V) hat der Gesetzgeber dem G-BA noch weitere Aufgaben übertragen. Zum einen hat er den gesetzlichen Auftrag (gemäß § 91 Abs II SGB V), ein fachlich unabhängiges wissenschaftliches Institut für Qualität und Wirtschaftlichkeit im Gesundheitswesen (IQWiG) zu gründen:

Dieses Institut wurde zwischenzeitlich als private Stiftung des öffentlichen Rechts gegründet.

Wie setzt sich der Bundesausschuss zusammen?

Der Gemeinsame Bundesausschuss setzt sich zusammen aus den Leistungserbringern, den Kostenträgern und den Patienten: das heißt, er besteht aus Ver-

» Der G-BA besteht aus Vertretern von Ärzten, Psychotherapeuten und Kranken häusern, von Krankenkassen und Patienten.

tretern von Ärzten, Psychotherapeuten und Krankenhäusern, von Krankenkassen und Patienten. Sie alle beraten über den Umfang einer medizinisch notwendigen und sinnvollen Versorgung und verteilen quasi die hierzu in der gesetzlichen Krankenversicherung stehenden Finanzmittel. Die Patientenvertreter haben im G-BA allerdings nur ein Mitberatungs-, aber kein Stimmrecht.

 ## Wie hoch sind die Zuzahlungen für Arzneimittel?

Kassenpatienten müssen grundsätzlich eine Zuzahlung für Medikamente, Heil- und Hilfsmittel entrichten.

Wenn die Kosten unter 5 Euro liegen, wird der tatsächliche Preis gezahlt. Die gesamte Höhe der Zuzahlungen ist nur zu leisten, wenn die Obergrenze des jährlichen Bruttoeinkommens nicht

überschritten wird: Die jährliche Eigenbeteiligung der Versicherten darf 2 Pro-

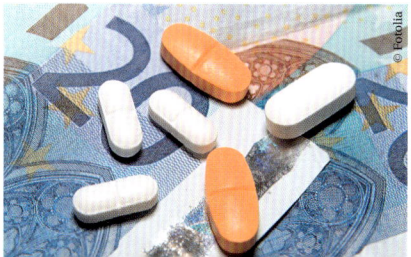

zent der Bruttoeinnahmen nicht überschreiten. Für Diabetiker als chronisch kranke Menschen gilt eine Grenze von 1 Prozent der Bruttoeinnahmen. Für Fami-

 Die jährliche Eigenbeteiligung der Versicherten mit Diabetes darf derzeit 1 % der Bruttoeinnahmen nicht überschreiten.

lien verringert sich die Belastungsgrenze durch die Kinderfreibeträge (pro Kind 3 648 Euro) und gegebenenfalls durch den Freibetrag für den Ehepartner (4 347 Euro). Bei Beziehern von Sozialhilfe gilt der Regelsatz des Haushaltsvorstands als Berechnungsgrundlage für die Belastungsgrenze, weshalb die Freibeträge nicht veranschlagt werden können. Alle Zuzahlungen werden für das Erreichen der Belastungsgrenze berücksichtigt. Daher müssen alle Zuzahlungsbelege gesammelt werden.

Von Zuzahlungen befreit sind grundsätzlich nur Kinder und Jugendliche bis zur Vollendung des 18. Lebensjahres.

? Darf ich als Kassenpatient – im Vergleich zu Privatpatienten – bei der Terminvergabe benachteiligt werden?

Grundsätzlich kann jeder Arzt seine Termine beliebig vergeben und die Fälle nach tatsächlicher medizinischer Priorität gewichten; allerdings wäre eine pauschale, offensichtliche Ungleichbehandlung von Kassenpatienten ein gravierender Verstoß gegen die ärztlichen Berufs- und Standespflichten. Sie sollten in solchen Fällen dem Arzt sehr deutlich die Meinung sagen und sich auch bei Ihrer Krankenkasse sowie bei der zuständigen Ärztekammer beschweren. Denn: Einerseits beklagen die Ärzte, dass sich eine Behandlung der Kassenpatienten kaum mehr lohne – zur Deckung der monatlichen Fixkosten sind viele Praxen aber meist sehr wohl auf diese angewiesen.

Eine Beschwerde macht auch durchaus Sinn: Fällt ein Arzt so häufiger negativ auf, kann ihm die Kassenzulassung entzogen werden, d. h. er darf dann keine Kassenpatienten mehr abrechnen und muss sich faktisch auf die Behandlung von Privatpatienten beschränken.

? Ich „bestelle" mir in meiner Arztpraxis immer die Rezepte und Teststreifen per Telefon. Muss ich trotzdem die Praxisgebühr bezahlen, obwohl ich den Arzt ja gar nicht gesprochen habe?

© Fotolia

Ja, die Praxisgebühr fällt auch dann an, wenn Sie den Arzt nicht sehen. Streng genommen dürfte Ihnen der Arzt das Rezept gar nicht ausstellen, ohne vorher, wenn auch nur kurz, mit Ihnen gesprochen zu haben.

Wie viele Teststreifen darf mir der Arzt verschreiben?

Für die Teststreifenverordnung besteht keine verpflichtende Obergrenze; allerdings gibt es – regional unterschiedliche – Richtgrößen, an welche die Ärzte sich halten sollten. Diese liegen zwischen 400 und 600 Teststreifen/Monat (bei Typ 1).

Jeder Arzt ist nämlich angehalten, Heil- und Hilfsmittel wirtschaftlich zu verordnen. Zuständig für die Überprüfung sind die regionalen Kassenärztlichen Vereinigungen (KV), die hierfür „Richtgrößen" oder Durchschnittswerte vorgeben. Richtgrößen legen fest, wie viel ein Arzt insgesamt pro Quartal verordnen darf; ein Internist hat hierbei ein anderes Budget als beispielsweise ein Neurologe. Durchschnittswerte werden in der Regel anhand der Verordnungen aller Ärzte einer Fachgruppe, dividiert durch die Gesamtzahl dieser Ärzte, ermittelt. Überschreitet der Arzt die vorgegebenen Richtgrößen oder Durchschnittswerte, also sein „Verordnungsbudget", so muss er mit einem Prüfverfahren rechnen: Er

muss dann erklären bzw. nachweisen, warum er die vorgegebenen Werte überschritten hat – er also mehr verordnet hat, als er eigentlich durfte.

Gibt es keine hinreichende oder nachvollziehbare Erklärung für die Budget-Überschreitung, so muss der Arzt mit einem Regress rechnen: Er muss dann im schlimmsten Fall einen Teilbetrag des von ihm zu viel Verordneten aus privater Tasche an die KV zurückzahlen. Für den Arzt besteht also ein Risiko, dass er selber belangt wird, wenn er zu viel verordnet. Diabetiker mit Insulintherapie und Blutzucker-Selbstkontrolle verursachen allerdings relativ hohe Verordnungskosten und gelten damit grundsätzlich als sog. „Praxisbesonderheit":

Der Arzt kann für solche Fälle entsprechend höhere Verordnungskosten begründen.

Abgesehen davon muss der Arzt aber nur dann einen Regress befürchten, wenn er im Einzelfall die medizinische Notwendigkeit seiner Verordnungen

> **»** Diabetiker verursachen relativ hohe Verordnungskosten und gelten damit als sogenannte „Praxisbesonderheit".

nicht hinreichend begründen kann oder will. Hielte der Arzt also beispielsweise sogar einen Bedarf von 1 000 Streifen/Monat aus irgendwelchen Gründen für medizinisch notwendig, dann könnte er im Ausnahmefall auch eine solche Menge verordnen – er müsste dies im Zweifel nur eben auch rechtfertigen bzw. begründen können.

Für die Teststreifenverordnung besteht keine verpflichtende Obergrenze, es gibt nur sog. Richtgrößen.

Wie viel muss ich als Diabetiker im Jahr maximal an Zuzahlungen für meine Rezepte leisten?

Die Höhe der jährlichen Zuzahlungen für Arznei- und Hilfsmittel ist grundsätzlich

>> Diabetiker können bei ihrer Krankenkasse die Zuzahlungsgrenze von 1 % beantragen.

auf 2 Prozent des verfügbaren Einkommens beschränkt. Bei chronisch kranken Menschen, bei denen eine Verbesserung der Krankheitssituation nicht zu erwarten ist und die in einer Dauerbehandlung sind, gilt eine niedrigere Belastungsgrenze: Diese müssen Zuzahlungen nur in Höhe von bis zu 1 Prozent ihrer jährlichen Bruttoeinnahmen leisten.

Zu den chronischen Krankheiten, die eine Dauerbehandlung erfordern, gehören u. a. Diabetes, Asthma und koronare Herzkrankheit. Diabetiker können daher bei ihrer Krankenkasse beantragen, dass die Zuzahlungsgrenze auf 1 % herabgesetzt wird.

 Muss die Krankenkasse für die Behandlung mit Viagra aufkommen?

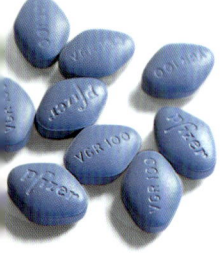

Die gesetzlichen Krankenkassen erstatten die Kosten für Viagra seit 2004 nicht mehr.

Mit der Gesundheitsreform hat der Gesetzgeber in § 34 SGB V u. a. folgende Regelung getroffen: „Von der Versorgung sind außerdem Arzneimittel ausgeschlossen, bei deren Anwendung eine Erhöhung der Lebensqualität im Vordergrund steht. Ausgeschlossen sind insbesondere Arzneimittel, die überwiegend zur Behandlung der erektilen Dysfunktion, der Anreizung sowie Steigerung der sexuellen Potenz, zur Raucherentwöhnung, zur Abmagerung oder zur Zügelung des Appetits, zur Regulierung des

>> Die gesetzliche Krankenkasse darf Kosten für Viagra auch bei Vorliegen einer medizinischen Notwendigkeit nicht erstatten.

Körpergewichts oder zur Verbesserung des Haarwuchses dienen."
Dies bedeutet im Ergebnis, dass die gesetzlichen Krankenkassen die Kosten für Viagra, Levitra, Cialis und SKAT (Caverject, Viridal) auch bei Vorliegen einer medizinischen Notwendigkeit seit 2004 nicht (mehr) erstatten dürfen. Die Rechtmäßigkeit dieser Regelung wurde zwischenzeitlich auch durch das Bundessozialgericht (Urteil vom 10. Mai 2005, AZ B 1 KR 25/03 R) u. a. ausdrücklich bestätigt, so dass Klagen von gesetzlich Krankenversicherten zur Durchsetzung der Kostenübernahme der Versorgung mit Arzneimitteln zur Behandlung von Potenzstörungen praktisch aussichtslos sind

Nach wie vor ist aber die Behandlung der erektilen Dysfunktion durch den Arzt eine Kassenleistung – dies umfasst diagnostische Maßnahmen – auch mit Ultraschall zur Messung der arteriellen Durchblutung einschließlich Spritze und Medikament. Erstattungsfähig sind weiterhin Vakuumerektionshilfe, psychotherapeutische Behandlung sowie eine Testosteron-Ersatz-Therapie.

Auch das Ausstellen eines Privatrezeptes – d. h. um gegen Bezahlung in der Apotheke Viagra kaufen zu dürfen – ist noch Kassenleistung, der Arzt darf hierfür nicht zusätzliche Gebühren berechnen. Diese Tätigkeit als Teil der Behandlung wird nicht allein deshalb zur privat zu bezahlenden ärztlichen Leistung, weil das verordnete Medikament nicht von den Kassen bezahlt wird.

Und wie sieht es bei der Diagnose aus?
Die Kosten für die Diagnose der erektilen Dysfunktion müssen also nach wie vor übernommen werden. Sie müssen als Kassenpatient die Diagnoseleistungen nicht als individuelle Gesundheitsleistungen („IgeL") selbst bezahlen. Wenn Ihr Arzt dennoch eine Gebühr fordert, so weisen Sie ihn darauf hin, dass diese Forderung nicht zulässig ist: Versicherte haben gem. § 27 SGB V nach wie vor „Anspruch auf Krankenbehandlung, wenn sie notwendig ist, um eine Krankheit zu erkennen, zu heilen, ihre Verschlimmerung zu verhüten oder Krankheitsbeschwerden zu lindern". Die Krankenbehandlung umfasst sowohl ärztliche Behandlung als auch die Versorgung mit Arznei-, Verband-, Heil- und Hilfsmitteln. Gemäß § 28 SGB V wird der

Begriff der „ärztlichen Behandlung" wie folgt definiert: „Die Tätigkeit des Arztes, die zur Verhütung, Früherkennung und Behandlung von Krankheiten nach den Regeln der ärztlichen Kunst ausreichend und zweckmäßig ist." Die erektile Dysfunktion ist eine Krankheit, bei der

» Die Kassenleistung bei erektiler Dysfunktion umfasst nur diagnostische Maßnahmen.

ein entsprechender Behandlungs- und Diagnoseanspruch besteht.
Selbstverständlich können aber nur die allgemeinen Maßnahmen verlangt werden, die im Rahmen einer gründlichen Diagnostik angemessen sind: Hierzu

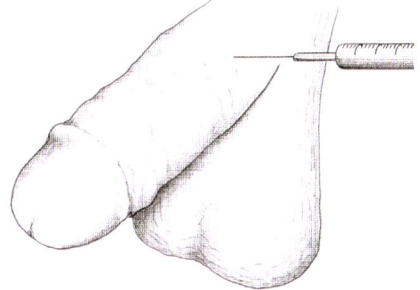

Ein Schwellkörperinjektionstest (SKIT) gehört bei erektiler Dysfunktion zur Kassenleistung.

zählt die Anamnese einschließlich Sexualanamnese, körperliche Untersuchung, Labor einschließlich Hormonstatus sowie Duplex-Sonographie in Verbindung mit einem Schwellkörperinjektionstest.

? Muss die private Krankenversicherung die Versorgung mit Viagra erstatten?

Der in § 34 SGB V festgelegte Ausschluss der Erstattungsfähigkeit von Viagra und vergleichbaren Präparaten gilt grundsätzlich nur für die gesetzlichen Krankenkassen. Bei Privatversicherten kommt es auf den jeweiligen Versicherungsvertrag an: Die Versicherung muss dann bezahlen, wenn dort nicht ausdrücklich und unmissverständlich die Erstattung von Medikamenten zur Potenzsteigerung bzw. zur Steigerung der allgemeinen

» Bei erektiler Dysfunktion wird Viagra für Privatversicherte bezahlt, wenn dieses vertraglich nicht ausgeschlossen wurde.

Lebensqualität ausgeschlossen wurde. Voraussetzung ist hierbei aber immer, dass der Arzt eine erektile Dysfunktion diagnostiziert und zu deren Behandlung

die Verordnung von Viagra als medizinisch notwendig erachtet.

Leider ist aber dennoch häufig zu beobachten, dass die Versicherungen auch in den Fällen die Erstattung verweigern, in denen definitiv kein vertraglicher Leistungsausschluss vereinbart war.

Den Betroffenen bleibt dann nur noch die Klage – und diese ist aufgrund des Kostenrisikos nur dann anzuraten, wenn eine Rechtschutzversicherung die Prozesskosten (insbesondere Gutachterkosten) übernimmt.

? **Muss die Beihilfe die Versorgung mit Viagra erstatten?**

Wie auch bei den Kassenpatienten ist die Versorgung mit Arzneimitteln zur Behandlung der erektilen Dysfunktion, wie z.B. mit Cialis®, Levitra®, Viagra®, Yohimbin®, Caverject®, Viridal® grundsätzlich ausgeschlossen.

Im Gegensatz zu den gesetzlichen Krankenkassen

Zwei aktuelle Gerichtsurteile können längerfristig dazu führen, dass die Beihilfe die Versorgung mit Viagra doch erstatten muss.

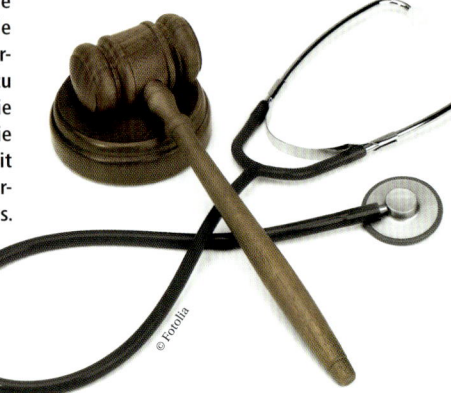

© Fotolia

übernimmt die Beihilfe meist nicht einmal die Kosten für Vakuumerektionshilfen.

Allerdings gibt es hier zwei aktuelle Urteile, die längerfristig dazu führen können, dass diese Einschränkungen geändert oder aufgehoben werden müssen: Das VG Koblenz hat der Klage eines Beamten stattgegeben, der von der Beihilfe die Erstattung des Präparats „Viridal" zur Behandlung seiner psychogenen Erektionsstörungen forderte (VG Koblenz 2 K 2236/04.KO vom 23.2.2005).

Eine aktuelle Entscheidung des Oberverwaltungsgerichts Koblenz (Urteil vom 20. April 2007, 10 A 11598/06) hat einem Beamten einen Beihilfeanspruch für Viagra zuerkannt, weil dieser nach einer Prostata-Entfernung unter Erektionsstörungen litt. Nach Auffassung des Gerichts könne es nicht zulässig sein, dass selektiv für eine bestimmte Krankheit (hier die erektile Dysfunktion) keine Beihilfe gezahlt würde.

Das Urteil ist allerdings noch nicht rechtskräftig; es bleibt abzuwarten, ob das Bundesverwaltungsgericht der Argumentation folgen wird.

? Darf ich mir Viagra im Ausland bestellen?

Ja, als deutscher Endverbraucher dürfen Sie Arzneimittel grundsätzlich auch aus anderen Mitgliedsstaaten der EU beziehen – aber nur, wenn Ihnen für das Präparat auch ein ordnungsgemäßes Rezept vom Arzt ausgestellt wurde.

Weiterhin müssen Sie auch darauf achten, dass es sich um ein zugelassenes Produkt handelt und der Anbieter in seinem Land auch über die zum Verkauf erforderliche Erlaubnis verfügt. Rezeptpflichtige Medikamente dürfen daher grundsätzlich nur über zugelassene Apotheken verkauft werden.

Selbst mit Rezept ist die Bestellung rezeptpflichtiger oder nicht zugelassener Arzneimittel aus einem Land außerhalb der EU – beispielsweise per Internet aus den USA – grundsätzlich unzulässig; die Einfuhr derart bestellter Medikamente kann strafrechtlich verfolgt werden.

? Kann mir der Arzt vorschreiben, wo ich mein Teststreifenrezept einlösen soll?

Nein, Sie können selbst entscheiden, wo Sie die Teststreifen beziehen wollen. Der Arzt darf Ihnen nicht vorschreiben, in welcher Apotheke oder bei welchem Versandhändler Sie das Rezept einlösen sollen!

Selbstverständlich können Sie ihm aber helfen, die Kosten zu senken:

Kosten sparen kann man beispielsweise dadurch, dass man größere Mengen auf einmal verordnen lässt (z. B. Quartalsbedarf) und Staffelpreise nutzt. Vergleichen Sie auch die Preise verschiedener Anbieter – denken Sie aber daran, dass es nicht nur auf den Preis ankommt, sondern berücksichtigen Sie auch die sonstigen Service- und Beratungsleis-

» Achtung: Der Versandhandel ist nicht unbedingt günstiger als die Apotheke.

tungen des Anbieters (z. B. kostenloser Versand bzw. Bringservice, Gratisproben, Schulungen, kostenlose Hotline)! Beachten Sie aber auch: Der Versandhandel muss nicht unbedingt günstiger sein als die Apotheke, selbst wenn ein Vergleich der offiziellen Verkaufspreise einen solchen Eindruck vermittelt. Entscheidend ist vielmehr der zwischen dem Anbieter und der Kasse in einem „Hilfsmittelliefervertrag" ausgehandelte Preis. Fragen Sie im Zweifel, zu welchen Konditionen mit Ihrer Kasse abgerechnet wird!

Bin ich als Kassenpatient auch im Ausland krankenversichert?

Wer in Deutschland bei einer Krankenkasse versichert ist, der genießt in vielen Ländern automatisch einen Grundschutz: Um Sie während eines vorübergehenden Aufenthalts im Ausland weitgehend zu schützen, haben die Länder des Europäischen Wirtschaftsraumes (EWR) ein Sozialversicherungsabkommen abgeschlossen. Dazu gehören Belgien, Dänemark, Estland, Finnland, Frankreich (mit seinen überseeischen Departements Französisch-Guayana, Guadeloupe, Martinique und Réunion), Griechenland, Großbritannien, Irland,

> **Wichtig** Der Schutz gilt nur für Urlaubsreisen; wenn Sie länger als 90 Tage ununterbrochen in dem Land sind, dann liegt kein vorübergehender Aufenthalt mehr vor, und es besteht kein Versicherungsschutz mehr!

» Patienten mit privater Krankenversicherung genießen keinen solchen Schutz und müssen sich selber um Versicherungsschutz bemühen!

Island, Italien, Lettland, Liechtenstein, Litauen, Luxemburg, Malta, Niederlande, Norwegen, Österreich, Polen, Portugal, Schweden, Schweiz, Slowakei, Slowenien, Tschechien, Spanien, Ungarn und Zypern (griechischer Teil).
Dies bedeutet, dass Sie als Kassenpatient in diesen Ländern genauso behandelt werden, als ob Sie bei einer dortigen Krankenkasse versichert wären – auch dann, wenn Sie eine bestehende Krankheit weiter behandeln lassen müssen oder wenn Sie chronisch krank sind und regelmäßig medizinische Betreuung benötigen. Voraussetzung hierfür ist aber, dass die Behandlung nicht bis zur Rückkehr nach Deutschland aufgeschoben werden kann.
Bei Ländern mit einem sog. bilateralen Sozialversicherungsabkommen gibt es

eine Grundabsicherung; den jeweiligen Leistungsumfang sollten Sie aber bei Ihrer Krankenkasse erfragen. Zu diesen Ländern gehören Bosnien-Herzegowina, Serbien, Montenegro, Kroatien, Mazedonien, Türkei und Tunesien.
Wenn Sie als Mitglied einer Krankenkasse daher bei einem vorübergehenden Aufenthalt in einem Staat des EWR oder in der Schweiz krank werden, haben Sie Anspruch auf die notwendigsten medizinischen Leistungen.
In den Ländern, mit denen das Sozialversicherungsabkommen besteht, können Sie grundsätzlich jeden Arzt oder Zahnarzt zwar frei wählen. Oftmals können Sie sich tatsächlich aber nur von bestimmten, für die Sozialversicherung bzw. den staatlichen Gesundheitsdienst zugelassenen Ärzten/Gesundheitseinrichtungen behandeln lassen.
Durch das Sozialversicherungsabkommen wird der Krankenversicherungsschutz also grundsätzlich in dem Umfang sichergestellt, als ob Sie in dem jeweiligen Land versichert wären.
Die Leistungen der ausländischen Krankenkassen sind jedoch von Land zu Land unterschiedlich. Viele Leistungen, die man bei uns als selbstverständlich ansieht, werden in anderen Ländern nicht von der Krankenkasse erstattet.

Tipp

Lassen Sie sich vor Reiseantritt von Ihrer Krankenkasse beraten.

Das bedeutet, dass Sie zum Teil hohe Eigenanteile zahlen müssen oder manche ärztliche Leistungen nur auf Privatrechnung zu erhalten sind. In einigen Ländern sind alle oder manche Leistungen grundsätzlich zunächst von Ihnen selbst zu bezahlen.

Bis vor wenigen Jahren musste vor jedem Reiseantritt ein Auslandskrankenschein, das Formular E 111, bei der eigenen Krankenkasse beantragt werden. Vor Ort wurde das Formular dann dem Arzt vorgelegt oder – in einigen Ländern – in einen nationalen Krankenschein umgetauscht. In allen EU-Ländern, in denen es wie in Deutschland bereits eine Krankenversichertenkarte gibt, wurde im Jahr 2004 die Europäische Krankenversichertenkarte eingeführt. Diese „European Health Insurance Card (EHIC)" ersetzt den Auslandskrankenschein. Die Karte gilt in den 25 Mitgliedsstaaten der Europäischen Union sowie in Island, Liechtenstein, Norwegen und der Schweiz; seit 1. Juni 2004 kann die Karte direkt beim Arzt oder in der Klinik vorgelegt werden. Bürokratische und im Notfall nicht praktikable Verfahren entfallen dadurch – wie etwa in Griechenland, wo der Auslandskrankenschein erst bei einer örtlichen Krankenkasse gegen einen heimischen Schein einge-

» Nur Originalrechnungen werden von der Krankenkasse erstattet!

tauscht werden muss. Zwischenzeitlich bieten alle Krankenkassen eine solche Europäische Krankenversichertenkarte an – fragen Sie daher einfach bei Ihrer Krankenkasse nach bzw. schauen Sie auf die Rückseite Ihrer Versichertenkarte, ob dort ein entsprechender Vermerk angebracht ist. Wurde die Karte von Ihrer Krankenkasse noch nicht ausgegeben, so benötigen Sie nach wie vor den Auslandskrankenschein E 111.

So funktioniert die Erstattung der Kosten

Wurden in EWR-Staaten bzw. Ländern mit Sozialversicherungsabkommen die Kosten einer medizinischen Versorgung von Ihnen selbst getragen – beispielsweise weil die örtlichen Ärzte den Krankenschein bzw. die Versicherungskarte nicht akzeptiert haben und Barzahlung verlangten –, so werden Ihnen grundsätzlich die verauslagten Beträge von Ihrer Krankenkasse erstattet. Abgezogen werden regelmäßig – soweit angefallen – die Praxisgebühr, gesetzliche Zuzahlungen/ Eigenanteile sowie eine Pauschale für den erhöhten Verwaltungsaufwand von rund 7,5 bis 10 Prozent.

Die Erstattung ist übrigens nur möglich, wenn die Rechnungen im Original vor-

---

Wichtig Der Schutz durch das Sozialversicherungsabkommen kann nur als Minimalversorgung angesehen werden, zudem er nicht für jedes Reiseziel besteht.

Also ist der Abschluss einer Reisekrankenversicherung unbedingt empfehlenswert. Diese übernimmt zudem die Kosten für einen eventuell erforderlichen Rücktransport – die gesetzlichen Krankenkassen dürfen solche Kosten nicht übernehmen.

gelegt werden; auch wird nur maximal der Betrag erstattet, der bei einer Sachleistungs-Inanspruchnahme, d.h. bei einer Abrechnung über Krankenschein, entstanden wäre.

Die endgültige Abrechnung erfolgt oft erst, nachdem der ausländische Krankenversicherungträger Ihrer Krankenkasse den Erstattungsbetrag bestätigt hat. Nicht erstattet werden die nach ausländischem Recht vorgesehenen Eigenanteile sowie Kosten für Leistungen, die nach ausländischem Recht ausgeschlossen sind.

Wenn Sie in Norwegen, Irland oder Großbritannien in ärztlicher Behandlung waren und dort Kosten entstanden sind, entscheidet der zuständige ausländische Kostenträger, ob und in welcher Höhe eine Kostenerstattung möglich ist.

? Kann ich als Kassenpatient auch zur Behandlung ins Ausland fahren?

Ja, Sie sollten aber daran denken, dass eine Behandlung im Ausland zwar oft auf den ersten Blick günstiger scheint – es aber gerade im Bereich der Zahn-

Tipp Um sich vor überraschenden Kosten und Problemen bei der Erstattung zu schützen, sollten Sie sich zunächst im Vorfeld bei Ihrer Krankenkasse über die geplante Behandlung informieren. Möglicherweise müssen Sie spezielle Anträge stellen oder sich noch von einem Arzt in Deutschland begutachten lassen. Bei Zahnersatz muss beispielsweise ein Heil- und Kostenplan erstellt werden.

behandlung zu erheblichen Folgekosten kommen kann: Zahnersatz muss beispielsweise oft in mehreren Behandlungssitzungen angepasst werden.

Auch die in Deutschland gesetzlich vorgeschriebenen Garantie- und Gewährleistungsansprüche von zwei Jahren können bei einer Behandlung im Ausland entfallen. Und: Die Krankenkasse muss nicht dafür aufkommen, wenn ein Arzt im Ausland „geschlampt" hat. Wenn der Zahnersatz im Ausland eingegliedert wurde, besteht daher keine Absicherung für Folgekosten bzw. die Übernahme von Gewährleistungsarbeiten in Deutschland.

? Was ist der Unterschied zwischen Krankenkasse und Krankenversicherung?

Die gesetzlichen Krankenkassen (GKV) sind eine Solidargemeinschaft: Sämtliche Mitgliedsbeiträge sowie staatliche Budgets kommen in einen „Topf", aus dem alle Ausgaben bestritten werden müssen. Dieses Umlageverfahren bedeutet, dass junge Menschen durch ihren Beitrag die höheren Gesundheitskosten für Ältere mitfinanzieren.

Die Mitgliedschaft in der GKV ist für alle Arbeitnehmer und Angestellten grundsätzlich zwingend vorgeschrieben, die ein jährliches Bruttoeinkommen von weniger als 48 150 Euro haben (Versicherungspflichtgrenze, Stand 2008) – und nur dann, wenn diese Einkommensgrenze auch in den drei vorhergehenden Kalenderjahren (jeweils) nicht überschritten wurde.

Unabhängig vom Einkommen können nur Höherverdienende sowie Beihilfeberechtigte (Beamte und ggf. deren Angehörige), Selbstständige, Mitglieder

sen: Ziel ist es, aus den (Zins-)Erträgen sowie den „nicht verbrauchten" Prämien einen möglichst hohen Ertrag zu schöpfen.

Die Beitragshöhe bemisst sich dabei nach Eintrittsalter, Leistungsumfang, Gesundheitszustand bei Beginn der Versicherung und Geschlecht.

Im Gegensatz zur gesetzlichen Krankenversicherung wird der Patient hier selbst jeweiliger Vertragspartner mit dem

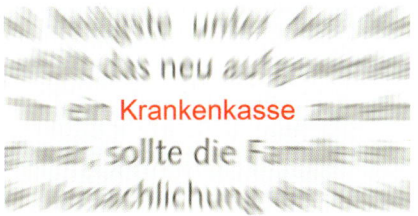

© Fotolia

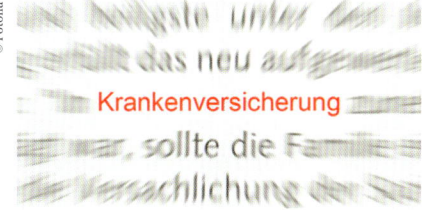

freier Berufe (z. B. Anwälte, Steuerberater, Künstler) in die private Krankenversicherung (PKV) wechseln.

Der Gesundheitszustand spielt bei der Aufnahme von neuen Mitgliedern in die GKV keine Rolle, er wird auch nicht erfragt! Der Beitrag wird abhängig vom Bruttoeinkommen erhoben. Die Beitragssätze liegen je nach Kasse bei ca. 11,5 bis 14,5 Prozent zzgl. 1,7 Prozent Pflegeversicherung. Je nach Kasse und Einkommen beträgt der Beitrag ca. 275 Euro bis 500 Euro monatlich. Es gilt hier grundsätzlich das Sachleistungsprinzip, d. h. bis auf die erforderlichen Zuzahlungen muss der Patient weder Arztrechnungen noch Medikamente bezahlen.

Wird von der Kasse eine Leistung verweigert bzw. nicht erstattet, so steht der Rechtsweg vor dem Sozialgericht offen; das Verfahren ist kostenfrei.

Anders als die gesetzlichen Kassen sind die privaten Krankenversicherungen dagegen Unternehmen, die auf wirtschaftlichen Gewinn ausgerichtet sein müs-

Behandler (z. B. Arzt oder Klinik) und erhält von dort auch eine Rechnung.

Die Kosten muss er grundsätzlich zunächst selbst bezahlen, er kann die Rechnung dann aber bei seiner Versicherung zur Erstattung einreichen.

Probleme gibt es regelmäßig dann, wenn die Versicherung diese Kosten nicht oder nur teilweise bezahlen will:

❱❱ Die Krankenkasse ist ausschließlich ein gesetzlicher Verband, die Krankenversicherung kann dagegen privat (PKV) oder gesetzlich (GKV) abgeschlossen werden.

Der Betroffene hat die meist hohen Kosten bereits aus eigener Tasche verauslagt (oder riskiert einen Rechtsstreit mit seinem Behandler), muss dann aber noch unter beträchtlichem Prozess- und Kostenrisiko – und in teilweise langjährigen Verfahren vor den Zivilgerichten die Erstattung von der Versicherung erstreiten.

Kann ich mich auch ohne Gesundheitsprüfung jederzeit privat krankenversichern?

Nein, das geht derzeit noch nicht ohne Weiteres.

Zwar müssen die privaten Krankenversicherungen seit dem 01.07.2007 einen modifizierten „Standardtarif" anbieten, der eine Grundversorgung sicherstellt und weder eine Risikoprüfung noch entsprechende Risikozuschläge vorsieht.

>> Ab dem 1. Januar 2009 muss auch die private Krankenversicherung einen Basistarif ohne Gesundheitsprüfung anbieten.

Nur Personen, die einerseits bislang noch nicht krankenversichert sind und andererseits auch der privaten Krankenversicherung zuzuordnen sind, können aber Versicherungsschutz in diesem neuen Standardtarif verlangen.

Ob man nun der privaten Krankenversicherung oder der gesetzlichen Kasse zuzuordnen ist, hängt u.a. von der Vorversicherung und der Tätigkeit ab:

Wer zuletzt privat versichert war, kann wieder in die private Krankenversicherung zurückkehren; umgekehrt müssen zuletzt gesetzlich Versicherte (auch Selbstständige) dorthin wieder zurückkehren.

Bei Personen, die noch nie eine Krankenversicherung hatten, ist die zuletzt ausgeübte Tätigkeit ausschlaggebend: Selbstständige sowie Freiberufler können in die private Krankenversicherung; Arbeiter oder Angestellte sind dagegen regelmäßig der gesetzlichen Krankenkasse zuzuordnen und können den Standardtarif daher meist nicht wählen. Erst ab 1. Januar 2009 muss von den

privaten Krankenversicherern ein allgemeiner Basistarif angeboten werden, der jedem offen steht und dessen Beiträge ausschließlich von Alter und Geschlecht des Versicherten abhängig gemacht werden dürfen.

Auch hier scheidet eine Gesundheitsprüfung aus; Risikozuschläge sind für diesen Tarif ebenfalls nicht vorgesehen. Dies bedeutet, dass auch Diabetiker dann problem- und risikolos eine private Krankenversicherung abschließen können – ob dies jedoch auch sinnvoll bzw. zu empfehlen ist, hängt natürlich immer vom jeweiligen Einzelfall ab. Die Leistungen in diesem Tarif entsprechen dann denen der gesetzlichen Krankenversicherung.

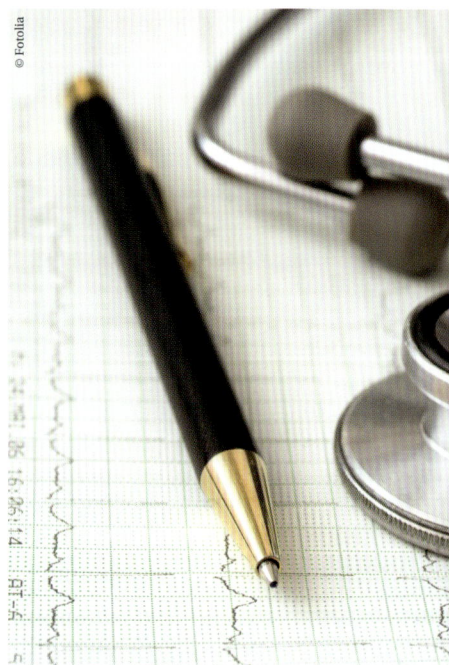

Die Gesundheitsprüfung ist für die Aufnahme in eine private Krankenversicherung momentan noch relevant.

Welche privaten Krankenversicherer nehmen denn überhaupt Diabetiker auf?

Leider lässt sich hierzu keine pauschale Auskunft geben, da jede Versicherung individuell prüft und von Einzelfall zu Einzelfall auch anders entscheiden kann. Je nach Einschätzung des individuellen Gesundheitsrisikos wird also von der Versicherung entschieden, ob der Betroffene ein versicherungsmathematisch akzeptables Risiko darstellt. In vielen Fällen ist es daher so, dass Typ-1-Diabetiker kein Vertragsangebot erhalten. Ausgeschlossen ist dies aber dennoch nicht; wer noch recht jung ist, gut eingestellt ist und noch keine Folgeschäden hat, der kann im Ausnahmefall durchaus eine Versicherung finden. Allerdings muss er dann damit rechnen, dass zu seinem Versicherungsbeitrag ein Risikoaufschlag (meist in Höhe von 100 %) erhoben wird.

> **Tipp**
>
> Lassen Sie sich von einem unabhängigen Versicherungsmakler beraten.

Was ist für Diabetiker ratsam – private oder gesetzliche Krankenversicherung?

Eine generelle Empfehlung kann es hier nicht geben; dies hängt zu sehr von den individuellen Umständen im Einzelfall ab, insbesondere dem Gesundheitszustand, den Vermögensverhältnissen und dem Familienstand. Im Folgenden werden daher einige Kriterien zum Vergleich aufgeführt, so dass Sie sich für Ihren Einzelfall selbst ein Bild machen können.

Beiträge und Leistungen
Die Beiträge zur gesetzlichen Krankenkasse (GKV) hängen allein vom Einkommen und von der Krankenkasse ab, das Einkommen wird nur bis zur Höhe der Beitragsbemessungsgrenze (derzeit 43 200 €, Stand 2008) berücksichtigt, so dass der maximale Monatsbetrag bei ca. 500 EUR liegt. Der Gesundheitszustand oder das Alter spielen für den Beitrag keine Rolle. Die Prämien der Privaten Krankenversicherung (PKV) hängen dagegen von Alter, Geschlecht und individuellem

Risiko ab. Wer also jung und gesund ist, zahlt deutlich geringere Beiträge als bei einer gesetzlichen Krankenkasse; mit zunehmendem Alter steigen allerdings die Prämien dann auch spürbar an. Für Risikopatienten (wie Diabetiker) kommt auf die monatliche Prämie noch ein Risikozuschlag (meist von 100 %) hinzu.

> **Ausnahme** Die Prämien für Standard- oder Basistarif der PKV dürfen nicht höher sein als die Beiträge der gesetzlichen Kasse.

Leistungen
Private Krankenversicherungen bieten regelmäßig einen höheren Leistungsumfang als gesetzliche Krankenkassen (u. a. Chefarztbehandlung, keine Zuzahlungen etc.).
Kassenpatienten müssen zusätzlich Rezeptgebühren, Praxisgebühren sowie Eigenanteile bei stationärem Aufenthalt

bezahlen; die Höhe der jährlichen Zuzahlungen ist derzeit auf max. 2 % der jährlichen Bruttoeinnahmen beschränkt.

Für chronisch kranke Menschen gilt derzeit eine Grenze von 1 % der Bruttoeinnahmen. Bei Beziehern von Sozialhilfe gilt der Regelsatz des Haushaltsvorstands als Berechnungsgrundlage für die Belastungsgrenze.

> **Ausnahme** Der Standard- oder Basistarif der PKV bietet regelmäßig nur den Leistungsumfang, den auch Mitglieder einer gesetzlichen Kasse erhalten. Die üblichen Privatleistungen (z. B. Chefarztbehandlung) sind dort also regelmäßig nicht enthalten.

Sachleistungen

Mitglieder der PKV sind selbst Vertragspartner von Arzt und Krankenhaus (Leistungserbringer): Sämtliche Rechnungen müssen selbst bezahlt werden, können aber zur Erstattung bei der PKV eingereicht werden. Wird seitens der PKV nicht bzw. nur teilweise erstattet, muss der Patient unter Umständen einen Rechtsstreit mit Leistungserbringer und PKV

» Von den Krankenkassen darf keine Gesundheitsprüfung vor Aufnahme eines Mitglieds gefordert werden.

führen, um nicht auf den Kosten sitzen zu bleiben. Mitglieder der GKV, die das „Sachleistungsprinzip" genießen, müssen sich um die Bezahlung der Arzt- oder Klinikrechnungen dagegen nicht kümmern.

Mitgliedschaft

Sofern die gesetzlichen Voraussetzungen vorliegen, muss die GKV jeden Bewerber aufnehmen. Im Gegensatz zur PKV darf von Krankenkassen keine Gesundheits-

prüfung vor Aufnahme eines Mitglieds gefordert werden.

In die PKV können nur diejenigen Personen wechseln, die nicht der Sozialversicherungspflicht unterliegen bzw. oberhalb der Versicherungspflichtgrenze verdienen. Wird nicht lediglich der Standard- oder Basistarif verlangt, so kann die PKV den Abschluss eines Versicherungsvertrags verweigern. Chronisch Kranke können daher meist nicht oder nur mit erheblichem Risikoaufschlag außerhalb des Standard- oder Basistarifs privat versichert werden.

Familienmitgliedschaft

In der GKV sind minderjährige/in Ausbildung stehende Kinder kostenfrei mitversichert, ebenso ein nicht erwerbstätiger Ehegatte, soweit er kein bzw. nur minimales eigenes Einkommen hat. In der PKV gilt der Grundsatz der individuellen Versicherung: Für jede Person wird ein eigener Versicherungsvertrag mit einem eigenen Beitrag abgeschlossen. Ehepartner/Kinder müssen also extra versichert werden.

Hauptnachteile

Bei der gesetzlichen Krankenkasse werden zunehmend die Leistungen eingeschränkt; diese tendieren zunehmend in Richtung einer Mindestversorgung. Kassenpatienten klagen oft, dass sie von Ärzten nur als zweitklassige Patienten angesehen würden.

Neue Medikamente, Therapieformen oder Behandlungen, deren Wirksamkeit nicht nachgewiesen ist, werden nicht oder nur im Ausnahmefall erstattet.

Dennoch ist der Leistungsstandard – europaweit gesehen – insgesamt noch immer auf sehr hohem Niveau. Wesentlicher Nachteil der PKV ist zumindest

für chronisch kranke (und damit risikobehaftete) Menschen, dass – abgesehen vom Standard- oder Basistarif – die Versicherungsprämien u. a. von Alter und Gesundheitszustand abhängen. Die Beiträge können daher im Alter erheblich ansteigen und nehmen auch keine Rücksicht auf ein zwischenzeitlich möglicherweise geringer gewordenes Einkommen (z. B. Rente!).

Auch die fehlende Familienmitgliedschaft kann sehr teuer werden: Wenn eine ganze Familie mit Kindern jeweils einzeln versichert werden muss, dann können die aufzuwendenden, monatlichen Gesamtkosten um ein Vielfaches höher sein als der Beitrag der gesetzlichen Krankenkasse.

Häufiges Problem in der Praxis ist der Umstand, dass Patienten durch Hin-

halte- oder Verzögerungstaktiken der PKV (auch finanziell) zermürbt werden können: Nicht selten wird von der PKV einfach die medizinische Notwendigkeit der ärztlichen Verordnung bestritten und die Erstattung der Kosten verweigert bzw. diese erheblich gekürzt. Der Patient muss dann seinem vorgestreckten Geld „hinterherlaufen" und im Zweifel die Versicherung verklagen – im Zweifel kann dies dann zu existenzbedrohenden finanziellen Engpässen führen!

» Patienten mit Standard-/Basistarif der PKV gelten beim Arzt als Privatpatient, von ihrer Versicherung erhalten sie aber eine Kostenerstattung nur in Höhe der Kassenleistung!

Für Patienten mit Standard- oder Basistarif der PKV kommt das Problem hinzu, dass diese beim Arzt als Privatpatient gelten, von ihrer Versicherung aber eine Kostenerstattung nur in Höhe der Kassenleistungen erhalten. Der Arzt muss daher immer darauf hingewiesen werden, dass er nicht die üblichen Privatleistungen abrechnen kann, sondern nur die vom Standard- oder Basistarif abgedeckten Leistungen erbringen bzw. berechnen soll.

 Darf der Apotheker für Blutzucker-Teststreifen einen Eigenanteil verlangen?

Teststreifen zur Blut- und Harndiagnostik sind derzeit noch zuzahlungsfrei (Stand 09/ 2007). Bei allen zu Lasten von Krankenkassen abgerechneten Teststreifen sind Zuzahlungen, Aufzahlungen oder die Erhebung eines Eigenanteils nicht zulässig.

Sobald Sie also vom Arzt ein Kassenrezept über Teststreifen erhalten haben, darf Ihnen der Apotheker keinen Eigenanteil abverlangen. Sie sollten Ihren Apotheker darauf ansprechen und ihn zur Rückzahlung des zu Unrecht einbehaltenen Eigenanteils auffordern.

Ich möchte ins Ausland: Kann ich mir Rezepte „auf Vorrat" mitnehmen?

Ausländische Apotheken akzeptieren keine deutschen Rezepte!

Das bringt wahrscheinlich nichts – denn die ausländischen Apotheken werden die deutschen Rezepte nämlich nicht akzeptieren bzw. diese nicht abrechnen können.

Auch eine spätere Erstattung der Rechnungen wird problematisch sein – die gesetzlichen Krankenkassen haben dem Versicherten die Leistungen als Sachleistung zur Verfügung zu stellen;

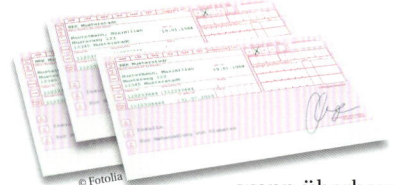
© Fotolia

wenn überhaupt, dann wird nur der Betrag erstattet, den die Kassen in Deutschland an die Apotheken zu bezahlen hätten – und auch nur für die Präparate, die in Deutschland zugelassen sind.

 ## Ich gehe für einige Zeit ins Ausland: Muss meine Reisekrankenversicherung für Insulin und Teststreifen aufkommen?

© Fotolia

Grundsätzlich nein: Eine Auslandskrankenversicherung übernimmt nur die Notfallbehandlung sowie die hierfür erforderlichen Medikamente.

Insulin zählt nur im Notfall (z. B. wenn vergessen oder kaputtgegangen) dazu. Bei einem längeren Auslandsaufenthalt, der über eine Urlaubsreise hinausgeht (> 6 Wochen), muss im Fremdland unbedingt eine dortige Krankenversicherung abgeschlossen werden.

 ## Ich möchte die Krankenkasse wechseln – welche Kasse ist für Diabetiker am ehesten zu empfehlen?

Leider können wir hier keine generelle Empfehlung geben, da es ja immer im Einzelfall auf die auch individuellen Ansprüche bzw. die Erwartungen des Patienten ankommt. Am besten, Sie lassen sich von den in Frage kommenden Kassen einfach entsprechende Broschü-

ren kommen und vergleichen die Tarife und Leistungen.

Sie können auch konkret bei den Kassen (am besten schriftlich!) anfragen, ob bestimmte Leistungen übernommen werden und ggf. hiervon Ihre Wechselentscheidung abhängig machen.

? Mein Arzt will mir aus Kostengründen nur noch Teststreifen für ein bestimmtes Messgerät verordnen – ich bin aber mit meinem bisherigen Gerät zufrieden. Kann ich mich hiergegen wehren?

Nein, grundsätzlich dürfen rein wirtschaftliche Gründe bei der Verordnung von Teststreifen keine Rolle spielen!

Es ist zwar richtig, dass für den Arzt ein gewisses Risiko besteht, wenn er aufgrund zu umfangreicher Verordnungen sein „Budget" überschreitet und er dann Regressforderungen entgegensieht. Dies ist aber regelmäßig nur dann der Fall, wenn der Arzt nicht begründen kann, aus welcher – medizinischen! – Notwendigkeit er bestimmte Rezepte ausgestellt hat.

Bei Patienten mit Diabetes Typ 1 (ICT) werden Teststreifen beispielsweise grundsätzlich ohne Anrechnung auf ein Budget von der Krankenkasse übernommen, wenn der Arzt dies als sog. Praxisbesonderheit rechtfertigen kann. Aber auch bei Typ-2-Diabetikern hat der Arzt allenfalls dann ein Risiko, wenn er seine Verordnung nicht begründen kann.

Auch die Behauptung günstigerer Teststreifenpreise eines bestimmten Anbieters oder Herstellers ist nicht selten fragwürdig: Der Arzt hat nämlich regelmäßig gar keinen Einblick, zu welchen Konditionen denn überhaupt mit der Krankenkasse des Patienten abgerechnet wird.

Aber auch wenn der Arzt – beispielsweise durch ein Rundschreiben der Krankenkasse – konkret über Preise informiert wurde, so dürfen allein wirtschaftliche Gründe keine Rolle für eine Umstellung auf ein anderes Messgerätesystem spielen.

Im Rahmen seiner Therapiefreiheit obliegt es grundsätzlich dem Arzt, welches Messgerätesystem er für geeignet und erforderlich hält und letztlich verordnen will.

Der Patient hat zwar einen Anspruch auf eine Versorgung mit den medizinisch erforderlichen Heil- und Hilfsmitteln – er kann aber nicht verlangen, auf Kassenkosten jeweils das neueste bzw. modernste Messgerät bzw. Teststreifen hierfür zu erhalten.

» Wirtschaftliche Gründe allein dürfen keine Rolle für eine Umstellung auf ein anderes Messgerätesystem spielen.

Wichtig ist allein, dass das Gerät zuverlässig misst und für den Patienten von der Handhabung geeignet ist – ein Gerät mit nur kleinem Display wäre beispielsweise einem sehbehinderten Menschen eher nicht zumutbar.

Wenn der Arzt also davon überzeugt ist, dass das neue System auch aus medizinischer Sicht ausreichend ist, dann können Sie hiergegen leider nichts machen.

Umgekehrt gilt aber auch: Weder eine Krankenkasse noch die kassenärztliche Vereinigung dürfen den Arzt dazu zwingen, nur noch bestimmte Messgeräte zu verordnen. Schließlich darf der Arzt sich aber auch nicht dem Verdacht aussetzen, dass er bestimmte Anbieter ohne medizinischen Grund bevorzugt.

Meine Kasse bietet ein sog. „Disease Management Programm (DMP)" für Diabetiker an – was ist das und was habe ich davon?

Seit einigen Jahren hat der Gesetzgeber zugelassen, dass strukturierte Behandlungsprogramme für chronisch kranke Menschen angeboten werden dürfen. Mit solchen sog. „Disease Manage-

In einem sog. DMP wird der Patient neben den notwendigen wiederkehrenden Untersuchungen auch gezielt geschult, damit er sicher mit dem Diabetes umgehen kann.

ment"-Programmen (auch „Chronikerprogramme") soll eine strukturierte und qualitativ bessere Versorgung der Patienten gesichert werden; die rechtlichen Rahmenbedingungen sind in entsprechenden Rechtsverordnungen niedergelegt.

Grundsätzlich soll eine Mindestqualität der Versorgung sichergestellt werden;

» Immer mehr Krankenkassen und Versicherungen bieten sog. DMPs für Typ-1- und Typ-2-Diabetiker an.

auch sollen Doppeluntersuchungen vermieden und der Patient mehr geleitet und geschult werden.

Immer mehr Krankenkassen und Versicherungen bieten nun sog. „Disease Managment Programme" – oder auch „Gesundheitsprogramme" für Typ-1- und Typ-2-Diabetiker an.

Bei den Gesundheitsprogrammen für Diabetes kommt dem Hausarzt die zentrale Rolle zu: Dieser lenkt und leitet die Behandlung des Patienten, überwacht die Werte und dokumentiert die einzelnen Therapieschritte. Der Patient verpflichtet sich während der Teilnahme am DMP, zunächst nur seinen Arzt zu konsultieren und mit diesem die Behandlung abzustimmen. Der behandelnde Arzt muss jedoch ebenfalls an dem jeweiligen Gesundheitsprogramm teilnehmen. Wer den Arzt wechseln will, kann dies jedoch ohne Angabe von Gründen tun.

In medizinischer Hinsicht sind die Programme auf die Erkenntnisse der sog. „evidenzbasierten" Medizin gestützt – d. h. es sollen nur Behandlungsmaßnahmen ergiffen werden, deren Wirksamkeit wissenschaftlich nachgewiesen ist. Erfahrungsmedizin, soziale Auswirkungen, individuelle Entscheidungen und Emotionen dürfen daher grundsätzlich keine Rolle spielen.

Diese Vorgabe hat in der Vergangenheit zu teilweise massiver Kritik an den DMP geführt – genauso wie die fachliche Kritik an den dort definierten Zielsetzungen und Ausgangslagen. Wir haben hierüber im Diabetes-Journal bereits mehrfach berichtet.

Wie läuft die Teilnahme ab?
Möchte ein Versicherter an einem Gesundheitsprogramm teilnehmen, so muss er sich zunächst einen Arzt auswählen, der dort ebenfalls angemeldet ist bzw. die erforderlichen Strukturen mitbringen muss.

Anschließend wird eine Teilnahmeerklärung und eine sog. „Erstdokumentation" ausgefüllt und vom Arzt an eine Datenstelle weitergeleitet. Die erhobenen Datensätze werden anschließend digitalisiert und in zwei getrennte Datensätze aufgeteilt. Ein Datensatz wird anonymisiert zur Gemeinsamen Einrichtung der das DMP durchführenden Krankenkassen und der Kassenärztlichen Vereinigung (KV) übermittelt.

Der andere Datensatz – welcher zwar nicht pseudonymisiert ist, aber nur einen Teil der Daten enthält – wird an die Krankenkasse weitergegeben.

Abhängig vom jeweiligen Disease-Management-Programm sind dann bestimme Behandlungsmaßnahmen und Schulungen durchzuführen; der Arzt muss hierzu regelmäßig (in jedem bzw. in jedem zweiten Quartal) sog. „Dokumentationsbögen" erstellen und weiterleiten.

Tut er dies nicht, so wird er auf fehlende Dokumentationen hingewiesen. Ebenso werden die Versicherten von ihrer Krankenkasse informiert, wenn die vorgesehenen Standards nicht eingehalten wurden, beispielsweise wenn Dokumentationen fehlen oder der Patient auch Schulungen nicht wahrgenommen hat.

Was bringt Patienten die Teilnahme am DMP?

Immer mehr Patienten werden von Krankenkassen oder auch vom Arzt mitunter sogar massiv bedrängt, sich bei einem Gesundheitsprogramm Diabetes einzuschreiben. Als Gründe nennt hierfür eine Broschüre einer großen Krankenkasse beispielsweise:

- Wir stellen Ihnen ein Programm zur Verfügung, in dem Sie umfassend untersucht, bestens versorgt und gezielt

geschult werden, um sicher mit Diabetes umgehen zu können.
- Alle Untersuchungen und Behandlungen werden von Ihrem Arzt koordiniert, damit keine Maßnahme vergessen oder unnötig mehrfach ausgeführt wird.
- Auf die Bedürfnisse von Kindern und Jugendlichen wird bei der Schulung, Information und Behandlung besonders Rücksicht genommen.

» Der Arzt muss beim DMP regelmäßig sog. „Dokumentationsbögen" erstellen und zur Krankenkasse weiterleiten.

- Die Standards, nach denen Sie behandelt werden, unterliegen ständiger Überprüfung und Weiterentwicklung.
- Wir unterstützen Sie laufend mit leicht verständlichem Informationsmaterial.
- Unsere Medizinexperten stehen Ihnen bei Fragen zum Thema Diabetes jeden Tag telefonisch rund um die Uhr zur Verfügung

Das klingt auf den ersten Blick interessant. Bei näherer Betrachtung stellt sich aber die Frage, was denn dem Patienten hierbei tatsächlich zusätzliche Vorteile bringt.

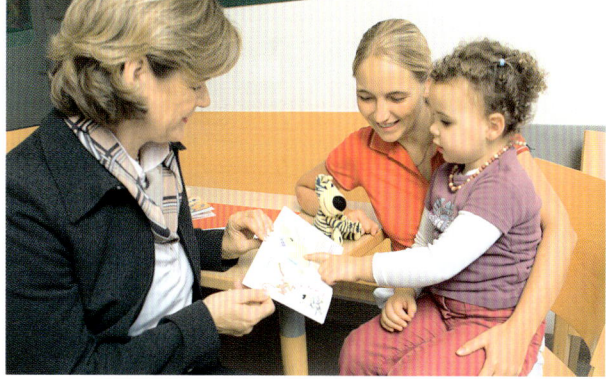

Beim DMP wird besonders auf die Bedürfnisse von Kindern eingegangen.

Ein Diabetiker – der sich in verantwortungsvoller Behandlung eines diabeteskompetenten Arztes befindet – erhält bislang auch so alle erforderlichen Untersuchungen und Behandlungsmaßnahmen, die sein Arzt für medizinisch notwendig hält und die im Leistungskatalog der Kassen enthalten bzw. verordnungsfähig sind. Eine Sonderregelung, wonach beispielsweise manche Unter-

» Die Teilnehmer eines DMPs haben auf die dort festgeschriebenen bzw. zugesicherten Untersuchungen Anspruch.

suchungen (z. B. HbA$_{1c}$) zwingend nur für Teilnehmer eines DMP durchgeführt werden dürfen, gibt es – zumindest derzeit – nämlich nicht.

Allerdings kann es natürlich sein, dass der Arzt bei den Patienten, die nicht am DMP teilnehmen, seine Verordnungen mitunter deutlich umfassender begründen muss – und er deswegen von mancher Behandlungsmaßnahme möglicherweise eher absehen wird.

Andererseits haben Teilnehmer eines DMP einen Anspruch darauf, dass die dort festgeschriebenen bzw. zugesicherten Untersuchungen auch tatsächlich durchgeführt werden. Der Arzt kann daher die regelmäßige Bestimmung des HbA$_{1c}$-Wertes nicht mehr – beispielsweise unter Hinweis auf sein Budget – einfach verweigern, wenn eine solche Untersuchung im DMP vorgesehen ist.

Bei vielen der angebotenen Gesundheitsprogramme wird den Teilnehmern die Praxisge-

Für jedes Mitglied, das sich in ein DMP einschreibt, erhalten die Krankenkassen aus einem gemeinsamen Topf eine pauschale Ausgleichszahlung.

bühr teilweise rückvergütet bzw. auch die Zuzahlung für Arzneimittel (Insulin) gesenkt. Dies kann für viele Betroffene einen nachhaltigen Vorteil darstellen.

Insgesamt wird man als Patient aber sehr individuell prüfen müssen, ob mit einer Teilnahme am DMP tatsächlich Verbesserungen der persönlichen Therapie verbunden sind.

Wäre dies der Fall, dann spricht eigentlich nichts gegen die Teilnahme, zumal man diese ja auch jederzeit wieder beenden kann.

Was haben die Krankenkassen von DMP?

Die zunehmenden Aktivitäten der Krankenkassen hinsichtlich der Gesundheitsprogramme haben eine klare Erklärung: nämlich den sog. „Risikostrukturausgleich" (RSA).

Alle Krankenkassen führen aus den Pflichtbeiträgen der Versicherten denselben Prozentsatz der beitragspflichtigen Einnahmen ihrer Mitglieder an den RSA-Ausgleichstopf ab. In einem gesetzlich vorgegebenen Verfahren wird dann der objektive „Beitragsbedarf" jeder Krankenkasse ermittelt und entsprechend verteilt.

Für jedes Mitglied, das sich in ein DMP einschreibt, erhalten die Kassen aus diesem gemeinsamen Topf eine pauschale Ausgleichszahlung. Der Hintergrund hierfür ist, dass diejenigen Kassen benachteiligt sind, die im Vergleich zu den anderen Krankenkassen einen höheren Anteil an chronisch kranken Mitgliedern und somit deutlich gesteigerte Ausgaben haben. Mit dem Risikostrukturausgleich soll dieser höhere Beitragsbedarf ausgeglichen und die Wettbewerbssituation der Kassen angeglichen werden.

Dies führt nun dazu, dass die Krankenkassen möglichst viele ihrer chronisch kranken Mitglieder zur Teilnahme beim DMP bewegen möchten – denn nur dann gibt es Geld. Da nun diese „Kopfprämie" einige tausend EURO pro eingeschriebenem Mitglied betragen kann, locken hier natürlich enorme Summen – vor diesem Hintergrund erklärt sich, dass manche Kassen geradezu aggressiv versuchen, möglichst viele „neue" Diabetiker für deren DMP zu gewinnen.

Was bringt das den Ärzten?

Für die Ärzte hat die Teilnahme an einem Gesundheitsprogramm ebenfalls durchaus einige Vorteile:

Zum einen in finanzieller Hinsicht – bei vielen angebotenen Programmen gibt es eine Art „Prämie" für jeden ihrer Patienten, der sich in ein DMP einschreibt sowie zusätzliche Vergütungen für die Übersendung der Dokumentationsbögen. Hinzu kommen teilweise verbesserte bzw. unkompliziertere Abrechnungsmöglichkeiten. In manchen Strukturverträgen ist zusätzlich festgelegt, dass die Ärzte für Diabetes-Patienten quartalsweise eine sog. „Betreuungspauschale" erhalten: Für in ein DMP eingeschriebene Patienten gibt es hier teilweise erheblich mehr Geld.

In Bayern erhalten diabetologische Schwerpunktpraxen für Diabetiker pro Quartal eine Betreuungspauschale von 75,00 EUR. Ab Oktober 2007 wird die Pauschale in voller Höhe grundsätzlich nur noch bezahlt, wenn der Patient an einem DMP teilnimmt. Für nicht im DMP eingeschriebene Mitglieder der

AOK gibt es dann noch 30 EUR, für Versicherte anderer gesetzlicher Kassen fällt die Pauschale dagegen ganz weg.

Die Rolle der Hausärzte wird gestärkt. So können sie ihre Patienten mit diesem persönlichen Betreuungskonzept dauerhaft an sich binden und müssen sich auch vor einer Überweisungen an den Facharzt – und einer damit womöglich verbundenen Abwanderung des Patienten – nicht mehr scheuen: Die Ergebnisse aller Untersuchungen werden ihnen wieder zugeleitet. Aufgrund der strukturierten Auswertungen soll die Qualität der von der Arztpraxis geleisteten Versorgung ebenfalls deutlicher werden – denn alle Daten werden einmal im Quartal

» Für Ärzte hat die Teilnahme an einem Gesundheitsprogramm sowohl finanzielle Vorteile als auch die der Patientenbindung.

vom Arzt in einem Formular erfasst und regelmäßig gesondert ausgewertet. Im Ergebnis gibt es dann sogenannte „Feedback-Berichte" für jede Praxis. Ob dies für eine Arztpraxis aber letztlich ein entscheidendes Motivationselement ist, dürfte dahinstehen, zumal die Ergebnisse einer solchen Qualitätsbewertung – auch aus standesrechtlichen Gründen – kaum zu Werbezwecken verwendet werden können.

Andererseits ist der mit der Teilnahme am DMP verbundene Aufwand für die Ärzte nicht von der Hand zu weisen. Auch wenn die geforderte Dokumentation zwischenzeitlich weitgehend automatisch bzw. über die Praxis-EDV erfolgen kann, muss die hierfür erforderliche Arbeit schließlich dennoch gemacht werden.

Auch kann es durchaus zeitintensiv sein, sich mit den teilweise unterschiedlichen Leistungen und Vorgaben der von verschiedenen Kassen angebotenen DMP auseinandersetzen zu müssen und jeweils den dort geforderten Standards zu entsprechen.

Für Ärzte bedeutet DMP aufgrund der geforderten Dokumentationen einen zusätzlichen Arbeitsaufwand, der aber weitgehend über die Praxis-EDV erfolgen kann.

Welche Kassen bieten DMP für Diabetiker an?

Zwischenzeitlich bieten nahezu alle gesetzlichen Krankenkassen sog. „Disease-Management-Programme" für Typ-2-Diabetiker an. Auch für Typ-1-Diabetiker haben bereits einige Krankenkassen Gesundheitsprogramme aufgelegt; ebenso bieten auch zahlreiche private Versicherungen entsprechende Maßnahmen an. Eine aktuelle bzw. immer vollständige Übersichtsliste können wir hier leider

» Krankenkassen können anhand typischer Medikamentenverordnungen auf das Vorliegen einer bestimmten Krankheit schließen.

nicht abdrucken – am besten fragen Sie Ihren Arzt oder direkt bei Ihrer Krankenkasse/Versicherung nach, ob diese ein solches Programm anbietet.

Ich erhalte Werbeanrufe von meiner Kasse – warum ist dort mein Diabetes bekannt?

An sich sollten bei der Krankenkasse keine Gesundheitsdaten einzelner Mitglieder gespeichert sein.

Die Abrechnung der Ärzte erfolgt über die kassenärztliche Vereinigung; von dort gehen nur anonymisierte Abrech-

nungsdaten an die jeweiligen Krankenkassen.

Grundsätzlich sollten der Kasse daher nicht die Diagnosen des Arztes vorliegen, sondern allenfalls die über Rezept eingereichten Leistungen (d. h. Behandlungen, Medikamente). Wahrscheinlich hat die Krankenkasse anhand typischer Medikamente eine Wahrscheinlichkeit für das Vorliegen der Diabetes-Krankheit ermittelt. Gem. § 284 Abs. 1 Nr. 11 SGB V dürfen die Kassen zwar auch die Daten verarbeiten, die zur Gewinnung von Versicherten sowie zur Vorbereitung und Durchführung der DMP erforderlich sind. Wenn Sie damit aber nicht einverstanden sind und am DMP definitiv nicht teilnehmen wollen, dann kann dieser vom Gesetz zugelassene Zweck nicht (mehr) erreicht werden und Sie können von Ihrer Krankenkasse die entsprechende Löschung dieser Daten fordern.

Ist die Teilnahme am DMP wirklich freiwillig?

Die Teilnahme an einem DMP ist freiwillig; eine Teilnahme kann jederzeit auch ohne Angabe von Gründen been-

det werden. Faktisch kann es jedoch ein ganz anderes Problem geben:
Die Vergütung des Arztes bzw. einer Schwerpunktpraxis kann teilweise deutlich niedriger ausfallen, wenn der Patient in keinem DMP eingeschrieben ist. Es ist daher durchaus damit zu rechnen, dass manche Schwerpunktpraxen nur noch eingeschriebene Patienten behandeln wollen – und den Betroffenen quasi keine andere Wahl lassen, sofern diese den Arzt nicht wechseln möchten.

Erhalte ich durch das DMP weniger Leistungen als vorher?

Nein, die Teilnahme am DMP sollte nicht mit weniger Leistungen verbunden sein. Die Gesundheitsprogramme schreiben Mindeststandards der Behandlung fest, die nicht unterschritten werden sollen. Selbstverständlich dürfen die Teilnehmer eines DMP aber hierdurch nicht schlechter gestellt oder behandelt werden als nicht teilnehmende Patienten.

Was ist sonst noch wichtig?

Mit der Teilnahme am DMP erklärt sich der Patient damit einverstanden, dass seine Krankheitsdaten u. a. auch an sei-

» Krankenkassen können gespeicherte Diagnosedaten auch für andere Entscheidungen (z. B. Reha, Kur, Operationen) heranziehen.

ne Krankenkasse weitergeleitet werden. Man muss sich im Klaren sein, dass die Kassen somit Diagnosedaten speichern können, die möglicherweise in Zukunft dann auch für andere Entscheidungen (z. B. Reha, Kur, Operationen) herangezogen werden.
Nicht alle Ärzte nehmen an einem DMP teil: Bevor man sich einschreibt, sollte man daher sicherstellen, dass der eigene Arzt dort mitmacht – ansonsten muss man nämlich zu einem anderen, teilnehmenden Arzt wechseln.

 ### Ich habe mich in ein DMP meiner Kasse eingeschrieben – kann ich das auch wieder beenden?

Ja, die Teilnahme an einem DMP kann vom Patienten jederzeit und ohne Angabe von Gründen beendet werden.
Wenn Sie die Teilnahme an einem DMP allerdings vor Ablauf eines Jahres beenden und einen Bonusbetrag für die Teilnahme erhalten haben, so kann der zu viel gezahlte Bonusbetrag zurückgefordert werden.
Sie gehen also mit der Anmeldung bei einem DMP grundsätzlich ein überschaubares Risiko ein – denn der Umstand, dass Sie Typ-1-Diabetiker sind, dürfte der Kasse ohnehin bereits

bekannt oder zumindest naheliegend sein.

Kann mein Arzt mich zwingen, am DMP teilnehmen bzw. die Verordnung von Insulin und Teststreifen hiervon abhängig machen?

Leider wird immer wieder berichtet, dass Patienten mit derartigen Einschüchterungen zur Teilnahme in einem DMP genötigt werden.

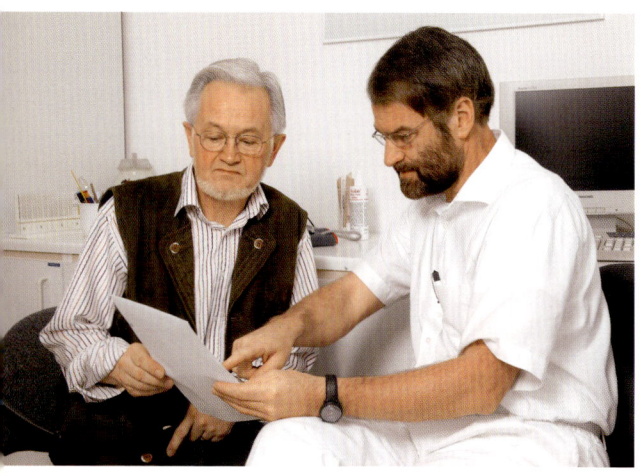

Wenn ein Arzt die Kassenzulassung hat, muss er auch einen Kassenpatienten, der nicht am DMP teilnimmt, behandeln.

Hierzu ganz klar: Wenn Ihr Arzt die Kassenzulassung hat, dann muss er Kassenpatienten auch behandeln – unabhängig davon, ob diese in einem DMP eingeschrieben sind oder nicht. Auch Verordnungen dürfen – zumindest bis derzeit – grundsätzlich nicht von einer Teilnahme am DMP abhängig gemacht werden: Auch ohne DMP haben Sie Anspruch auf die medizinisch erforderlichen Medikamente und Behandlungen!

In Zukunft ist zwar damit zu rechnen, dass manche Krankenkassen zur Prävention zusätzliche Leistungen (z. B. zusätzliche Laboruntersuchungen) für Mitglieder eines DMP anbieten, die dann „normalen" Kassenpatienten nicht bzw. nur unter schwierigeren Bedingungen zugänglich sind. Die Grundleistungen – wozu Insulin und Teststreifen gehören – haben damit aber nichts zu tun. Wenn Ihr Arzt hier eine Verordnung für medizinisch notwendig hält, dann muss er Ihnen hierfür also auch ein Kassenrezept ausstellen, egal ob Sie im DMP eingeschrieben sind oder nicht.

 Mein Arzt sagt, er dürfe Kassenpatienten nur noch Normalinsulin verordnen. Analoginsulin könne er nicht mehr verschreiben. Stimmt das wirklich?

Der hierfür zuständige „Gemeinsame Bundesausschuss" (G-BA) hat unlängst entschieden, dass kurzwirksame Analoginsuline künftig im Regelfall nicht mehr zu Lasten der Krankenkassen verordnet werden dürfen. Nur in begründeten Ausnahmefällen sind diese Insuline daher noch erstattungsfähig – oder dann, wenn sie nicht mehr kosten als Standardinsulin.

Wer bislang aber bereits mit Analoginsulin behandelt wird, der sollte an sich nichts befürchten müssen: Wenn der Arzt der Auffassung ist, dass die Verordnung eines Analoginsulins medizinisch erforderlich ist, dann kann er – und muss eigentlich! – hierüber ein Kassenrezept ausstellen. Allerdings wird er im Zweifel die Notwendigkeit der Verordnung auch begründen (können) müssen – und dieser Zusatzaufwand wird von manchen Ärzten gescheut.

Hält er allerdings das Analoginsulin nicht (mehr) für notwendig – nun, dann gibt es meines Erachtens an sich auch wirklich keinen Grund, dass die Kasse dies bezahlen sollte.

Viele Behandler lassen dabei nun aber ein ganz anderes, mitunter erheblich höheres Risiko außer Acht: Erfolgt die Therapieumstellung nämlich nur aus ökonomischen Gründen, d. h. nur zur Regressvermeidung und ohne hinreichende medizinische Indikation, dann drohen womöglich Schmerzensgeld- und Schadenersatzansprüche des Patienten.

Gerade im Fall einer Insulinumstellung kann dies erhebliche Folgen haben: Meist wurde die (bisherige) Therapie mit kurzwirksamen Insulinen ja damit begründet, dass mit normalem Insulin nur eine unzureichende Therapiequalität erzielt werden konnte. Bei vielen Patienten konnte durch den Einsatz von Analoginsulin die Anzahl und Ausprägung von Hypoglykämien – vor allem auch nachts – teilweise deutlich gesenkt werden.

Wird nun eine beim Patienten derart erfolgreiche Therapie ohne hinreichende medizinische Indikation geändert und kommt es später – bei dann wiederum verschlechterter Ergebnisqualität – beim Patienten zu Folgeschäden, dann könnte dieser womöglich den Arzt dafür in Haftung nehmen.

Unterschreitet der Arzt die medizinischen und therapeutischen Standards bzw. ändert er ohne Indikation eine erfolgreich verlaufende Therapie, dann behandelt er nämlich grundsätzlich nicht lege artis – mit allen (haftungs-)rechtlichen Konsequenzen. Wer die Insulinentscheidung also nur aus Budgetgründen bzw.

zur Abwendung eines ansonsten zu erwartenden Regresses begründen kann, dürfte sehr schlechte Karten haben: Allein wirtschaftliche Gründe können nach bisheriger Rechtssprechung eine Unterschreitung des Therapiestandards nämlich nicht rechtfertigen.

In der Konsequenz müsste der Behandler in einem Arzthaftungsprozess dann sogar mit einer Beweislastumkehr rech-

>> Erfolgt die Therapieumstellung nämlich nur aus ökonomischen Gründen, dann drohen womöglich Schmerzensgeld- und Schadenersatzansprüche des Patienten.

nen, d. h. er müsste dann beweisen, dass der Schaden tatsächlich nicht auf seiner Therapieentscheidung zur Umstellung auf Normalinsulin beruht.

Neben diesem Fernrisiko hat der Arzt aber auch die unmittelbaren Auswirkungen der Therapieumstellung zu beachten.

Bei Umstellung von kurzwirksamem Analoginsulin auf Normalinsulin (mit deutlich längerer Wirkkurve) dürfte dies vor allem die Gefahr überraschender Hypoglykämien sein – einfach, weil die Patienten die Wirkdauer des Insulins unterschätzen:

Wird beispielsweise anstelle Analoginsulin nun Normalinsulin zum Mittagessen gespritzt, dann muss der Patient aufgrund des deutlich längeren Insulinwirkungsverlaufs jetzt auch noch viele Stunden später mit dem Risiko einer Unterzuckerung rechnen. Es kann jetzt sogar auch noch bei der abendlichen Heimfahrt zu einer überraschenden Hypoglykämie (durch das Mittagsinsulin!) kommen – mit womöglich fatalen Folgen.

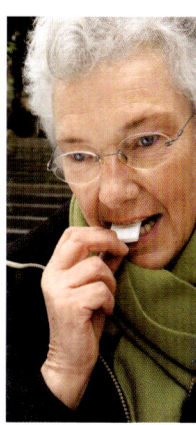

Durch den Einsatz von Analoginsulin kann die Gefahr von Hypoglykämien teilweise deutlich gesenkt werden.

Diabetes & Allgemeines

In diesem Abschnitt werden allgemeine Fragen beantwortet, die nicht in unmittelbarem Zusammenhang mit der Diabetes-Erkrankung stehen, aber doch für die gesamte Thematik wichtig sind.

Diabetes  **Allgemeines** | Inhalt

Wenn es zu einem Rechtsstreit kommt – welches Gericht ist zuständig?

(Auch) Diabetiker sind oftmals mit rechtlichen Problemen im Arbeitsleben konfrontiert. In den meisten Fällen ist natürlich eine – übrigens nur selten

> **Wichtig** Im arbeitsgerichtlichen Verfahren trägt zumindest in erster Instanz jede Partei ihre Kosten selbst. Das bedeutet, dass Sie Ihren Anwalt auch dann selbst bezahlen müssen, wenn Ihre Klage erfolgreich war. Aus diesem Grund empfiehlt es sich unbedingt, eine Rechtsschutzversicherung abzuschließen, welche arbeitsrechtliche Streitigkeiten ausdrücklich mitumfasst.

Welches Gericht ist für welchen Rechtsstreit zuständig?

mit dem Diabetes zusammenhängende – Kündigung des Arbeitsverhältnisses das Hauptproblem; häufig handelt es sich auch um Auseinandersetzungen um Urlaubsansprüche, Lohnzahlungen oder die Erteilung eines (korrekten) Zeugnisses. In allen diesen Fällen ist das

Arbeitsgericht zuständig, eine entsprechende Klage muss dort eingereicht werden. Ein Rechtsanwalt ist hierfür nicht erforderlich – jedoch unbedingt ratsam!

Das Sozialgericht
Bei Fragen der Schwerbehinderung oder Streitigkeiten mit der gesetzlichen Krankenkasse – beispielsweise wenn bestimmte Leistungen nicht übernommen werden – ist der Weg zu den Sozialgerichten eröffnet. Das Verfahren dort ist grundsätzlich kostenfrei und ebenfalls keinem Anwaltszwang unterworfen. Das Gericht hat hier von Amts wegen den Sachverhalt zu ermitteln; allerdings sollte man selbstverständlich auch hier im eigenen Interesse die kompetente Unterstützung suchen durch einen spezialisierten Anwalt oder einen Verband wie den DDB oder VDK.

Die Verwaltungsgerichte
Für Streitigkeiten mit Behörden, insbesondere den Straßenverkehrsbehörden oder der Beihilfestelle, ist regelmäßig der Verwaltungsrechtsweg gegeben. Die Anordnung von Auflagen zum Führerschein bzw. die Versagung der Fahrerlaubnis kann vor den Verwaltungsgerichten überprüft werden; auch hier ist in erster Instanz kein Anwalt erforderlich.

> **Tipp** Gerade in Führerscheinsachen können in verfahrenstaktischer Hinsicht sehr viele Fehler gemacht werden. Sie sollten daher in diesen Fällen unbedingt einen spezialisierten Anwalt einschalten!

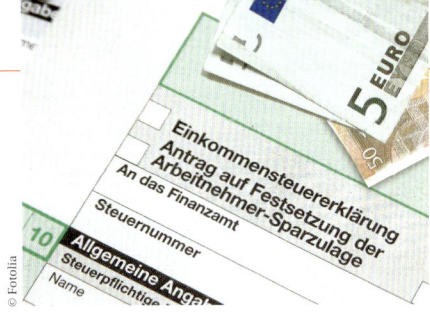

© Fotolia

Die Finanzgerichte

Diabetiker können die Zuzahlungen für Arztbesuche und Medikamente (Insulin) ab einer bestimmten Höhe grundsätzlich als außergewöhnliche Belastungen steuermindernd absetzen. Schwerbehinderte können zusätzlich Freibeträge bei der Steuer in Anspruch nehmen. Macht das Finanzamt hier Schwierigkeiten, so kann man seine Rechte vor den Finanzgerichten wahrnehmen; hier empfiehlt sich eine Vertretung durch den Steuerberater oder einen spezialisierten Anwalt.

Die Zivilgerichte

Für alle übrigen Streitigkeiten (z.B. aus Miete, Vertrag, Verkehrsunfall, Arzthaf-

tung) ist der normale Zivilrechtsweg eröffnet, d.h. es sind bis zu einem Streitwert von 5 000 Euro die Amtsgerichte, bei höheren Streitwerten die Landgerichte zuständig. Im Verfahren vor den Landgerichten besteht Anwaltszwang. Die Kosten eines Rechtsstreits sind meist beträchtlich; die unterliegende Partei trägt alle Kosten des Rechtsstreits, d.h. es sind neben den eigenen Anwaltskosten auch die des Gegners zu tragen sowie die Gerichtsgebühren, Kosten für Gutachten sowie Auslagen für Zeugen. Selbst bei einer Klage von (nur) 3 000 Euro kommen so allein schon in erster

> **Wichtig** Für Diabetiker: Wird von der privaten Krankenversicherung eine Kostenerstattung verweigert, so muss ebenfalls vor dem Zivilgericht geklagt werden.

Instanz auf die unterliegende Partei Kosten in Höhe von mindestens 1 628 Euro zu.

Wie finde ich einen „guten" Anwalt?

Gerade bei Problemen mit dem Führerschein oder im Arbeitsleben sollte unbedingt die Fachkenntnis eines spezialisierten Anwaltes in Anspruch genommen werden.
Auch die besondere Problematik der Diabetes-Erkrankung ist nicht jedem Anwalt geläufig.
Wichtig ist daher, dass Sie sich die Mühe machen, einen für Ihre Rechtsprobleme spezialisierten Anwalt auszusuchen.
Es ist hier nicht unbedingt empfehlenswert, den erstbesten Anwalt aus dem

Telefonbuch oder an der nächsten Straßenecke aufzusuchen.
Fragen Sie daher zunächst bei anderen Betroffenen – beispielsweise in der Selbsthilfegruppe – nach, ob dort entsprechende Empfehlungen und Erfahrungsberichte vorliegen.
Ansonsten wenden Sie sich an die regional zuständige Anwaltskammer (Adresse im Telefonbuch): Gerne wird man Ihnen kostenlos spezialisierte Anwälte nennen, z.B. für Arbeitsrecht oder Verkehrsrecht.

Benötige ich eine Rechtsschutzversicherung?

Die Kosten eines Rechtsstreits sind in vielen Fällen nicht unerheblich, so dass sich der Abschluss einer geeigneten Rechtsschutzversicherung nicht nur für

>> Ein Muss für alle autofahrenden Diabetiker ist eine Verkehrsrechtsschutzversicherung, die auch Führerscheinstreitigkeiten abdeckt.

Diabetiker dringend empfiehlt. Ein absolutes Muss für alle autofahrenden Diabetiker ist eine Verkehrsrechtsschutzversicherung, die auch Führerscheinstreitigkeiten abdeckt. ADAC oder der AvD bieten beispielsweise hier recht günstige und umfassende Versicherungspakete an.

Sind Sie Arbeitnehmer, ist eine Rechtsschutzversicherung für Arbeitsrechtsstreitigkeiten unbedingt anzuraten – Problemen mit dem Arbeitgeber können Sie dann etwas gelassener entgegensehen und es auf eine gerichtliche Auseinandersetzung ohne eigenes Kostenrisiko ankommen lassen.

Wenn sich Probleme mit privaten Krankenversicherungen abzeichnen, sollte über den Abschluss einer Vertragsrechtsschutzversicherung nachgedacht werden; diese macht sich dann meist schon recht schnell bezahlt. Bei (absehbaren) Mietrechtsstreitigkeiten ist es dagegen oft günstiger, dem örtlichen Mieterschutzbund beizutreten und seine Interessen von dort wahrnehmen zu lassen.

Wichtig „Normale" Rechtsschutzversicherungen beinhalten in der Regel keinen Arbeitsrechtsschutz, hier sollten Sie unbedingt die Vertragsbedingungen genau studieren.

Und für alle, die auf „Nummer sicher" gehen wollen: Mittlerweile gibt es auch eine Rechtsschutzversicherung für Ehescheidungen …

Lexikon

In diesem Abschnitt werden
einige Begriffe, die im Buch
vorkommen, nochmals separat
erläutert.

Beitragsbemessungsgrenze

Unter Beitragsbemessungsgrenze wird die Obergrenze für den Betrag verstanden, von dem für jeden Beschäftigten prozentual (gemäß der aktuell festgelegten Prozentsätze) der Beitrag für die Renten- und Arbeitslosenversicherung berechnet wird.

Die entsprechende Obergrenze für die Beiträge für die gesetzliche Krankenversicherung ist mit 75% der Beitragsbemessungsgrenze für die Renten- und Arbeitslosenversicherung festgelegt.

Der zugrundeliegende Betrag selber ist das Jahresarbeitsentgelt des Beschäftigten, welches unter Berücksichtigung seiner sämtlicher Einkünfte ermittelt wird. Die Höhe der Beitragsbemessungsgrenze wird abhängig davon, ob der Beschäftigungsort in den alten oder neuen Bundesländern liegt, unterschieden. Sie wird zu Beginn jeden Jahres neu ermittelt und richtet sich nach dem durchschnittlichen Bruttolohn/-gehalt.

Diskriminierung

Unter Diskriminierung versteht man die Benachteiligung von Menschen aufgrund persönlicher Merkmale (beispielsweise wegen Behinderungen, Alter, Hautfarbe, Herkunft, Geschlecht) oder der Zugehörigkeit zu einer sozialen Gruppe (z. B. Religion, Familienstand). Eine solche Diskriminierung ist staatlichen Stellen durch das Grundgesetz (Art. 3 GG) verboten, insbesondere hat der Staat sicherzustellen, dass niemand wegen seiner Behinderung, seines Geschlechtes, seiner Abstammung, seiner Rasse, seiner Sprache, seiner Heimat und Herkunft, seines Glaubens, seiner religiösen oder politischen Anschauungen benachteiligt oder bevorzugt wird.

Fahrverbot

Wird jemand wegen einer Straftat, die er bei oder im Zusammenhang mit dem Führen eines Kraftfahrzeuges oder unter Verletzung der Pflichten eines Kraftfahrzeugführers begangen hat, zu einer Freiheitsstrafe oder einer Geldstrafe verurteilt, so kann ihm das Gericht für die Dauer von einem Monat bis zu drei Monaten verbieten, im Straßenverkehr Kraftfahrzeuge jeder oder einer bestimmten Art zu führen. Geregelt ist dies in § 44 StGB.

Gleichstellung

Wer einen Grad der Behinderung von mindestens 30 hat, kann beantragen, dass er einem Schwerbehinderten „gleichgestellt" wird, sofern infolge der Behinderung und ohne die Gleichstellung ein geeigneter Arbeitsplatz nicht erlangt bzw. nicht behalten werden kann. Der Antrag ist bei der Bundesagentur für Arbeit zu stellen.

Grad der Behinderung (GdB)

Nach dem Sozialgesetzbuch (§2 SGB IX) gelten Menschen als behindert, wenn „ihre körperliche Funktion, geistige Fähigkeit oder seelische Gesundheit mit hoher Wahrscheinlichkeit länger als sechs Monate von dem für das Lebensalter typischen Zustand abweichen und daher ihre Teilhabe am Leben in der Gesellschaft beeinträchtigt ist".

Das Ausmaß der Beeinträchtigung wird durch den sog. „Grad der Behinderung" (GdB) auf einer Skala von 5 bis 100 angegeben: Dieser berücksichtigt, wie erheblich die körperlichen und geistigen Funktionen beeinträchtigt sind und in welchem Umfang hierdurch Einschränkungen der Teilhabe am sozialen Leben verursacht sind.

Integrationsamt

Die Integrationsämter sind kommunal oder staatlich organisierte Behörden, welche u. a. die Eingliederung und Gleichstellung von Schwerbehinderten sicherstellen sollen.

Sie sind u. a. zuständig für den besonderen Kündigungsschutz für schwerbehinderte Menschen, die Erhebung und Verwendung der Ausgleichsabgabe, die begleitende Hilfe im Arbeitsleben für schwerbehinderte Menschen sowie für Schulungs- und Bildungsmaßnahmen für das betriebliche Integrationsteam (Betriebsrat oder Personalrat, Schwerbehindertenvertretung und Beauftragter des Arbeitgebers).

Soll das Arbeitsverhältnis eines schwerbehinderten oder gleichgestellten Mitarbeiters gekündigt werden, so ist hierfür die Zustimmung des Integrationsamts erforderlich.

Krankengeld

Das Krankengeld ist der Betrag, der dem Arbeitnehmer nach der Lohn- oder Gehaltsfortzahlung (i.d.R. 6 Wochen) von der gesetzlichen Krankenkasse monatlich gezahlt wird. Privat Krankenversicherte erhalten stattdessen nach der von Ihnen vertraglich vereinbarten Karenzzeit das sogenannte monatliche Krankentagegeld in der ebenfalls vertraglich vereinbarten Höhe. Für Mitglieder der gesetzlichen Krankenversicherung besteht auch die Möglichkeit, zur Aufstockung des Krankengeldes eine private Krankentagegeldzusatzversicherung abzuschließen. Das Krankengeld beträgt maximal 90 % des Nettoeinkommens und ist außerdem durch die Beitragsbemessungsgrenze beschränkt. Die Einkünfte aus Kranken- und/oder Krankentagegeld dürfen nicht das aktuelle Nettoeinkommen überschreiten. Während des Bezuges von Krankengeld/Krankentagegeld sind weiterhin Beiträge zur Renten- und Arbeitslosenversicherung zu zahlen. Die gesetzliche Krankenversicherung zahlt die Hälfte dieser Beiträge, die private Krankenversicherung übernimmt nur die Beiträge zur Arbeitslosenversicherung.

Kündigungsschutz

In Betrieben mit mehr als 10 Mitarbeitern ist nach dem Kündigungsschutzgesetz (KSchG) eine Kündigung durch den Arbeitgeber nur möglich, wenn bestimmte Voraussetzungen eingehalten werden. Erforderlich ist beispielsweise, dass ein zulässiger Kündigungsgrund vorliegt und auch Fristen und Formen beachtet werden.

Der gesetzliche Kündigungsschutz wird durch zahlreiche tarifvertragliche Regelungen und gegebenenfalls auch einzelvertragliche Bestimmungen ergänzt.

Für Schwerbehinderte oder diesen gleichgestellte Mitarbeiter gilt – unabhängig von der Betriebsgröße – ein zusätzlicher Kündigungsschutz: Eine Kündigung ist hier nur nach vorheriger Zustimmung des Integrationsamtes wirksam.

Kündigungsschutzklage

Wer Kündigungsschutz genießt – beispielsweise in einem Betrieb, der dem Kündigungsschutzgesetz unterfällt oder wer schwerbehindert bzw. gleichgestellt ist – kann im Falle einer Kündigung die sog. Kündigungsschutzklage erheben.

Will ein Arbeitnehmer geltend machen, dass eine Kündigung sozial ungerechtfertigt oder aus anderen Gründen rechtsunwirksam ist, so muss er innerhalb von drei Wochen nach Zugang der schriftlichen Kündigung Klage beim

Arbeitsgericht auf Feststellung erheben, dass das Arbeitsverhältnis durch die Kündigung nicht aufgelöst ist (§ 4 KSchG).

Ein Anwalt ist hierfür nicht zwingend erforderlich, aber meistens ratsam.

Merkzeichen

Liegen bestimmte besondere gesundheitliche Beeinträchtigungen vor, so werden diese als sog. „Merkzeichen" im Behindertenausweis eingetragen. Folgende Merkzeichen gibt es:

- *B:* Ständige Begleitung des Menschen mit Behinderung bei Benutzung öffentlicher Verkehrsmittel ist notwendig.
- *BI:* Der Mensch mit Behinderung ist blind.
- *G:* Der Mensch mit Behinderung ist in seiner Bewegungsfähigkeit im Straßenverkehr erheblich beeinträchtigt bzw. erheblich gehbehindert.
- *aG:* Der Mensch mit Behinderung ist außergewöhnlich gehbehindert.
- *H:* Der behinderte Mensch ist hilflos.
- *RF:* Der Behinderte erfüllt die gesundheitlichen Voraussetzungen für die Befreiung von der Rundfunkgebührenpflicht und die Nachteilsausgleiche bei den Telefongebühren.

Abhängig vom jeweiligen Merkzeichen besteht Anspruch auf zusätzliche Nachteilsausgleiche bzw. Vergünstigungen.

Mobbing

Schikanen, Beleidigungen, Intrigen und Psychoterror – meist am Arbeitsplatz, aber auch in Schulen oder Vereinen – werden gemeinhin unter dem Begriff „Mobbing" zusammengefasst (vom Englischen mob: „Meute, Gesindel, Pöbel, Bande" und to mob: „anpöbeln, angreifen, über jemanden herfallen").

Arbeitgeber sind verpflichtet, alles zu tun, um solche Schikanen und Belästigungen zu unterbinden; ansonsten machen diese sich gegenüber den betroffenen Arbeitnehmern schadensersatzpflichtig (z. B. gem § 15 AGG).

Nachteilsausgleich

Die mit einer Schwerbehinderung verbundenen Nachteile sollen durch gesetzliche Privilegien und Sonderrechte etwas ausgeglichen werden; diese werden auch als Nachteilsausgleiche bezeichnet. Insbesondere sind hier zu nennen:

- Besonderer Kündigungsschutz
- Zusatzurlaub
- Freistellung von Mehrarbeit
- Anspruch auf begleitende Hilfen im Arbeitsleben
- Steuerermäßigungen
- Steuerersparnis für Eltern diabetischer Kinder und Jugendlicher
- Vorzeitige Altersrente

Pauschbetrag

siehe: Steuerfreibetrag

Pflegebedürftigkeit

Der Grad der Pflegebedürftigkeit wird vom medizinischen Dienst der Krankenkasse (MDK) festgestellt und geschieht mit der Einteilung in eine der drei sogenannten Pflegestufen. Im Fall der Pflegebedürftigkeit hängt von dieser Einteilung die Höhe der Leistung aus der Pflegepflicht- oder auch der Berufs- und Erwerbsunfähigkeitsversicherung ab.

Stufe 1 = erheblich Pflegebedürftige:
Personen, die bei der Körperpflege, der Ernährung oder der Mobilität für wenigstens 2 Verrichtungen mindestens einmal täglich der Hilfe bedürfen und zusätzlich mehrfach in der Woche Hilfen

bei der hauswirtschaftlichen Versorgung benötigen.

Stufe 2 = Schwerpflegebedürftige:
Personen, die bei der Körperpflege, der Ernährung oder der Mobilität mindestens 3-mal täglich zu verschiedenen Tageszeiten der Hilfe bedürfen und zusätzlich mehrfach in der Woche Hilfen bei der hauswirtschaftlichen Versorgung benötigen.

Stufe 3 = Schwerstpflegebedürftige:
Personen, die bei der Körperpflege, der Ernährung oder der Mobilität täglich rund um die Uhr – auch nachts – der Hilfe bedürfen und zusätzlich mehrfach in der Woche Hilfen bei der hauswirtschaftlichen Versorgung benötigen.

Prozesskostenhilfe

Bei geringem Einkommen und Vermögen kann grundsätzlich beantragt werden, dass die Kosten der Prozessführung ganz oder teilweise vom Staat getragen werden. Dies stellt sicher, dass auch finanziell weniger leistungsfähige Menschen ihre Rechte durchsetzen und verteidigen können.

Voraussetzung ist zunächst, dass eine sog. Bedürftigkeit vorliegt, d. h. man nach seinen persönlichen und wirtschaftlichen Verhältnissen die Kosten der Prozessführung nicht, nur zum Teil oder nur in Raten aufbringen kann. Soweit dies zumutbar ist, muss aber zunächst vorhandenes Vermögen eingesetzt werden; insbesondere auch ein zu erwartender Anspruch auf Prozesskostenvorschuss (z. B. nach Unterhaltsrecht gegen einen Ehegatten) oder ein Anspruch auf Versicherungsschutz hinsichtlich der Prozesskosten (z. B. gegen eine Rechtsschutzversicherung).

Ein Anspruch auf Prozesskostenhilfe besteht nicht, wenn eine Rechtsschutzversicherung oder eine andere Stelle die Kosten übernimmt.

Weitere Voraussetzung ist dann, dass der Rechtsstreit Aussicht auf Erfolg hat, d. h. nicht von vornherein bereits feststeht, dass die Rechtsverfolgung aussichtslos ist. Auch Querulanten werden nicht geschützt. Die Rechtsverfolgung darf daher auch nicht mutwillig erscheinen, das heißt, es muss sich um ein Verfahren handeln, das eine nicht bedürftige, verständige Partei in gleicher Weise führen würde.

Hierzu ist beim Gericht ein sog. Prozesskostenhilfeantrag zu stellen, in dem der Streit unter Angabe aller Beweismittel dargestellt wird.

Dem Antrag ist eine „Erklärung über die persönlichen und wirtschaftlichen Verhältnisse" sowie entsprechende Belege beizufügen.

Das Gericht prüft dann vorab, ob die Rechtsverfolgung Aussicht auf Erfolg hat. In diesem Fall übernimmt der Staat – abhängig vom einzusetzenden Einkommen – voll oder teilweise den eigenen Beitrag zu den Gerichtskosten und die Kosten des eigenen Anwalts.

Wenn die Kosten nur teilweise übernommen werden, so kann beantragt werden, die Prozesskosten in monatlichen Raten zu zahlen, die nach der Höhe des einzusetzenden Einkommens gestaffelt sind. Dabei sind insgesamt höchstens 48 Monatsraten aufzubringen, gleichgültig wie viele Instanzen der Prozess durchläuft.

Schweigepflicht

Bestimmte Berufsgruppen (z. B. Ärzte, Anwälte, Steuerberater) sind gesetzlich verpflichtet, die ihnen anvertrauten Geheimnisse nicht an Dritte weiterzugeben. Hierzu zählt vor allem das sog. Arztgeheimnis: Ohne Einverständnis des Patienten darf ein Arzt keinerlei Informationen über dessen Krankheiten oder Befunde an Dritte weitergeben; der Arzt darf nicht einmal mitteilen, dass sich der Betroffene bei ihm in Behandlung befindet.

Daneben trifft die Schweigepflicht auch Amtsträger des Staates, d.h. Behördenmitarbeiter (z. B. beim Versorgungsamt, der Straßenverkehrsbehörde) dürfen ebenfalls keine Daten weitergeben oder ohne gesetzliche Grundlage untereinander austauschen.

Schwerbehindertenausweis

Ein Schwerbehindertenausweis ist der Nachweis, dass bei einem Menschen ein Grad der Behinderung von mindestens 50 festgestellt ist und dieser somit als schwerbehindert gilt.

Der Ausweis kann unter Vorlage des Bescheides, mit dem die Schwerbehinderung festgestellt wurde, bei der zuständigen Behörde (meist Einwohnermeldeamt) beantragt werden.

Grundsätzlich können die mit der Schwerbehinderung verbundenen Rechte und Nachteilsausgleiche nur in Anspruch genommen werden, wenn ein Schwerbehindertenausweis vorgelegt werden kann.

Schwerbehinderung

Menschen gelten als schwerbehindert, wenn bei ihnen ein Grad der Behinderung (GdB) von wenigstens 50 vorliegt und sie ihren Wohnsitz, ihren gewöhnlichen Aufenthalt oder ihre Beschäftigung auf einem Arbeitsplatz in Deutschland haben.

Mit der Schwerbehinderung sind zahlreiche sog. Nachteilsausgleiche verbunden, beispielsweise ein erhöhter Kündigungsschutz, Zusatzurlaub und Steuerfreibeträge.

Der Antrag ist beim zuständigen Versorgungsamt zu stellen.

Steuerfreibetrag

Ein Steuerfreibetrag ist ein Betrag, der die Steuerbemessungsgrundlage mindert. Bei Überschreitung des Freibetrags müssen also nicht die gesamten Einnahmen versteuert werden, sondern nur der den Freibetrag übersteigende Teil der Einnahmen. Freibeträge müssen jedes Jahr neu beim zuständigen Finanzamt beantragt werden.

Für Schwerbehinderte gelten gestaffelte Freibeträge; für einen GdB von 50 können derzeit 570 EUR vom steuerpflichtigen Einkommen abgesetzt werden (Stand: 09/2007).

Widerspruch

Gegen eine behördliche Entscheidung, einen sog. Verwaltungsakt, sind grundsätzlich Rechtsmittel möglich.

Innerhalb eines Monats nach Bekanntgabe der behördlichen Entscheidung kann der Bürger einen Rechtsbehelf – in Form des Widerspruchs – bei der nächsthöheren Behörde einlegen.

Wird dem Widerspruch dann nicht abgeholfen, so kann er vor Gericht gegen den Bescheid der Behörde klagen.

Gesetzestexte

In diesem Abschnitt haben wir
Auszüge aus wichtigen Gesetzen
zusammengestellt.
Eine aktuelle Fassung zahlreicher
Gesetzesmaterialien finden Sie im
Internet unter der Adresse http://
www.gesetze-im-internet.de.

Auszüge aus dem Sozialgesetzbuch IX (SGB IX)

§ 2 SGB IX Behinderung

(1) Menschen sind behindert, wenn ihre körperliche Funktion, geistige Fähigkeit oder seelische Gesundheit mit hoher Wahrscheinlichkeit länger als sechs Monate von dem für das Lebensalter typischen Zustand abweichen und daher ihre Teilhabe am Leben in der Gesellschaft beeinträchtigt ist. Sie sind von Behinderung bedroht, wenn die Beeinträchtigung zu erwarten ist.

(2) Menschen sind im Sinne des Teils 2 schwerbehindert, wenn bei ihnen ein Grad der Behinderung von wenigstens 50 vorliegt und sie ihren Wohnsitz, ihren gewöhnlichen Aufenthalt oder ihre Beschäftigung auf einem Arbeitsplatz im Sinne des § 73 rechtmäßig im Geltungsbereich dieses Gesetzbuches haben.

(3) Schwerbehinderten Menschen gleichgestellt werden sollen behinderte Menschen mit einem Grad der Behinderung von weniger als 50, aber wenigstens 30, bei denen die übrigen Voraussetzungen des Absatzes 2 vorliegen, wenn sie infolge ihrer Behinderung ohne die Gleichstellung einen geeigneten Arbeitsplatz im Sinne des § 73 nicht erlangen oder nicht behalten können (gleichgestellte behinderte Menschen).

§ 33 SGB IX Leistungen zur Teilhabe am Arbeitsleben

(1) Zur Teilhabe am Arbeitsleben werden die erforderlichen Leistungen erbracht, um die Erwerbsfähigkeit behinderter oder von Behinderung bedrohter Menschen entsprechend ihrer Leistungsfähigkeit zu erhalten, zu verbessern, herzustellen oder wiederherzustellen und ihre Teilhabe am Arbeitsleben möglichst auf Dauer zu sichern.

(2) Behinderten Frauen werden gleiche Chancen im Erwerbsleben gesichert, insbesondere durch in der beruflichen Zielsetzung geeignete, wohnortnahe und auch in Teilzeit nutzbare Angebote.

(3) Die Leistungen umfassen insbesondere
1. Hilfen zur Erhaltung oder Erlangung eines Arbeitsplatzes einschließlich Leistungen zur Beratung und Vermittlung, Trainingsmaßnahmen und Mobilitätshilfen,
2. Berufsvorbereitung einschließlich einer wegen der Behinderung erforderlichen Grundausbildung,
3. berufliche Anpassung und Weiterbildung, auch soweit die Leistungen einen zur Teilnahme erforderlichen schulischen Abschluss einschließen,
4. berufliche Ausbildung, auch soweit die Leistungen in einem zeitlich nicht überwiegenden Abschnitt schulisch durchgeführt werden,
5. Gründungszuschuss entsprechend § 57 des Dritten Buches durch die Rehabilitationsträger nach § 6 Abs. 1 Nr. 2 bis 5,
6. sonstige Hilfen zur Förderung der Teilhabe am Arbeitsleben, um behinderten Menschen eine angemessene und geeignete Beschäftigung oder eine selbständige Tätigkeit zu ermöglichen und zu erhalten.

(4) 1 Bei der Auswahl der Leistungen werden Eignung, Neigung, bisherige Tätigkeit

sowie Lage und Entwicklung auf dem Arbeitsmarkt angemessen berücksichtigt.
2 Soweit erforderlich, wird dabei die berufliche Eignung abgeklärt oder eine Arbeitserprobung durchgeführt; in diesem Fall werden die Kosten nach Absatz 7, Reisekosten nach § 53 sowie Haushaltshilfe und Kinderbetreuungskosten nach § 54 übernommen.

(5) Die Leistungen werden auch für Zeiten notwendiger Praktika erbracht.

(6) Die Leistungen umfassen auch medizinische, psychologische und pädagogische Hilfen, soweit diese Leistungen im Einzelfall erforderlich sind, um die in Absatz 1 genannten Ziele zu erreichen oder zu sichern und Krankheitsfolgen zu vermeiden, zu überwinden, zu mindern oder ihre Verschlimmerung zu verhüten, insbesondere
1. Hilfen zur Unterstützung bei der Krankheits- und Behinderungsverarbeitung,
2. Aktivierung von Selbsthilfepotentialen,
3. mit Zustimmung der Leistungsberechtigten Information und Beratung von Partnern und Angehörigen sowie von Vorgesetzten und Kollegen,
4. Vermittlung von Kontakten zu örtlichen Selbsthilfe- und Beratungsmöglichkeiten,
5. Hilfen zur seelischen Stabilisierung und zur Förderung der sozialen Kompetenz, unter anderem durch Training sozialer und kommunikativer Fähigkeiten und im Umgang mit Krisensituationen,
6. Training lebenspraktischer Fähigkeiten,
7. Anleitung und Motivation zur Inanspruchnahme von Leistungen zur Teilhabe am Arbeitsleben,

8. Beteiligung von Integrationsfachdiensten im Rahmen ihrer Aufgabenstellung (§ 110).

(7) Zu den Leistungen gehört auch die Übernahme
1. der erforderlichen Kosten für Unterkunft und Verpflegung, wenn für die Ausführung einer Leistung eine Unterbringung außerhalb des eigenen oder des elterlichen Haushalts wegen Art oder Schwere der Behinderung oder zur Sicherung des Erfolges der Teilhabe notwendig ist,
2. der erforderlichen Kosten, die mit der Ausführung einer Leistung in unmittelbarem Zusammenhang stehen, insbesondere für Lehrgangskosten, Prüfungsgebühren, Lernmittel, Arbeitskleidung und Arbeitsgerät.

(8) 1 Leistungen nach Absatz 3 Nr. 1 und 6 umfassen auch
1. Kraftfahrzeughilfe nach der Kraftfahrzeughilfe-Verordnung,
2. den Ausgleich unvermeidbaren Verdienstausfalls des behinderten Menschen oder einer erforderlichen Begleitperson wegen Fahrten der An- und Abreise zu einer Bildungsmaßnahme und zur Vorstellung bei einem Arbeitgeber, einem Träger oder einer Einrichtung für behinderte Menschen durch die Rehabilitationsträger nach § 6 Abs. 1 Nr. 2 bis 5,
3. die Kosten einer notwendigen Arbeitsassistenz für schwerbehinderte Menschen als Hilfe zur Erlangung eines Arbeitsplatzes,
4. Kosten für Hilfsmittel, die wegen Art oder Schwere der Behinderung zur Berufsausübung, zur Teilnahme an einer Leistung zur Teilhabe am Arbeitsleben oder zur Erhöhung der Sicherheit auf dem Weg vom und zum Arbeitsplatz

und am Arbeitsplatz erforderlich sind, es sei denn, dass eine Verpflichtung des Arbeitgebers besteht oder solche Leistungen als medizinische Leistung erbracht werden können,

5. Kosten technischer Arbeitshilfen, die wegen Art oder Schwere der Behinderung zur Berufsausübung erforderlich sind und

6. Kosten der Beschaffung, der Ausstattung und der Erhaltung einer behinderungsgerechten Wohnung in angemessenem Umfang.

2 Die Leistung nach Satz 1 Nr. 3 wird für die Dauer von bis zu drei Jahren erbracht und in Abstimmung mit dem Rehabilitationsträger nach § 6 Abs. 1 Nr. 1 bis 5 durch das Integrationsamt nach § 102 Abs. 4 ausgeführt.

3 Der Rehabilitationsträger erstattet dem Integrationsamt seine Aufwendungen.

4 Der Anspruch nach § 102 Abs. 4 bleibt unberührt.

§ 68 SGB IX Geltungsbereich, Gleichstellung

(1) Die Regelungen dieses Teils gelten für schwerbehinderte und diesen gleichgestellte behinderte Menschen.

(2) 1 Die Gleichstellung behinderter Menschen mit schwerbehinderten Menschen (§ 2 Abs. 3) erfolgt auf Grund einer Feststellung nach § 69 auf Antrag des behinderten Menschen durch die Bundesagentur für Arbeit.

2 Die Gleichstellung wird mit dem Tag des Eingangs des Antrags wirksam.

3 Sie kann befristet werden.

(3) Auf gleichgestellte behinderte Menschen werden die besonderen Rege-

lungen für schwerbehinderte Menschen mit Ausnahme des § 125 und des Kapitels 13 angewendet.

(4) 1 Schwerbehinderten Menschen gleichgestellt sind auch behinderte Jugendliche und junge Erwachsene (§ 2 Abs. 1) während der Zeit einer Berufsausbildung in Betrieben und Dienststellen, auch wenn der Grad der Behinderung weniger als 30 beträgt oder ein Grad der Behinderung nicht festgestellt ist.

2 Der Nachweis der Behinderung wird durch eine Stellungnahme der Agentur für Arbeit oder durch einen Bescheid über Leistungen zur Teilhabe am Arbeitsleben erbracht.

3 Die besonderen Regelungen für schwerbehinderte Menschen, mit Ausnahme des § 102 Abs. 3 Nr. 2 Buchstabe c, werden nicht angewendet.

§ 71 SGB IX Pflicht der Arbeitgeber zur Beschäftigung schwerbehinderter Menschen

(1) 1 Private und öffentliche Arbeitgeber (Arbeitgeber) mit jahresdurchschnittlich monatlich mindestens 20 Arbeitsplätzen im Sinne des § 73 haben auf wenigstens 5 Prozent der Arbeitsplätze schwerbehinderte Menschen zu beschäftigen.

2 Dabei sind schwerbehinderte Frauen besonders zu berücksichtigen.

3 Abweichend von Satz 1 haben Arbeitgeber mit jahresdurchschnittlich monatlich weniger als 40 Arbeitsplätzen jahresdurchschnittlich je Monat einen schwerbehinderten Menschen, Arbeitgeber mit jahresdurchschnittlich monatlich weniger als 60 Arbeitsplätzen jahresdurchschnittlich je Monat zwei schwerbehinderte Menschen zu beschäftigen.

(2) (weggefallen)

(3) Als öffentliche Arbeitgeber im Sinne des Teils 2 gelten
1. jede oberste Bundesbehörde mit ihren nachgeordneten Dienststellen, das Bundespräsidialamt, die Verwaltungen des Deutschen Bundestages und Bundesrates, das Bundesverfassungsgericht, die obersten Gerichtshöfe des Bundes, der Bundesgerichtshof jedoch zusammengefasst mit dem Generalbundesanwalt, sowie das Bundeseisenbahnvermögen,
2. jede oberste Landesbehörde und die Staats- und Präsidialkanzleien mit ihren nachgeordneten Dienststellen, die Verwaltungen der Landtage, die Rechnungshöfe (Rechnungskammern), die Organe der Verfassungsgerichtsbarkeit der Länder und jede sonstige Landesbehörde, zusammengefasst jedoch diejenigen Behörden, die eine gemeinsame Personalverwaltung haben,
3. jede sonstige Gebietskörperschaft und jeder Verband von Gebietskörperschaften,
4. jede sonstige Körperschaft, Anstalt oder Stiftung des öffentlichen Rechts.

§ 85 SGB IX Erfordernis der Zustimmung

Die Kündigung des Arbeitsverhältnisses eines schwerbehinderten Menschen durch den Arbeitgeber bedarf der vorherigen Zustimmung des Integrationsamtes.

§ 86 SGB IX Kündigungsfrist

Die Kündigungsfrist beträgt mindestens vier Wochen.

§ 87 SGB IX Antragsverfahren

(1) 1 Die Zustimmung zur Kündigung beantragt der Arbeitgeber bei dem für den Sitz des Betriebes oder der Dienststelle zuständigen Integrationsamt schriftlich.
2 Der Begriff des Betriebes und der Begriff der Dienststelle im Sinne des Teils 2 bestimmen sich nach dem Betriebsverfassungsgesetz und dem Personalvertretungsrecht.

(2) Das Integrationsamt holt eine Stellungnahme des Betriebsrates oder Personalrates und der Schwerbehindertenvertretung ein und hört den schwerbehinderten Menschen an.

(3) Das Integrationsamt wirkt in jeder Lage des Verfahrens auf eine gütliche Einigung hin.

§ 88 SGB IX Entscheidung des Integrationsamtes

(1) Das Integrationsamt soll die Entscheidung, falls erforderlich auf Grund mündlicher Verhandlung, innerhalb eines Monats vom Tage des Eingangs des Antrages an treffen.

(2) 1Die Entscheidung wird dem Arbeitgeber und dem schwerbehinderten Menschen zugestellt.
2 Der Bundesagentur für Arbeit wird eine Abschrift der Entscheidung übersandt.

(3) Erteilt das Integrationsamt die Zustimmung zur Kündigung, kann der Arbeitgeber die Kündigung nur innerhalb eines Monats nach Zustellung erklären.

(4) Widerspruch und Anfechtungsklage gegen die Zustimmung des Integrationsamtes zur Kündigung haben keine aufschiebende Wirkung.

(5) 1 In den Fällen des § 89 Abs. 1 Satz 1 und Abs. 3 gilt Absatz 1 mit der Maßgabe, dass die Entscheidung innerhalb eines Monats vom Tage des Eingangs des Antrages an zu treffen ist.
2 Wird innerhalb dieser Frist eine Entscheidung nicht getroffen, gilt die Zustimmung als erteilt.
3 Die Absätze 3 und 4 gelten entsprechend.

90 SGB IX Ausnahmen

(1) Die Vorschriften dieses Kapitels gelten nicht für schwerbehinderte Menschen,
1. deren Arbeitsverhältnis zum Zeitpunkt des Zugangs der Kündigungserklärung ohne Unterbrechung noch nicht länger als sechs Monate besteht oder
2. die auf Stellen im Sinne des § 73 Abs. 2 Nr. 2 bis 5 beschäftigt werden oder
3. deren Arbeitsverhältnis durch Kündigung beendet wird, sofern sie
a) das 58. Lebensjahr vollendet haben und Anspruch auf eine Abfindung, Entschädigung oder ähnliche Leistung auf Grund eines Sozialplanes haben oder
b) Anspruch auf Knappschaftsausgleichsleistung nach dem Sechsten Buch oder auf Anpassungsgeld für entlassene Arbeitnehmer des Bergbaus haben, wenn der Arbeitgeber ihnen die Kündigungsabsicht rechtzeitig mitgeteilt hat und sie der beabsichtigten Kündigung bis zu deren Ausspruch nicht widersprechen.

(2) Die Vorschriften dieses Kapitels finden ferner bei Entlassungen, die aus Witterungsgründen vorgenommen werden, keine Anwendung, sofern die Wiedereinstellung der schwerbehinderten Menschen bei Wiederaufnahme der Arbeit gewährleistet ist.

(2a) Die Vorschriften dieses Kapitels finden ferner keine Anwendung, wenn zum Zeitpunkt der Kündigung die Eigenschaft als schwerbehinderter Mensch nicht nachgewiesen ist oder das Versorgungsamt nach Ablauf der Frist des § 69 Abs. 1 Satz 2 eine Feststellung wegen fehlender Mitwirkung nicht treffen konnte.

(3) Der Arbeitgeber zeigt Einstellungen auf Probe und die Beendigung von Arbeitsverhältnissen schwerbehinderter Menschen in den Fällen des Absatzes 1 Nr. 1 unabhängig von der Anzeigepflicht nach anderen Gesetzen dem Integrationsamt innerhalb von vier Tagen an.

§ 124 SGB IX Mehrarbeit

Schwerbehinderte Menschen werden auf ihr Verlangen von Mehrarbeit freigestellt.

§ 125 SGB IX Zusatzurlaub

(1) 1 Schwerbehinderte Menschen haben Anspruch auf einen bezahlten zusätzlichen Urlaub von fünf Arbeitstagen im Urlaubsjahr; verteilt sich die regelmäßige Arbeitszeit des schwerbehinderten Menschen auf mehr oder weniger als fünf Arbeitstage in der Kalenderwoche, erhöht oder vermindert sich der Zusatzurlaub entsprechend.
2 Soweit tarifliche, betriebliche oder sonstige Urlaubsregelungen für schwer-

behinderte Menschen einen längeren Zusatzurlaub vorsehen, bleiben sie unberührt.

(2) 1 Besteht die Schwerbehinderteneigenschaft nicht während des gesamten Kalenderjahres, so hat der schwerbehinderte Mensch für jeden vollen Monat der im Beschäftigungsverhältnis vorliegenden Schwerbehinderteneigenschaft einen Anspruch auf ein Zwölftel des Zusatzurlaubs nach Absatz 1 Satz 1. 2 Bruchteile von Urlaubstagen, die mindestens einen halben Tag ergeben, sind auf volle Urlaubstage aufzurunden.

3 Der so ermittelte Zusatzurlaub ist dem Erholungsurlaub hinzuzurechnen und kann bei einem nicht im ganzen Kalenderjahr bestehenden Beschäftigungsverhältnis nicht erneut gemindert werden.

(3) Wird die Eigenschaft als schwerbehinderter Mensch nach § 69 Abs. 1 und 2 rückwirkend festgestellt, finden auch für die Übertragbarkeit des Zusatzurlaubs in das nächste Kalenderjahr die dem Beschäftigungsverhältnis zugrunde liegenden urlaubsrechtlichen Regelungen Anwendung.

Auszüge aus dem Kündigungsschutzgesetz

§ 4 KSchG Anrufung des Arbeitsgerichtes

Will ein Arbeitnehmer geltend machen, dass eine Kündigung sozial ungerechtfertigt oder aus anderen Gründen rechtsunwirksam ist, so muss er innerhalb von drei Wochen nach Zugang der schriftlichen Kündigung Klage beim Arbeitsgericht auf Feststellung erheben, dass das Arbeitsverhältnis durch die Kündigung nicht aufgelöst ist. Im Falle des § 2 ist die Klage auf Feststellung zu erheben, dass die Änderung der Arbeitsbedingungen sozial ungerechtfertigt oder aus anderen Gründen rechtsunwirksam ist. Hat der Arbeitnehmer Einspruch beim Betriebsrat eingelegt (§ 3), so soll er der Klage die Stellungnahme des Betriebsrates beifügen. Soweit die Kündigung der Zustimmung einer Behörde bedarf, läuft die Frist zur Anrufung des Arbeitsgerichtes erst von der Bekanntgabe der Entscheidung der Behörde an den Arbeitnehmer ab.

Auszüge aus dem Allgemeinen Gleichstellungsgesetz

§ 1 AGG Ziel des Gesetzes

Ziel des Gesetzes ist, Benachteiligungen aus Gründen der Rasse oder wegen der ethnischen Herkunft, des Geschlechts, der Religion oder Weltanschauung, einer Behinderung, des Alters oder der sexuellen Identität zu verhindern oder zu beseitigen.

§ 2 AGG Anwendungsbereich

(1) Benachteiligungen aus einem in § 1 genannten Grund sind nach Maßgabe dieses Gesetzes unzulässig in Bezug auf:
1. die Bedingungen, einschließlich Auswahlkriterien und Einstellungsbedingungen, für den Zugang zu unselbst-

ständiger und selbstständiger Erwerbs-tätigkeit, unabhängig von Tätigkeitsfeld und beruflicher Position, sowie für den beruflichen Aufstieg,

2. die Beschäftigungs- und Arbeitsbedingungen einschließlich Arbeitsentgelt und Entlassungsbedingungen, insbesondere in individual- und kollektivrechtlichen Vereinbarungen und Maßnahmen bei der Durchführung und Beendigung eines Beschäftigungsverhältnisses sowie beim beruflichen Aufstieg,

3. den Zugang zu allen Formen und allen Ebenen der Berufsberatung, der Berufsbildung einschließlich der Berufsausbildung, der beruflichen Weiterbildung und der Umschulung sowie der praktischen Berufserfahrung,

4. die Mitgliedschaft und Mitwirkung in einer Beschäftigten- oder Arbeitgebervereinigung oder einer Vereinigung, deren Mitglieder einer bestimmten Berufsgruppe angehören, einschließlich der Inanspruchnahme der Leistungen solcher Vereinigungen,

5. den Sozialschutz, einschließlich der sozialen Sicherheit und der Gesundheitsdienste,

6. die sozialen Vergünstigungen,

7. die Bildung,

8. den Zugang zu und die Versorgung mit Gütern und Dienstleistungen, die der Öffentlichkeit zur Verfügung stehen, einschließlich von Wohnraum.

(2) 1 Für Leistungen nach dem Sozialgesetzbuch gelten § 33c des Ersten Buches Sozialgesetzbuch und § 19a des Vierten Buches Sozialgesetzbuch.
2 Für die betriebliche Altersvorsorge gilt das Betriebsrentengesetz.

(3) 1 Die Geltung sonstiger Benachteiligungsverbote oder Gebote der Gleich-behandlung wird durch dieses Gesetz nicht berührt.
2 Dies gilt auch für öffentlich-rechtliche Vorschriften, die dem Schutz bestimmter Personengruppen dienen.

(4) Für Kündigungen gelten ausschließlich die Bestimmungen zum allgemeinen und besonderen Kündigungsschutz

§ 7 AGG Benachteiligungsverbot

(1) Beschäftigte dürfen nicht wegen eines in § 1 genannten Grundes benachteiligt werden; dies gilt auch, wenn die Person, die die Benachteiligung begeht, das Vorliegen eines in § 1 genannten Grundes bei der Benachteiligung nur annimmt.

(2) Bestimmungen in Vereinbarungen, die gegen das Benachteiligungsverbot des Absatzes 1 verstoßen, sind unwirksam.

(3) Eine Benachteiligung nach Absatz 1 durch Arbeitgeber oder Beschäftigte ist eine Verletzung vertraglicher Pflichten.

§ 12 AGG Maßnahmen und Pflichten des Arbeitgebers

(1) 1 Der Arbeitgeber ist verpflichtet, die erforderlichen Maßnahmen zum Schutz vor Benachteiligungen wegen eines in § 1 genannten Grundes zu treffen.
2 Dieser Schutz umfasst auch vorbeugende Maßnahmen.

(2) 1 Der Arbeitgeber soll in geeigneter Art und Weise, insbesondere im Rahmen der beruflichen Aus- und Fortbildung,

auf die Unzulässigkeit solcher Benachteiligungen hinweisen und darauf hinwirken, dass diese unterbleiben.
2 Hat der Arbeitgeber seine Beschäftigten in geeigneter Weise zum Zwecke der Verhinderung von Benachteiligung geschult, gilt dies als Erfüllung seiner Pflichten nach Absatz 1.

(3) Verstoßen Beschäftigte gegen das Benachteiligungsverbot des § 7 Abs. 1, so hat der Arbeitgeber die im Einzelfall geeigneten, erforderlichen und angemessenen Maßnahmen zur Unterbindung der Benachteiligung wie Abmahnung, Umsetzung, Versetzung oder Kündigung zu ergreifen.

(4) Werden Beschäftigte bei der Ausübung ihrer Tätigkeit durch Dritte nach § 7 Abs. 1 benachteiligt, so hat der Arbeitgeber die im Einzelfall geeigneten, erforderlichen und angemessenen Maßnahmen zum Schutz der Beschäftigten zu ergreifen.

(5) 1 Dieses Gesetz und § 61b des Arbeitsgerichtsgesetzes sowie Informationen über die für die Behandlung von Beschwerden nach § 13 zuständigen Stellen sind im Betrieb oder in der Dienststelle bekannt zu machen.
2 Die Bekanntmachung kann durch Aushang oder Auslegung an geeigneter Stelle oder den Einsatz der im Betrieb oder der Dienststelle üblichen Informations- und Kommunikationstechnik erfolgen.

§ 15 AGG Entschädigung und Schadensersatz

(1) 1 Bei einem Verstoß gegen das Benachteiligungsverbot ist der Arbeitgeber verpflichtet, den hierdurch entstandenen Schaden zu ersetzen.
2 Dies gilt nicht, wenn der Arbeitgeber die Pflichtverletzung nicht zu vertreten hat.

(2) 1 Wegen eines Schadens, der nicht Vermögensschaden ist, kann der oder die Beschäftigte eine angemessene Entschädigung in Geld verlangen.
2 Die Entschädigung darf bei einer Nichteinstellung drei Monatsgehälter nicht übersteigen, wenn der oder die Beschäftigte auch bei benachteiligungsfreier Auswahl nicht eingestellt worden wäre.

(3) Der Arbeitgeber ist bei der Anwendung kollektivrechtlicher Vereinbarungen nur dann zur Entschädigung verpflichtet, wenn er vorsätzlich oder grob fahrlässig handelt.

(4) 1 Ein Anspruch nach Absatz 1 oder 2 muss innerhalb einer Frist von zwei Monaten schriftlich geltend gemacht werden, es sei denn, die Tarifvertragsparteien haben etwas anderes vereinbart.
2 Die Frist beginnt im Falle einer Bewerbung oder eines beruflichen Aufstiegs mit dem Zugang der Ablehnung und in den sonstigen Fällen einer Benachteiligung zu dem Zeitpunkt, in dem der oder die Beschäftigte von der Benachteiligung Kenntnis erlangt.

(5) Im Übrigen bleiben Ansprüche gegen den Arbeitgeber, die sich aus anderen Rechtsvorschriften ergeben, unberührt.

(6) Ein Verstoß des Arbeitgebers gegen das Benachteiligungsverbot des § 7 Abs. 1 begründet keinen Anspruch auf Be-

gründung eines Beschäftigungsverhältnisses, Berufsausbildungsverhältnisses oder einen beruflichen Aufstieg, es sei denn, ein solcher ergibt sich aus einem anderen Rechtsgrund.

§ 19 AGG Zivilrechtliches Benachteiligungsverbot

(1) Eine Benachteiligung aus Gründen der Rasse oder wegen der ethnischen Herkunft, wegen des Geschlechts, der Religion, einer Behinderung, des Alters oder der sexuellen Identität bei der Begründung, Durchführung und Beendigung zivilrechtlicher Schuldverhältnisse, die
1. typischerweise ohne Ansehen der Person zu vergleichbaren Bedingungen in einer Vielzahl von Fällen zustande kommen (Massengeschäfte) oder bei denen das Ansehen der Person nach der Art des Schuldverhältnisses eine nachrangige Bedeutung hat und die zu vergleichbaren Bedingungen in einer Vielzahl von Fällen zustande kommen oder
2. eine privatrechtliche Versicherung zum Gegenstand haben, ist unzulässig.

(2) Eine Benachteiligung aus Gründen der Rasse oder wegen der ethnischen Herkunft ist darüber hinaus auch bei der Begründung, Durchführung und Beendigung sonstiger zivilrechtlicher Schuldverhältnisse im Sinne des § 2 Abs. 1 Nr. 5 bis 8 unzulässig.

(3) Bei der Vermietung von Wohnraum ist eine unterschiedliche Behandlung im Hinblick auf die Schaffung und Erhaltung sozial stabiler Bewohnerstrukturen und ausgewogener Siedlungsstrukturen sowie ausgeglichener wirtschaftlicher, sozialer und kultureller Verhältnisse zulässig.

(4) Die Vorschriften dieses Abschnitts finden keine Anwendung auf familien- und erbrechtliche Schuldverhältnisse.

(5) 1 Die Vorschriften dieses Abschnitts finden keine Anwendung auf zivilrechtliche Schuldverhältnisse, bei denen ein besonderes Nähe- oder Vertrauensverhältnis der Parteien oder ihrer Angehörigen begründet wird.
2 Bei Mietverhältnissen kann dies insbesondere der Fall sein, wenn die Parteien oder ihre Angehörigen Wohnraum auf demselben Grundstück nutzen.
3 Die Vermietung von Wohnraum zum nicht nur vorübergehenden Gebrauch ist in der Regel kein Geschäft im Sinne des Absatzes 1 Nr. 1, wenn der Vermieter insgesamt nicht mehr als 50 Wohnungen vermietet.

Auszüge aus dem Strafgesetzbuch (StGB)

§ 44 StGB Fahrverbot

(1) Wird jemand wegen einer Straftat, die er bei oder im Zusammenhang mit dem Führen eines Kraftfahrzeuges oder unter Verletzung der Pflichten eines Kraftfahrzeugführers begangen hat, zu einer Freiheitsstrafe oder einer Geldstrafe verurteilt, so kann ihm das Gericht für die Dauer von einem Monat bis zu drei Monaten verbieten, im Straßenverkehr Kraftfahrzeuge jeder oder einer bestimmten Art zu führen. Ein Fahrverbot ist in der Regel anzuordnen,

wenn in den Fällen einer Verurteilung nach § 315c Abs. 1 Nr. 1 Buchstabe a, Abs. 3 oder § 316 die Entziehung der Fahrerlaubnis nach § 69 unterbleibt.

(2) Das Fahrverbot wird mit der Rechtskraft des Urteils wirksam. Für seine Dauer werden von einer deutschen Behörde ausgestellte nationale und internationale Führerscheine amtlich verwahrt. Dies gilt auch, wenn der Führerschein von einer Behörde eines Mitgliedstaates der Europäischen Union oder eines anderen Vertragsstaates des Abkommens über den Europäischen Wirtschaftsraum ausgestellt worden ist, sofern der Inhaber seinen ordentlichen Wohnsitz im Inland hat. In anderen ausländischen Führerscheinen wird das Fahrverbot vermerkt.

(3) Ist ein Führerschein amtlich zu verwahren oder das Fahrverbot in einem ausländischen Führerschein zu vermerken, so wird die Verbotsfrist erst von dem Tage an gerechnet, an dem dies geschieht. In die Verbotsfrist wird die Zeit nicht eingerechnet, in welcher der Täter auf behördliche Anordnung in einer Anstalt verwahrt worden ist.

§ 69 StGB (Auszug) Entziehung der Fahrerlaubnis

(1) Wird jemand wegen einer rechtswidrigen Tat, die er bei oder im Zusammenhang mit dem Führen eines Kraftfahrzeugs oder unter Verletzung der Pflichten eines Kraftfahrzeugführers begangen hat, verurteilt oder nur deshalb nicht verurteilt, weil seine Schuldunfähigkeit erwiesen oder nicht auszuschließen ist, so entzieht ihm das Gericht die Fahrerlaubnis, wenn sich aus der Tat ergibt, dass er zum Führen von Kraftfahrzeugen ungeeignet ist. [...]

(2) Ist die rechtswidrige Tat in den Fällen des Absatzes 1 ein Vergehen
1. der Gefährdung des Straßenverkehrs (§ 315c),
 2. [..]
 3. [..]
 4. [..]
so ist der Täter in der Regel als ungeeignet zum Führen von Kraftfahrzeugen anzusehen.

(3) Die Fahrerlaubnis erlischt mit der Rechtskraft des Urteils. Ein von einer deutschen Behörde ausgestellter Führerschein wird im Urteil eingezogen.

138 StGB Nichtanzeige geplanter Straftaten

Wer von dem Vorhaben oder der Ausführung
1. einer Vorbereitung eines Angriffskrieges (§ 80),
2. eines Hochverrats in den Fällen der §§ 81 bis 83 Abs. 1,
3. eines Landesverrats oder einer Gefährdung der äußeren Sicherheit in den Fällen der §§ 94 bis 96, 97a oder 100,
4. einer Geld- oder Wertpapierfälschung in den Fällen der §§ 146, 151, 152 oder einer Fälschung von Zahlungskarten mit Garantiefunktion und Vordrucken für Euroschecks in den Fällen des § 152b Abs. 1 bis 3,
5. eines Mordes (§ 211) oder Totschlags (§ 212) oder eines Völkermordes (§ 6 des Völkerstrafgesetzbuches) oder eines Verbrechens gegen die Menschlichkeit (§ 7 des Völkerstrafgesetzbuches) oder

eines Kriegsverbrechens (§§ 8, 9, 10, 11 oder 12 des Völkerstrafgesetzbuches),

6. einer Straftat gegen die persönliche Freiheit in den Fällen des § 232 Abs. 3, 4 oder Abs. 5, des § 233 Abs. 3, jeweils soweit es sich um Verbrechen handelt, der §§ 234, 234a, 239a oder 239b,

7. eines Raubes oder einer räuberischen Erpressung (§§ 249 bis 251 oder 255) oder

8. einer gemeingefährlichen Straftat in den Fällen der §§ 306 bis 306c oder 307 Abs. 1 bis 3, des § 308 Abs. 1 bis 4, des § 309 Abs. 1 bis 5, der §§ 310, 313, 314 oder 315 Abs. 3, des § 315b Abs. 3 oder der §§ 316a oder 316c zu einer Zeit, zu der die Ausführung oder der Erfolg noch abgewendet werden kann, glaubhaft erfährt und es unterlässt, der Behörde oder dem Bedrohten rechtzeitig Anzeige zu machen, wird mit Freiheitsstrafe bis zu fünf Jahren oder mit Geldstrafe bestraft.

(2) Ebenso wird bestraft, wer von dem Vorhaben oder der Ausführung einer Straftat nach § 129a, auch in Verbindung mit § 129b Abs. 1 Satz 1 und 2, zu einer Zeit, zu der die Ausführung noch abgewendet werden kann, glaubhaft erfährt und es unterlässt, der Behörde unverzüglich Anzeige zu erstatten. § 129b Abs. 1 Satz 3 bis 5 gilt entsprechend.

(3) Wer die Anzeige leichtfertig unterlässt, obwohl er von dem Vorhaben oder der Ausführung der rechtswidrigen Tat glaubhaft erfahren hat, wird mit Freiheitsstrafe bis zu einem Jahr oder mit Geldstrafe bestraft.

§ 203 StGB (Auszug) Verletzung der Schweigepflicht

(1) Wer unbefugt ein fremdes Geheimnis, namentlich ein zum persönlichen Lebensbereich gehörendes Geheimnis oder ein Betriebs- oder Geschäftsgeheimnis, offenbart, das ihm als

1. Arzt, Zahnarzt, Tierarzt, Apotheker oder Angehörigen eines anderen Heilberufs, der für die Berufsausübung oder die Führung der Berufsbezeichnung eine staatlich geregelte Ausbildung erfordert,

[...]

6. Angehörigen eines Unternehmens der privaten Kranken-, Unfall- oder Lebensversicherung oder einer privatärztlichen, steuerberaterlichen oder anwaltlichen Verrechnungsstelle anvertraut worden oder sonst bekanntgeworden ist, wird mit Freiheitsstrafe bis zu einem Jahr oder mit Geldstrafe bestraft.

[...]

(3) [...] Den in Absatz 1 und Satz 1 Genannten stehen ihre berufsmäßig tätigen Gehilfen und die Personen gleich, die bei ihnen zur Vorbereitung auf den Beruf tätig sind. [...]

[...]

(5) Handelt der Täter gegen Entgelt oder in der Absicht, sich oder einen anderen zu bereichern oder einen anderen zu schädigen, so ist die Strafe Freiheitsstrafe bis zu zwei Jahren oder Geldstrafe.

§ 315c StGB (Auszug) Gefährdung des Straßenverkehrs

(1) Wer im Straßenverkehr
1. ein Fahrzeug führt, obwohl er
a) infolge des Genusses alkoholischer Getränke oder anderer berauschender Mittel oder
b) infolge geistiger oder körperlicher Mängel nicht in der Lage ist, das Fahrzeug sicher zu führen,
2. [...] und dadurch Leib oder Leben eines anderen Menschen oder fremde Sachen von bedeutendem Wert gefährdet, wird mit Freiheitsstrafe bis zu fünf Jahren oder mit Geldstrafe bestraft.

(2) In den Fällen des Absatzes 1 Nr. 1 ist der Versuch strafbar.

(3) Wer in den Fällen des Absatzes 1
1. die Gefahr fahrlässig verursacht oder
2. fahrlässig handelt und die Gefahr fahrlässig verursacht, wird mit Freiheitsstrafe bis zu zwei Jahren oder mit Geldstrafe bestraft.

Auszüge aus der Fahrerlaubnis-Verordnung FeV

§ 11 Fahrerlaubnis-Verordnung (FeV) Eignung

(1) Bewerber um eine Fahrerlaubnis müssen die hierfür notwendigen körperlichen und geistigen Anforderungen erfüllen. Die Anforderungen sind insbesondere nicht erfüllt, wenn eine Erkrankung oder ein Mangel nach Anlage 4 oder 5 vorliegt, wodurch die Eignung oder die bedingte Eignung zum Führen von Kraftfahrzeugen ausgeschlossen wird. Außerdem dürfen die Bewerber nicht erheblich oder nicht wiederholt gegen verkehrsrechtliche Vorschriften oder Strafgesetze verstoßen haben, so dass dadurch die Eignung ausgeschlossen wird. Bewerber um die Fahrerlaubnis der Klasse D oder D1 müssen auch die Gewähr dafür bieten, dass sie der besonderen Verantwortung bei der Beförderung von Fahrgästen gerecht werden.

(2) Werden Tatsachen bekannt, die Bedenken gegen die körperliche oder geistige Eignung des Fahrerlaubnisbewerbers begründen, kann die Fahrerlaubnisbehörde zur Vorbereitung von Entscheidungen über die Erteilung oder Verlängerung der Fahrerlaubnis oder über die Anordnung von Beschränkungen oder Auflagen die Beibringung eines ärztlichen Gutachtens durch den Bewerber anordnen. Bedenken gegen die körperliche oder geistige Eignung bestehen insbesondere, wenn Tatsachen bekannt werden, die auf eine Erkrankung oder einen Mangel nach Anlage 4 oder 5 hinweisen. Die Behörde bestimmt in der Anordnung auch, ob das Gutachten von einem

- für die Fragestellung (Absatz 6 Satz 1) zuständigen Facharzt mit verkehrsmedizinischer Qualifikation,
- Arzt des Gesundheitsamtes oder einem anderen Arzt der öffentlichen Verwaltung,
- Arzt mit der Gebietsbezeichnung „Arbeitsmedizin" oder der Zusatzbezeichnung „Betriebsmedizin",
- Arzt mit der Gebietsbezeichnung „Facharzt für Rechtsmedizin" oder
- Arzt in einer Begutachtungsstelle für

Fahreignung, der die Anforderungen nach Anlage 14 erfüllt,
erstellt werden soll. Die Behörde kann auch mehrere solcher Anordnungen treffen. Der Facharzt nach Satz 3 Nr. 1 soll nicht zugleich der den Betroffenen behandelnde Arzt sein.

(3) Die Beibringung eines Gutachtens einer amtlich anerkannten Begutachtungsstelle für Fahreignung (medizinisch-psychologisches Gutachten) kann zur Klärung von Eignungszweifeln für die Zwecke nach Absatz 2 angeordnet werden, wenn nach Würdigung der Gutachten gemäß Absatz 2 oder Absatz 4 ein medizinisch-psychologisches Gutachten zusätzlich erforderlich ist, zur Vorbereitung einer Entscheidung über die Befreiung von den Vorschriften über das Mindestalter, bei erheblichen Auffälligkeiten, die im Rahmen einer Fahrerlaubnisprüfung nach § 18 Abs. 3 mitgeteilt worden sind, bei erheblichen oder wiederholten Verstößen gegen verkehrsrechtliche Vorschriften oder bei Straftaten, die im Zusammenhang mit dem Straßenverkehr oder im Zusammenhang mit der Kraftfahrereignung stehen oder bei denen Anhaltspunkte für ein hohes Aggressionspotential bestehen oder bei der Neuerteilung der Fahrerlaubnis, wenn die Fahrerlaubnis wiederholt entzogen war oder der Entzug der Fahrerlaubnis auf einem Grund nach Nummer 4 beruhte. Unberührt bleiben medizinisch-psychologische Begutachtungen nach § 2a Abs. 4 und 5 und § 4 Abs. 10 Satz 3 des Straßenverkehrsgesetzes sowie § 10 Abs. 2 und den §§ 13 und 14 in Verbindung mit den Anlagen 4 und 5 dieser Verordnung.

(4) Die Beibringung eines Gutachtens eines amtlich anerkannten Sachverständigen oder Prüfers für den Kraftfahrzeugverkehr kann zur Klärung von Eignungszweifeln für die Zwecke nach Absatz 2 angeordnet werden, wenn nach Würdigung der Gutachten gemäß Absatz 2 oder Absatz 3 ein Gutachten eines amtlich anerkannten Sachverständigen oder Prüfers zusätzlich erforderlich ist oder bei Behinderungen des Bewegungsapparates, um festzustellen, ob der Behinderte das Fahrzeug mit den erforderlichen besonderen technischen Hilfsmitteln sicher führen kann.

(5) Für die Durchführung der ärztlichen und der medizinisch-psychologischen Untersuchung sowie für die Erstellung der entsprechenden Gutachten gelten die in der Anlage 15 genannten Grundsätze.

(6) Die Fahrerlaubnisbehörde legt unter Berücksichtigung der Besonderheiten des Einzelfalls und unter Beachtung der Anlagen 4 und 5 in der Anordnung zur Beibringung des Gutachtens fest, welche Fragen im Hinblick auf die Eignung des Betroffenen zum Führen von Kraftfahrzeugen zu klären sind. Die Behörde teilt dem Betroffenen unter Darlegung der Gründe für die Zweifel an seiner Eignung und unter Angabe der für die Untersuchung in Betracht kommenden Stelle oder Stellen mit, dass er sich innerhalb einer von ihr festgelegten Frist auf seine Kosten der Untersuchung zu unterziehen und das Gutachten beizubringen hat; sie teilt ihm außerdem mit, dass er die zu übersendenden Unterlagen einsehen kann. Der Betroffene hat die Fahrerlaubnisbehörde darüber zu unterrichten, welche Stelle er mit der Untersuchung beauftragt hat. Die Fahrerlaubnisbehörde teilt der unter-

suchenden Stelle mit, welche Fragen im Hinblick auf die Eignung des Betroffenen zum Führen von Kraftfahrzeugen zu klären sind und übersendet ihr die vollständigen Unterlagen, soweit sie unter Beachtung der gesetzlichen Verwertungsverbote verwendet werden dürfen. Die Untersuchung erfolgt auf Grund eines Auftrages durch den Betroffenen.

(7) Steht die Nichteignung des Betroffenen zur Überzeugung der Fahrerlaubnisbehörde fest, unterbleibt die Anordnung zur Beibringung des Gutachtens.

(8) Weigert sich der Betroffene, sich untersuchen zu lassen, oder bringt er der Fahrerlaubnisbehörde von ihr geforderte Gutachten nicht fristgerecht bei, darf sie bei ihrer Entscheidung auf die Nichteignung des Betroffenen schließen. Der Betroffene ist hierauf bei der Anordnung nach Absatz 6 hinzuweisen.

(9) Unbeschadet der Absätze 1 bis 8 haben die Bewerber um die Erteilung oder Verlängerung einer Fahrerlaubnis der Klassen C, C1, CE, C1E, D, D1, DE oder D1E zur Feststellung ihrer Eignung der Fahrerlaubnisbehörde einen Nachweis nach Maßgabe der Anlage 5 vorzulegen.

(10) Hat der Betroffene an einem Kurs teilgenommen, um festgestellte Eignungsmängel zu beheben, genügt in der Regel zum Nachweis der Wiederherstellung der Eignung statt eines erneuten medizinisch-psychologischen Gutachtens eine Teilnahmebescheinigung, wenn der betreffende Kurs nach § 70 anerkannt ist, auf Grund eines medizinisch-psychologischen Gutachtens einer Begutachtungsstelle für Fahreignung die Teilnahme des Betroffenen an dieser Art von Kursen als geeignete Maßnahme angesehen wird, seine Eignungsmängel zu beheben, und die Fahrerlaubnisbehörde der Kursteilnahme nach Nummer 2 zugestimmt hat.

(11) Die Teilnahmebescheinigung muss den Familiennamen und Vornamen, den Tag und Ort der Geburt und die Anschrift des Seminarteilnehmers, die Bezeichnung des Seminarmodells und Angaben über Umfang und Dauer des Seminars enthalten. Sie ist vom Seminarleiter und vom Seminarteilnehmer unter Angabe des Ausstellungsdatums zu unterschreiben. Die Ausstellung der Teilnahmebescheinigung ist vom Kursleiter zu verweigern, wenn der Teilnehmer nicht an allen Sitzungen des Kurses teilgenommen oder die Anfertigung von Hausaufgaben verweigert hat.

Adressen und Internetlinks

In diesem Abschnitt haben wir einige wichtige Adressen und Internetseiten für Sie zusammengestellt.

Adressen

DDB-Bundesverband

Deutscher Diabetiker Bund e. V.
Bundesgeschäftsstelle:
Goethestraße 27
34119 Kassel
Tel.: 0561 / 703477-0
Fax: 0561 / 703477-1
E-Mail: info@diabetikerbund.de
Internet: www.diabetikerbund.de

DDB-Landesverbände

LV Baden-Württemberg e. V.
Kriegsstraße 49
76133 Karlsruhe
Tel.: 0721 / 3 54 31 98
Fax: 0721 / 3 54 31 99
E-Mail: info@ddb-bw.de
Internet: www.ddb-bw.de

LV Berlin e. V.
Schillingstraße 12
10179 Berlin
Tel.: 030 / 2 78 67 37
Fax: 030 / 27 59 16 57
E-Mail: zuzhartmann@
t-online.de
Internet: www.ddb-lv-bln.de

LV Brandenburg e. V.
Schopenhauer-Straße 37
14467 Potsdam
Tel.: 0331 / 9 51 05 88
Fax: 0331 / 9 51 05 90
E-Mail: info@diabetikerbund-
brandenburg.de
Internet: www.diabetikerbund-
brandenburg.de

LV Bremen e. V.
Am Wall 102
28195 Bremen
Tel.: 0421 / 6 16 43 23
Fax: 0421 / 6 16 86 07
E-Mail: info@ddb-hb.de
Internet: www.ddb-hb.de

LV Hamburg e. V.
Steinstraße 15
20095 Hamburg
Tel.: 040 / 2000 438-0
Fax: 040 / 2000 438-8
E-Mail: geschaeftsstelle@
diabetikerbund-hamburg.de
Internet: www.diabetikerbund-
hamburg.de

LV Hessen e. V.
Friedrich-Ebert-Straße 5
34613 Schwalmstadt-Treysa
Tel.: 06691 / 2 49 57
Fax: 06691 / 2 49 58
E-Mail: info@ddbhessen.de
Internet: www.ddbhessen.de

LV Mecklenburg-Vorpommern e. V.
Lübecker Straße 5
19053 Schwerin
Tel. 0385 / 59 16 60

LV Niedersachsen e. V.
An Nottbohm 46a
31141 Hildesheim
Tel.: 05121 / 87 61 73
Fax: 05121 / 87 61 81
E-Mail: ddbnied@aol.com
Internet: www.ddb-niedersachsen.de

LV Nordrhein-Westfalen e. V.
Johanniterstraße 45
47053 Duisburg
Tel.: 0203 / 60 844-0
Fax: 0203 / 60 844-77

E-Mail: Diabetikerbund@ddb-nrw.de
Internet: www.ddb-nrw.de

LV Rheinland-Pfalz e. V.
Theodor-Fliedner-Straße 25
55218 Ingelheim
Tel.: 06132 / 8 59 77
Fax: 06132 / 71 21 96
E-Mail: info@diabetes-rlp.de
Internet: www.diabetes-rlp.de

LV Saarland e. V.
Wolfskaulstraße 43
66292 Riegelsberg
Tel.: 06806 / 95 35 71
Fax: 06806 / 95 35 72
E-Mail: ddbsaarland@
t-online.de
Internet: www.diabetiker-saar.de

LV Sachsen e. V.
Striesener Straße 39
01307 Dresden
Tel.: 0351 / 45 26 65 24
Fax: 0351 / 4 52 66 53
E-Mail: info@diabetikerbund-
sachsen.de
Internet: www.diabetikerbund-
sachsen.de

LV Sachsen-Anhalt e. V.
Theodor-Neubauer-Straße 27
06130 Halle
Tel.: 0345 / 1 22 33 14
Fax: 0345 / 6 85 46 50
E-Mail: diabetikerbundsa@
online-home.de
Internet: www.diabetikerbundsa.de

LV Schleswig-Holstein e. V.
Auguste-Victoria-Straße 16
24103 Kiel
Tel.: 0431 / 18 00 09
Fax: 0431 / 1 22 04 07

E-Mail: info@ddb-sh.de
Internet:www.ddb-sh.de

LV Thüringen e. V.
Waldenstraße 13 a
99084 Erfurt
Tel./Fax: 0361 / 7 31 48 19
E-Mail: ddb-thueringen@gmx.de
Internet: www.ddb-thueringen.de

DDB-Mitgliedsorganisationen

Arbeitskreis der
Pankreatektomierten e. V.
Thomas-Mann-Straße 40
53111 Bonn
Tel.: 0228 / 33 889 251

BFJD – Bundesweite Förder-
gemeinschaft Junger Diabetiker e. V.
Müllerstraße 56 – 58
13349 Berlin
Tel./Fax: 030 / 79 70 54 26
E-Mail: diabeteskl@aol.com
Internet: www.bund-diabetischer-
kinder.de

Förderkreis Eltern diabetischer
Kinder und Jugendlicher e. V.
Im Hainzenthal 57
67722 Winnweiler
Tel.: 06302 / 21 60

Weitere Organisationen

ADAC e.V.
Am Westpark 8
81373 München
Tel.: 089 / 7676 -0
Fax: 089 / 7676 -2500
E-Mail: adac@adac.de
Internet: www.adac.de

AvD Wirtschaftsdienst GmbH
(Automobilclub von Deutschland)
Lyoner Straße 16
60528 Frankfurt – M.
Tel.: 069 / 66 06 -0
Fax: 069 / 66 06 -789
E-Mail: avd@avd.de
Internet: www.avd.de

Bund diabetischer Kinder und
Jugendlicher e. V.
Hahnbrunner-Straße 46
67659 Kaiserslautern
Tel.: 0631 / 7 64 88
Fax: 0631 / 9 72 22
E-Mail: diabeteskl@aol.com
Internet: www.bund-diabetischer-
kinder.de

Deutsche Diabetes-Gesellschaft
Bürkle-de-la-Camp-Platz 1
44789 Bochum
Tel.: 0234 / ~~97 88 9-0~~
Fax: 0234 / 97 88 9-21
E-Mail: info@ddg.info
Internet: www.deutsche-diabetes-
gesellschaft.de

Deutsche Diabetes-Union e. V.
Staffelseestraße 6
81477 München
Tel.: 089 / 552 79 899
Fax: 089 / 552 79 885
E-Mail:info@diabetes-union.de
Internet: www.diabetes-union.de

Diabetikerbund Bayern
Ludwigstraße 67
90402 Nürnberg
Tel.: 09 11 – 22 77 15
Fax: 09 11 – 2 34 98 76
E-Mail: landesgeschaeftsstelle@
diabetikerbund-bayern.de
Internet: www.diabetikerbund-bayern.de

Stiftung „Das zuckerkranke Kind"
Diabetologische Schwerpunktpraxis
für Kinder und Jugendliche
Mondstraße 148
48155 Münster
Tel.: 0251 / 3 10 61
Fax: 0251 / 38 12 44
E-Mail: rz@ziegler-muenster.de
Internet: www.das-zuckerkranke-
kind.de

Stiftung Dianiño
Obere St. Leonhardstraße 32
88662 Überlingen
Tel.: 0180 / 2 00 01 93
E-Mail: info@dianino.de
Internet: www.stiftung-dianino.de

Internetlinks

www.bundessozialgericht.de

www.diabetes-world.net

www.diabetes-forum.de

www.diabetes-friends.de

www.diabetes-journal.de

www.kirchheim-buchshop.de
(weitere Diabetes-Bücher)

www.diabetes-und-recht.de

www.brak.de
(bundesweite Anwaltssuche)

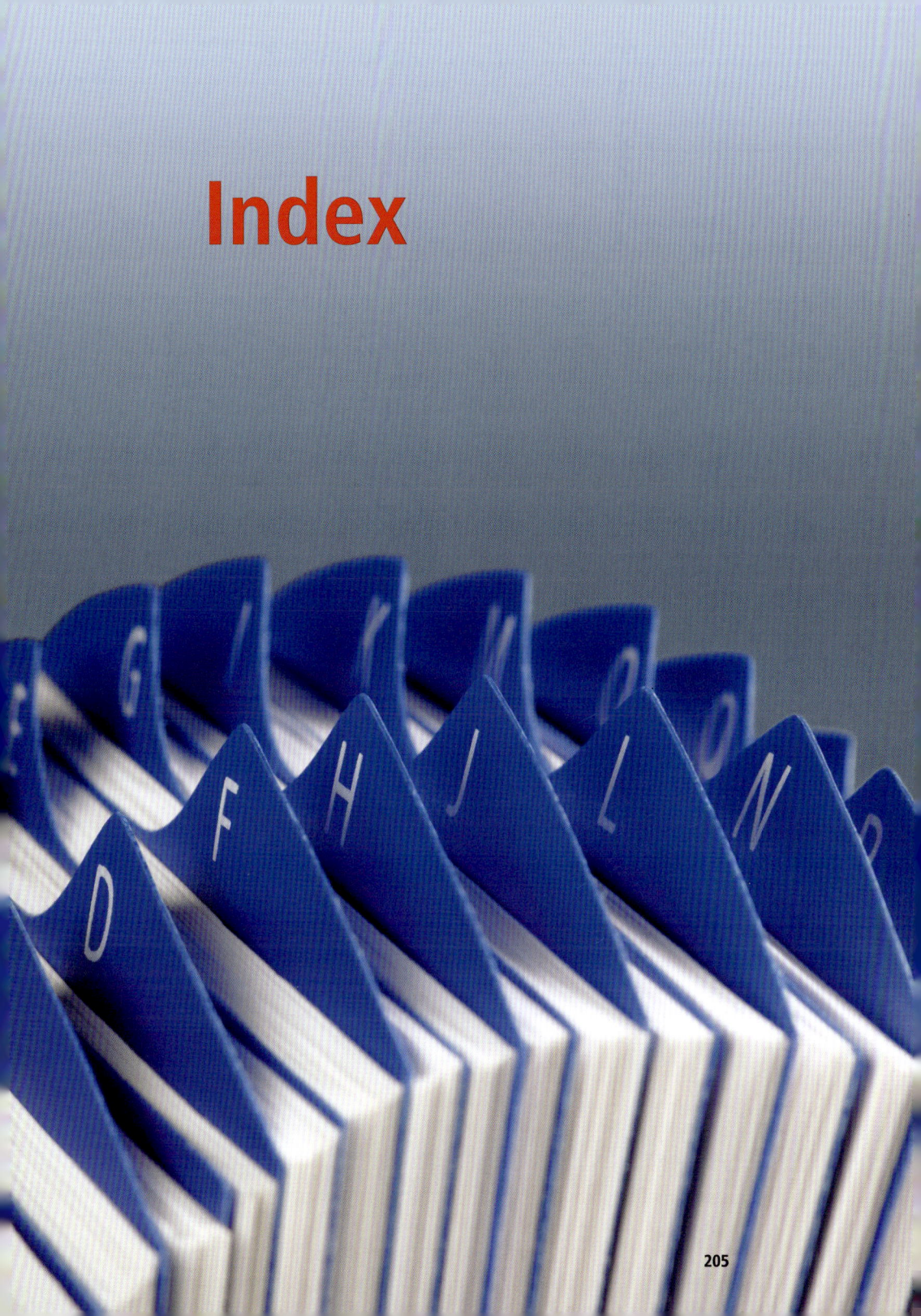

Index